OEUVRES
COMPLÈTES
DE M. PALISSOT.

TOME V.

OEUVRES
COMPLÈTES
DE M. PALISSOT,

NOUVELLE ÉDITION,

REVUE, CORRIGÉE ET AUGMENTÉE.

TOME CINQUIÈME.

MÉMOIRES
SUR LA LITTÉRATURE.

A PARIS,

CHEZ LÉOPOLD COLLIN, LIBRAIRE,
rue Gît-le-Cœur, n° 4.

M. DCCC. IX.

19   20.

MÉMOIRES

POUR SERVIR A L'HISTOIRE

DE NOTRE LITTÉRATURE,

DEPUIS FRANÇOIS Ier JUSQU'A NOS JOURS.

L.

LE BRUN (PONCE-DENIS ÉCOUCHARD), né à Paris en 1729, mort en 1807. L'Ode française, même entre les mains de Malherbe et de Jean-Baptiste Rousseau, n'avait pas acquis toute l'élévation dont elle est susceptible. M. Le Brun, dans la plupart des siennes, nous paraît s'être approché beaucoup plus du caractère de l'Ode antique. L'inspiration et l'enthousiasme doivent être, comme on le sait, le caractère essentiel de ce genre de poésie, et M. Le Brun avait certainement l'une et l'autre à un degré très-éminent.

Sa manière est en général si brillante que quelques critiques l'ont accusé d'avoir mis trop de luxe dans sa richesse, et d'avoir sacrifié le naturel, qui est le vrai charme du style, à une

vaine recherche d'ostentation et de magnificence.
Il est dans l'art d'écrire un secret peu connu des écrivains vulgaires, et que personne ne posséda mieux que M. Le Brun; c'est celui de former des alliances heureuses entre des mots qui ne semblaient pas faits pour se rapprocher. Ces alliances, ménagées avec le goût qui doit toujours y présider, produisent un effet d'autant plus piquant, qu'elles sont moins prévues, et l'on conçoit non seulement l'éclat qui en rejaillit sur le style, mais combien elles contribuent à enrichir la langue, en lui fournissant de nouvelles expressions qu'on a cru ne pouvoir mieux caractériser qu'en leur donnant le nom d'*expressions trouvées*. Mais ces mêmes alliances, quand on s'en permet un usage trop fréquent, peuvent n'être pas toujours également heureuses; il peut même s'en trouver de bizarres qui, si elles échappaient à la critique, appuyées de l'exemple et du nom d'un écrivain célèbre, pourraient, au lieu d'enrichir la langue, finir par la dénaturer; et l'on reproche à M. Le Brun de ne s'en être pas toujours garanti.

Il est possible encore que la crainte de tomber dans quelques familiarités de style que la poésie doit surtout éviter dans le genre de l'Ode, lui ait fait hasarder quelques figures trop ambitieuses, trop excessives, et qu'une critique sage doit désapprouver; mais lorsque ces fautes sont rares et qu'elles sont couvertes par des beautés d'un ordre supérieur et par des traits de génie qui décèlent à chaque instant le grand poète, la critique, en se permettant de les relever, ne saurait être ni trop décente ni trop circonspecte.

Nous nous félicitons d'avoir annoncé les premiers, et lorsque M. Le Brun semblait encore se cacher à la renommée, son poème de la *Nature*, que nous regardons comme un de ses plus beaux ouvrages. Cependant il ne l'a point achevé, et nous croyons qu'il s'est aperçu trop tard que le plan qu'il avait adopté ne comportait pas l'unité d'un poème régulier. Il l'avait divisé en quatre chants : la Vie champêtre, la Liberté, le Génie et l'Amour. Nous avons vu les deux premiers presque finis ; le troisième l'était complétement, mais l'auteur ne nous a jamais lu qu'un très-petit nombre de fragments du dernier, et nous soupçonnons qu'il l'avait abandonné. Il ne nous a pas confié son secret, mais nous croyons l'avoir pénétré ; et nous pensons que M. Le Brun, très-jeune encore, ayant conçu son plan, qui eût demandé une méditation plus mûre, s'est aperçu, à mesure qu'il l'exécutait, que sa division ne remplissait pas l'étendue de son sujet. En effet un poème, intitulé *de la Nature*, présentait, à ce qu'il nous semble, quelque chose de trop indéterminé et de trop vaste, pour se réduire aux quatre chants que nous venons d'indiquer. Ces chants, d'ailleurs, ne nous paraissent pas avoir entre eux une liaison assez intime pour qu'il en résulte un ensemble, et nous les regardons plutôt comme quatre poèmes séparés, que comme un tout parfaitement assorti ; mais quelle élévation, quelle pompe, quelle richesse de poésie !

Nous l'avons toujours pensé, le génie de M. Le Brun ne sera ni apprécié, ni même connu, que lorsque le public jouira de la totalité de ses ouvrages ; et nous ne concevons pas par quelle insouciance, malgré nos invitations réitérées, il a négligé si long-temps de les rassembler. C'est un soin qui devait l'intéresser d'autant plus, que sa collection pourra perdre beaucoup de son prix si elle est abandonnée à des éditeurs d'un goût peu sûr, et qui ne sauraient pas en écarter ce qui pourrait nuire à la réputation de l'auteur. Ses ouvrages, dont la plupart nous sont connus, ne sont pas tous d'un égal mérite, il en est même qui donneraient de son caractère moral une idée défavorable, tels que la plupart de ceux qu'il s'est permis sous le titre d'*Odes républicaines*, et dans lesquelles il n'a été retenu par aucun frein. Ces ouvrages, dont le génie même de l'auteur n'excuserait pas la licence, ne prouvent que le délire des opinions qui régnaient alors, et nous pensons qu'ils doivent être sacrifiés sans ménagement.

A l'exception de la poésie dramatique, il n'est guère de genres que M. Le Brun n'ait embrassés avec succès. Nous connaissons de lui de belles

Épîtres et beaucoup d'Épigrammes d'un excellent sel. Peut-être même est-il remarquable que nos deux poètes lyriques, Jean-Baptiste Rousseau et M. Le Brun, soient précisément les deux auteurs qui ayent le mieux réussi dans ce dernier genre, où Boileau, quoiqu'éminemment satirique, n'a jamais eu qu'un succès médiocre.

A ces titres qui assurent à M. Le Brun un rang très-élevé parmi nos meilleurs écrivains, nous ne pouvons nous dispenser d'en ajouter un dont nous avons souvent parlé, mais dont le souvenir est trop précieux pour ne pas le rappeler encore. On sait que c'est à lui qu'une petite nièce du grand Corneille (1) fut redevable des bienfaits de Vol-

---

(1) M. Le Brun ignorait, et Voltaire lui-même ignora long-temps qu'il existait une petite-fille de Corneille, non moins malheureuse, et qui aurait eu des droits plus légitimes à ses bienfaits. Le vertueux Malesherbes, instruit de son infortune, avait pris pour elle le tendre intérêt et les soins d'un père, lorsqu'il fut enlevé à la patrie par un de ces assassinats révolutionnaires dont on voudrait pouvoir éteindre jusqu'au souvenir. C'est un des crimes dont la nation a le plus gémi; et par une suite de cette abominable proscription, l'héritière du nom de Corneille retomba dans un malheur plus grand, puisqu'elle avait son bienfaiteur à regretter: mais le gouvernement réparateur, à qui nous devons les beaux jours qui recommencent à luire pour nous et le brillant avenir qu'ils nous annoncent, fera sans doute ce que Malesherbes se promettait de

taire. Touché de son extrême infortune et rempli de cette noble confiance que prend une âme d'un grand caractère dans une âme qu'elle suppose de la même trempe, M. Le Brun adressa à l'auteur de Mérope et d'Alzire, en faveur de cette illustre infortunée, une Ode qui respirait et qui commandait l'enthousiasme. Il le sommait, au nom de sa gloire, de se charger du sort de mademoiselle Corneille, et il devait être bien sûr que sa confiance ne serait pas trompée.

LE BRUN (N.), né à Vire en Normandie, et aujourd'hui archi-trésorier de l'Empire, après s'être illustré dans nos assemblées législatives par une foule de rapports sur les objets d'administration les plus importants. Tous étaient remarquables moins encore par leur sagesse et par leur éloquente précision, que par la modestie avec laquelle il les prononçait, tandis que ses collègues, au nombre desquels nous avons eu l'honneur d'être admis, l'écoutaient avec une

---

faire, et n'abandonnera pas les rejetons directs d'une si belle tige.

La prédiction, que nous osions nous permettre dans notre précédente édition, vient de s'accomplir. Le héros de la France, qui ne laisse échapper aucune occasion de gloire, n'a pas été vainement imploré par la petite-fille du grand Corneille. Non seulement elle en a reçu des secours, mais il a placé deux de ses neveux, l'un au lycée de Marseille, l'autre à celui de Versailles.

attention qui tenait à la fois de l'estime qu'on avait pour sa personne et du respect qu'on devait à ses talents.

On lui est redevable de la meilleure traduction de *la Jérusalem délivrée*, qui ait encore paru ; elle a le mérite de la fidélité, de l'élégance, de l'harmonie, et la lecture n'en est pas moins agréable que celle de l'original.

La traduction qu'il a faite de l'*Iliade d'Homère* est aussi très-estimée, quoiqu'elle nous semble n'avoir pas conservé au poète grec ce charme de naïveté qu'il a su mêler au sublime de sa poésie. Aurait-il donc été moins frappé que nous de ce genre de mérite auquel Horace semble faire allusion quand il appèle Homère *le bon Homère*, ainsi que nous disons *le bon La Fontaine*, et qui fait pardonner à ce grand poète ses instants de sommeil ? Il n'y a pas d'ailleurs de comparaison à faire entre cette traduction et celles de madame Dacier et de M. Bitaubé. Les beautés poétiques y sont rendues par un pinceau plus fier et plus noble, et nous ont toujours fait désirer que l'auteur complète, en publiant sa traduction de l'Odyssée, le plaisir que nous a fait celle de l'Iliade.

L'étude approfondie qu'il a faite des langues savantes n'a pas peu contribué à la manière pure et correcte dont il écrit dans la nôtre. On connaissait de lui, sur des objets de législation, long-temps avant le changement d'état, différents ouvrages consacrés par l'estime publique, et jugés dignes d'être cités comme modèles.

LE FÈVRE (TANNEGUI), né à Caen en 1615, mort en 1672, père de madame Dacier, qui ne fut pas moins savante que lui, et peut-être la seule de nos femmes célèbres à qui l'on n'a jamais disputé ses ouvrages. On a de Le Fèvre d'excellentes notes sur différents auteurs grecs et latins, qui le rangent dans la classe de nos meilleurs scoliastes; mais ce qui l'honore davantage, c'est d'avoir dédié à Pélisson, pendant sa disgrâce, son *Commentaire sur Lucrèce*. Pélisson avait donné l'exemple d'une pareille générosité par la fidélité qu'il conserva pour le malheureux Fouquet; et ce qui rend ces traits de courage plus remarquables, c'est qu'ils ont été communs parmi les gens de lettres. On en trouverait de semblables dans la Vie de Boileau, de La Fontaine, de Molière, de Scudéri même. Rien ne doit plus humilier les ennemis de la littérature, et ne prouve mieux que le sentiment qui fait aimer la gloire, est à la fois la source des grands talents et des grandes vertus. *Voyez* l'article SARRASIN.

LE FRANC DE POMPIGNAN (JEAN-JACQUES), de l'Académie Française, né à Montauban en 1709, mort en 1784. Il a fait, comme Rousseau, des Odes sacrées, dans lesquelles on trouve de belles strophes, mais peu d'inspiration, et par conséquent il est resté dans ce genre au-dessous de son modèle. L'ode qu'il a faite sur la mort de ce poète célèbre, est une de celles qui l'en approcherait le plus ; cependant elle nous paraît manquer encore de cet enthousiasme qui est à la poésie lyrique le feu sacré dont Prométhée anima Pandore. Rousseau lui-même ne l'eut pas toujours; aussi croyons-nous qu'avant M. Le Brun, l'Ode, comme nous l'avons dit à son article, n'avait point encore acquis dans notre langue toute l'élévation dont elle est susceptible ; en un mot, les mouvements rapides et passionnés de l'Ode antique.

La tragédie de *Didon* s'est conservée au théâtre par le mérite d'un style pur, élégant, et qui présente quelquefois des beautés dignes d'un élève de Racine. Ce mérite est devenu si rare, qu'il a suffi pour distinguer Pompignan du vulgaire des poètes; et parmi les pièces du second ordre, il en est véritablement très-peu que l'on pût comparer à *Didon*.

Les éditeurs qui ont recueilli ses ouvrages, auraient dû se dispenser d'imprimer sa traduction en vers des *Géorgiques*. Elle avait eu de la réputation tant qu'elle était restée dans son portefeuille, et avant que celle de M. l'abbé de Lille parût. Mais la traduction en prose qu'il a faite des tragédies d'*Eschyle*, manquait à notre littérature, et prouve que Pompignan avait étudié les modèles de l'art en homme digne de les imiter.

Il avait eu malheureusement des panégyristes indiscrets dont les éloges maladroits pouvaient lui faire plus de tort que cette foule de traits satriques échappés contre lui à la vengeance de Voltaire. Ces traits décelaient trop visiblement la passion, et l'on savait d'ailleurs combien Voltaire se permettait d'abuser du ridicule. Malgré les sarcarmes de l'un et les adulations des autres, Pompignan était un littérateur infiniment estimable, et il en conservera la réputation.

LE GOUVÉ (G.), né à Paris. La traduction française du poëme allemand de Gessner, intitulé *la Mort d'Abel*, lui fit naître l'idée de traiter, sous le nom de tragédie, ce sujet intéressant qui remonte aux premiers jours du monde, et pour qui cette singularité même est une espèce de mérite. A l'exception de la forme dramatique qui appartient à M. Le Gouvé, tout est emprunté du poëme de Gessner, jusqu'aux moindres détails qui n'ont coûté à l'auteur que la peine de les mettre en vers ; mais il a su leur donner l'élégante simplicité qui convenait au sujet ; et cette pièce, regardée comme un ouvrage d'un caractère à part, eut un succès qui l'a conservée jusqu'à présent au théâtre : nous croyons même que, dans le genre dramatique, elle est encore ce que l'auteur a fait de mieux.

Epicharis, ou *la Mort de Néron*, qu'il a donnée depuis, nous parut un choix malheureux. L'époque de la révolution, en nous familiarisant avec des spectacles atroces, avait affaibli en nous le sentiment délicat des convenances; et Néron complétement avili, Néron parvenu au dernier degré de la scélératesse, et se frappant d'une main tremblante pour éviter l'affront de se voir traîner vivant aux gémonies, était un spectacle que les circonstances seules pouvaient rendre supportables. Ce n'était pas ainsi que, dans le siècle du génie, Racine avait présenté Néron dans *Britannicus*. Il l'avait peint (et c'était un trait de maître) flottant encore entre le vice et la vertu; et son goût exquis avait rejeté en partie, sur le personnage de Narcisse, l'atrocité de son premier crime. C'est tout ce que lui permettaient les bienséances dans un siècle où Louis XIV lui-même donnait l'exemple de les respecter : cependant le nom seul de Néron fit quelque tort à ce bel ouvrage; et, quoiqu'il soit un des chef-d'œuvres de Racine, il n'obtint pas d'abord le succès qu'il méritait.

Mais le vice du sujet n'est pas le seul défaut d'Épicharis. Au lieu du poète Lucain qui n'y produit aucun effet, et qui n'a rien de tragique, le personnage de Sénèque était celui qui devait s'offrir le plus naturellement à la pensée de l'auteur. Ce personnage vraiment digne de la tragédie, en fournissant à M. Le Gouvé des beautés d'un ordre supérieur, pouvait couvrir, en quelque sorte, le vice de son sujet. L'idée d'introduire pour la première fois sur la scène un poète célèbre, fut sans doute le motif qui décida sa préférence pour Lucain; il crut y voir une nouveauté piquante, et ce n'était au fond qu'une idée de jeune homme.

Malgré ces défauts, Épicharis fut accueillie et devait l'être, sinon par estime pour l'ouvrage, du moins en faveur de quelques détails qui commandaient l'indulgence. Quoique le style n'en fût pas éminemment tragique, il ne manquait cependant ni d'élégance ni de noblesse; et les remords de Néron, en rappelant peut-être un peu trop ceux de Charles IX, dont la mémoire était toute récente, parurent tracés d'une manière assez énergique. La pièce enfin n'excluait pas encore toute espérance. Mais ni les tragédies de *Laurence* et de *Quintus Fabius*, oubliées depuis long-temps, ni surtout celle d'*Étéocle*, ne firent apercevoir de progrès. L'auteur ne se douta pas que les malheurs d'OEdipe et de sa famille n'étaient pas moins usés au théâtre que ceux de la famille d'Agamemnon, et que tout ce qui tient à la guerre de Troye. C'était d'ailleurs de sa part une témérité trop grande que d'oser lutter contre les *Frères ennemis* de Racine. Il est bien vrai que cette tragédie, qui fut le premier essai de ce grand poète, est fort éloignée de la perfection de ses autres ouvrages : mais, n'eût-elle que la scène d'entrevue d'Étéocle et de Polinice, en présence de Jocaste, au quatrième acte, et le magnifique récit qui termine la pièce, c'en était assez pour que M. Le Gouvé dût s'interdire un sujet qui, en le supposant mieux traité, dans quelques-unes de ses parties, qu'il n'avait pu l'être par l'inexpérience du jeune Racine, ne lui laissait que l'espérance d'en éviter les défauts, sans qu'il osât se promettre d'atteindre à ses beautés. Quel est en effet le poète pour qui Racine, faible encore, ne serait pas un prédécesseur très-dangereux ? Voltaire lui-même ne se permit qu'une seule fois de lutter avec lui dans un sujet à peu près semblable, et l'on sait à quelle distance *Zulime* est de *Bajazet*.

On voit que, dans la carrière du théâtre, M. Le Gouvé ne paraît pas appelé à de grands succès ; et ce n'est que lorsqu'il a connu la véritable mesure de son talent, qu'il a commencé de jouir de quelque réputation parmi les gens de lettres. Il a donné, presque sans intervalles, plusieurs petits poèmes, tels que les *Souvenirs*, la *Mélancolie*, la *Sépulture*, tous remarquables par une élégance assez rare ; et si l'invention n'en est pas très-heureuse, on ne peut nier du moins que ces différents ouvrages pris ensemble, en y ajoutant le poème qu'il a intitulé *le Mérite des Femmes*, ne lui assignent une prééminence honorable sur un grand nombre de nos littérateurs actuels.

L'objet de ce dernier poème nous en fit présager le succès. L'auteur, en se déclarant ouvertement le chevalier d'un sexe à qui l'on est toujours sûr de plaire par le courage, s'était proposé de le venger des emportements satiriques de Juvénal et des plaisanteries de Boileau. Rassuré par l'adresse qu'il avait mise dans le choix de son sujet, et fier d'ailleurs de l'appui que cette belle moitié du genre humain ne manquerait pas de lui prêter, il osa se mesurer contre ces redoutables athlètes, et l'on imagine bien que la reconnaissance des femmes concourut de tout son pouvoir au succès de l'ouvrage qui fut en effet très-accueilli. Ce n'est pas que l'ordonnance en fut encore très-remarquable, mais le sujet plus heureux, et plus susceptible de grâces, qu'aucun de ceux qu'il eut traités jusqu'alors, lui fournit des détails plus variés, plus agréables, et son style parut avoir acquis une élégance plus soutenue.

Les éditions tirées, il est vrai, à très-petit nombre, mais souvent renouvelées, qu'il en fit répandre, et le soin qu'il prit de les corriger, témoignèrent assez qu'il regardait ce poème comme son ouvrage de prédilection. Ce sentiment nous paraît juste. L'ouvrage annonce véritablement des progrès qui en font espérer de plus grands, et c'est avec celui qu'il a donné sous le titre des *Souvenirs*, ce qu'il a écrit de plus soigné. Nous eussions désiré seulement que, dans la liste des femmes célèbres qu'il nous recommande d'admirer, il n'eût pas oublié le nom de madame de Sévigné. Ce nom, à ce qu'il nous semble, eût jeté plus d'éclat sur sa liste que ceux de mesdames Beaufort, Vernier, Dufresnoy, Pipelet et Guichelin, qui peuvent mériter ses éloges, mais que nous n'avons pas l'honneur de connaître.

Nous savons que, dans son *Traité de la Littérature*, M. Clément, en rendant compte, avec sa sévérité ordinaire, du poème dont nous parlons, reproche à son auteur de n'avoir qu'une sensibilité factice qui se décèle, selon lui, par des apostrophes et des exagérations trop fréquentes. Il ne fait pas plus de grâce aux vers pleins de négligences, dit-il, et d'une faiblesse trop souvent prosaïque. C'est ce qu'il essaie de prouver par de nombreuses citations qui ne justifient pas toujours, à notre avis, l'extrême rigueur de ses remarques. M. Le Gouvé profitera sans doute de ce qui peut s'y trouver de judicieux : c'est à quoi nous croyons devoir l'inviter par le sentiment que nous avons de son mérite.

Nous nous permettons de l'inviter aussi, par le même sentiment, à se défier de ses réminiscences ; et, s'il ne veut pas rester dans la classe vulgaire des imitateurs, à se passionner beaucoup moins pour ceux de nos poètes modernes qu'il paraît affectionner le plus ; mais à étudier de préférence les anciens qu'il a peut-être un peu trop négligés, et qui sont les vrais modèles de la grande et belle nature.

Que, surtout, il ne se laisse pas égarer sur le choix des moyens qui paraissent conduire à la célébrité. Il en est un dangereux, qui facilite en apparence les succès, mais qui ne produit qu'une célébrité factice, toujours accompagnée d'inquiétude, et qui meurt sans laisser de souvenirs. M. Le Gouvé nous paraît en droit de s'en promettre une plus durable. Son style, en général, correct, facile, et d'une harmonie, sinon très-savante, du moins peu commune, lui assure déjà, parmi nos versificateurs actuels, un rang distingué, et qui peut le devenir encore plus, s'il a le courage de se renfermer dans les bornes de son talent, et de ne plus prétendre aux succès du théâtre. C'est au genre tempéré que son émulation doit se restreindre ; et véritablement le seul de ses ouvrages dramatiques, auquel on accorde encore quelque estime, et qui fut son premier essai, annonçait assez que s'il était capable de s'élever à une élégante simplicité dans un sujet qui demandait peu de verve, la force tragique lui manquait essentiellement. Il vient d'en donner une triste et dernière preuve dans sa tragédie de la *Mort d'Henri IV* : sujet impraticable, car quel intérêt peut produire l'assassinat du meilleur des rois ? assassinat, d'ailleurs, aussi mal concerté dans le projet qu'atroce dans l'exécution, tramé sans motif par un courtisan perfide dans le palais même de ce prince, et presque sous ses yeux. Aucun Français (et il n'en est pas chez qui le seul nom de Henri ne réveille un sentiment de respect et d'amour) n'eût imaginé que, sur le théâtre de la nation, quelque dégénéré qu'il puisse être, on eût représenté impunément, et sans exciter de murmures, une pièce où l'on ne retrouve aucun trait de la physionomie de ce grand roi. C'est pourtant ce que nous avons vu; et ce qui n'est pas moins singulier, c'est le nom même de Henri IV qui a servi à l'auteur de sauvegarde contre les sifflets. Le public de Paris n'a remarqué ni l'attitude plus que bourgeoise, ni la nullité de caractère, ni la conduite imprévoyante que M. Le Gouvé a prêtée à ce prince dans tout le cours de l'ouvrage; il n'a vu que ce nom devenu sacré pour lui par une vénération d'habitude.

En terminant cet article, jugé trop rigoureux sans doute par les amis de l'auteur, mais dont nous avons été forcés de modifier quelques expressions, parce que le public le trouvait trop indulgent, le sentiment des convenances ne nous permet pas de dissimuler que nous avons vu avec peine, sur les affiches de nos spectacles, le nom de M. Le Gouvé, annoncé comme instituteur d'une jeune actrice qui semblait, à la vérité, promettre quelque talent, mais à qui cette proclamation inusitée, osons dire même peu décente, n'a pas été, jusqu'ici, d'une utilité très-sensible. On sait que Racine avait donné des leçons à la célèbre Chanmeslé ; mais il n'eût jamais souffert que son nom fût affiché dans les rues à côté du sien, ni qu'on lui fît l'injure de l'annoncer comme un maître de déclamation. Le siècle de Louis XIV ne fut celui du génie que parce qu'il était en même temps celui des bienséances.

LE MIÈRE, (Antoine-Marin), de l'Académie Française, né à Paris en 1733, mort en 1793.

Quoique dur, sec et recherché dans ses vers, il en faisait quelquefois de très-heureux, mais en trop petit nombre pour se faire pardonner la longue persévérance avec laquelle il fatigua le public de ses pièces de théâtre.

Toutes ses études dramatiques semblaient n'avoir eu pour objet que l'effet de la pantomime, et la perspective de la scène. C'est, de toutes les parties de l'art, celle qu'il possédait le mieux ; et la nature paraissait en avoir fait un décorateur plutôt qu'un poète ; cependant il péchait moins par le fond des pensées que par la bizarrerie de l'expression. Ses vers ressemblaient trop à de la prose contournée avec effort, et à laquelle on aurait attaché des rimes, comme par gageure : on peut s'en former une idée par ces lignes prises au hasard dans sa tragédie de *Guillaume Tell* :

> Hâte-toi ; fais marcher sous *diverse* conduite,
> *Vers* les *divers* châteaux, notre intrépide élite,
> Tandis qu'*avec Vaërner*, moi j'irai *sur le lac*,
> Dans l'ombre de la nuit, m'emparer de Kusnac.

En veut-on de plus bizarres encore, tirés de la même pièce ?

> Je pars, j'erre en ces rocs où partout se hérisse
> Cette chaîne de monts qui couronne la Suisse.

Ses *Pièces fugitives* joignaient à cette singulière mélodie une originalité plus étrange encore, et dont lui seul avait le secret. Il croyait, par exemple, louer la célèbre mademoiselle Dangeville, en lui disant :

> Ta folâtre féerie accordait des cerveaux
> Les chanterelles élastiques.

Quelque invraisemblables que ces citations puissent paraître, nous prions les lecteurs de croire qu'il n'entre ici de notre part ni la moindre infidélité ni la plus légère altération.

Un peu revenu de la manie du théâtre et de ces petits vers duriuscules, l'auteur voulut se signaler dans une autre carrière. Il entreprit de chanter l'art de peindre, d'après les poëmes de

Dufresnoy et de l'abbé de Marsy. Ce sujet était beau sans doute; et Le Mière observa même, dans sa préface, qu'il était très-supérieur à celui de l'*Art poétique*. C'était un engagement qu'il prenait avec le public de s'égaler au moins à Boileau, d'autant plus que son poème avait été très-fastueusement annoncé par des admirateurs maladroits ou malveillants. L'ouvrage parut enfin, et l'on y retrouve cette harmonie familière à l'auteur dont nous avions peut-être un peu trop prodigué les exemples dans nos précédentes éditions. Le style de ce poème est au style de Boileau ce que seraient aux sons d'une flûte douce le bruit importun d'une scie, ou les aigres frottemens d'une lime qui mord l'acier, en faisant frissonner l'oreille.

Tout le monde connaît ce vers que son originalité seule a fait retenir, et qu'on ne croirait pas de notre langue, pour peu qu'on mît de rapidité à le prononcer :

Opéra *sur roulette*, et qu'on porte *à dos d'homme*.

Il en est un plus étrange encore, et qui mettrait en défaut l'articulation la plus excercée :

Peins d'Assas, montre en *lui huit* efforts héroïques.

Mais ce qui n'est pas moins étonnant que ces vers, c'est qu'il est arrivé à l'auteur d'en faire d'excellents, et qui seraient avoués de nos meilleurs poètes.

Nous ne citerons pas ce vers isolé :

> Le trident de Neptune est le sceptre du monde,

que peut-être on a trop vanté, et qui prouverait seulement qu'il n'est pas d'écrivain si médiocre à qui le hasard ne puisse procurer une bonne fortune; mais il n'en est pas de même d'une suite de vers bien faits, heureusement enchaînés l'un à l'autre, et qui supposent nécessairement du talent : or on en trouve de ce genre, en petit nombre il est vrai, mais assez pour étonner, dans les plus mauvais ouvrages de Le Mière. Boileau lui-même, qui savait apprécier mieux que personne le mérite des difficultés vaincues, n'eût-il pas applaudi ce morceau brillant sur l'*Anatomie*, que tout le monde a remarqué dans le *Poème de la Peinture* ? n'eût-il pas été frappé de cette ingénieuse fiction du même ouvrage, si bien imaginée, et si bien rendue dans ces vers pleins d'harmonie ?

> Il est une stupide et lourde Déité;
> Le Thmolus autrefois fut par elle habité :
> L'Ignorance est son nom; la Paresse pesante
> L'enfanta sans douleur aux bords d'une eau dormante, etc.

Trouverait-on dans beaucoup de nos tragédies modernes, des vers d'une expression plus gracieuse à la fois et plus touchante que ces vers qu'on pourrait croire de Racine, et que nous n'avons jamais entendus sans plaisir dans la *Veuve du Malabar?*

> Elle va donc mourir ; hélas ! que je la plains !
> Brillante encor d'attraits, et dans la fleur de l'âge,
> Ah ! qu'il est douloureux d'exercer ce courage,
> Et d'éteindre au tombeau des jours remplis d'appas,
> Que la nature encor ne redemandait pas !

Enfin n'est-ce pas l'inspiration la plus heureuse qui a dicté à Le Mière, dans son poème des *Fastes*, cette charmante description d'un clair de lune ?

> Mais de Diane au ciel l'astre vient de paraitre ;
> Qu'il luit paisiblement sur ce séjour champêtre !
> Éloigne tes pavots, Morphée, et laisse-moi
> Contempler ce bel astre aussi calme que toi,
> Cette voûte des cieux mélancolique et pure,
> Ce demi-jour si doux levé sur la nature,
> Ces sphères qui, roulant dans l'espace des cieux,
> Semblent y ralentir leur cours silencieux ;
> Du disque de Phébé la lumière argentée,
> En rayons tremblottans sous ces eaux répétée,
> Ou qui jète en ce bois, à travers les rameaux,
> Une clarté douteuse et des jours inégaux ;
> Des différents objets la couleur affaiblie,
> Tout repose la vue et l'âme recueillie.
> Reine des Nuits, l'amant devant toi vient rêver,
> Le sage réfléchir, le savant observer :
> Il tarde au voyageur, dans une nuit obscure,
> Que ton pâle flambeau se lève et le rassure.
> Le ciel d'où tu me luis est le sacré Vallon,
> Et je sens que Diane est la sœur d'Apollon.

On a peine à concevoir que cette suite de vers heureux soit du même homme qui s'en est permis de si barbares ou de si grotesques. C'est même à regret que nous croyons y remarquer une inconvenance. L'auteur, dans l'avant-dernier vers, paraît se représenter le ciel comme un vallon, et il n'a pas senti combien ces deux images étaient inconciliables. M. Le Brun, qui en a jugé comme nous, a pris la peine de corriger cette faute en changeant ainsi le vers défectueux :

> L'asyle où tu me luis est le sacré Vallon,
> Et je sens que Diane, etc.

Cette leçon ne laisse rien à désirer dans ce morceau plein d'élégance et de grâce.

On serait tenté de croire que le hasard seul avait part à ces beautés qui se trouvent semées de loin en loin dans les ouvrages de Le Mière : car, s'il en eût eu le sentiment, lui-même n'eût pu s'empêcher d'être frappé du contraste qu'elles présentent avec le style dont il avait contracté la malheureuse habitude. Quoi qu'il en soit, nous lui devions la justice de les faire remarquer comme des exceptions heureuses, qu'on chercherait vainement dans certains poètes qui se croyaient infiniment supérieurs à Le Mière, et dont la petite réputation s'éteindra peut-être avant la sienne. Il avait du moins le mérite de racheter, dans sa vie privée, par des qualités très-estimables, les bizarreries de son esprit. Observez encore à son avantage que ce qui n'est que bizarre n'exclut pas toujours le génie, et que Boileau préférait la burlesque audace de Bergerac aux vers glacés de quelques poètes de son temps qui, tout fiers de leur élégante médiocrité, s'érigeaient peut-être en législateurs du goût.

LE MOINE (Pierre), jésuite, né à Chaumont en Bassigny en 1602, mort à Paris en 1672. Son poème de *Saint Louis*, dont Boileau n'a cru devoir dire ni bien ni mal, prouve qu'il était né avec de grandes dispositions pour la poésie; et peut-être ne lui a-t-il manqué, pour atteindre à la perfection de son art, que d'avoir écrit dans un siècle qui lui eût présenté des modèles de goût. Mais ce poème est tombé, parce que l'auteur n'a pas su régler son imagination, et qu'il ne s'est pas conformé à ce précepte d'Horace :

Et quæ
Desperat tractata nitescere posse, relinquit.

Il n'est point de petits détails que la poésie ne puisse ennoblir sans doute, mais elle rejète ceux qui sont ingrats; et vouloir tout peindre, est aussi rebutant que de vouloir tout dire.

LÉONARD (Nicolas-Germain), né à la Guadeloupe en 1744, mort à Nantes en 1793. L'un des premiers écrivains qui ait introduit, ou qui ait tenté de remettre en faveur dans notre poésie le genre descriptif dont on a tant abusé de nos jours, et qui commence à devenir un peu fastidieux à force d'avoir été prodigué. Mais c'est au genre de l'idylle que Léonard semblait appelé par un goût prédominant, et dans lequel nous osons croire qu'il s'est montré très-supérieur, et comme poète et comme peintre, à madame Deshoulières, dont la réputation nous a toujours paru fort exagérée. En effet, dans des vers non moins faciles, mais plus élégants, plus riches d'images, et d'une harmonie plus variée que ceux de cette dame, il a su prêter des couleurs et de la vie à ce qu'elle n'exprimait que d'une manière presque toujours faible ou commune, et dans un style beaucoup trop rapproché de la prose.

L'idylle n'est pas cependant le seul genre où cet aimable écrivain se soit exercé. On a de lui différents ouvrages qui prouvent qu'il avait à la fois le mérite de bien choisir ses modèles et le talent de les imiter. Thomson et Gessner parmi les modernes; chez les anciens, Anacréon, Catulle, Horace, Tibulle, Virgile même, paraissent lui avoir servi de maîtres; et c'est en se pénétrant fortement de leurs beautés qu'avec un talent inférieur dans l'art des vers à celui de Colardeau, il réussit, dans la seule occasion qui put s'offrir de les comparer, non seulement à soutenir contre lui une lutte glorieuse, mais à lui en disputer l'avantage, et peut-être à le remporter. Tous deux avaient formé le projet de mettre en vers le Temple de Gnide de Montesquieu. Ce projet pouvait être mal conçu ; mais enfin tous deux y travaillèrent en concurrence, et les deux ouvrages parurent presque simultanément.

La différence de leur manière est remarquable, et se fait sentir jusque dans le choix du rhythme que l'un et l'autre adoptèrent. Colardeau, dans son imitation, plus libre que fidèle, employa la sévérité du vers alexandrin, moins convenable, à ce qu'il nous semble, au ton gracieux de l'original, que le vers de dix syllabes, ou les vers mêlés, choisis de préférence par Léonard, et qui d'ailleurs se conciliaient mieux avec le naturel, la simplicité élégante, en un mot avec les formes habituelles de son style. A notre avis, il paraît avoir mérité le prix de cette espèce de concours ; et si sa versification est en général moins savante que celle de Colardeau, si même son rang n'est pas très-élevé dans la classe des poètes qui se sont distingués par leurs talents, il est du moins du nombre de ceux dont on a retenu des vers cités avec éloge dans tous les bons recueils ; et l'on ne peut lui disputer le titre d'écrivain très-agréable en plus d'un genre.

C'est à son neveu, M. Campenon, jeune homme d'une modestie rare, et déjà connu très-avantageusement dans les Lettres, que l'on doit la première édition des *OEuvres de Léonard*, et nous apprenons qu'il en prépare incessamment une nouvelle. On lui doit aussi celle des *OEuvres choisies de Clément Marot*, précédée d'un Discours non moins curieux que bien écrit : mais c'est de lui-même que nous l'invitons maintenant à s'occuper, en secondant par le travail les heureuses dispositions qu'il a reçues de la nature. Il en avait déjà donné des preuves par différents petits ouvrages qui nous l'avaient fait distinguer ; mais il a bien voulu nous lire plusieurs fragments d'un poëme champêtre plein d'images agréables, et dans lequel nous avons cru reconnaître l'élégance, la facilité, la grâce, et, si nous l'osons dire, l'accent naïf des meilleures productions de son oncle. Tel fut du moins le jugement que nous en portâmes alors, et que nous aimons à lui rappeler comme un motif d'émulation. Autant nous nous sommes permis de sévérité dans ces Mémoires contre la médiocrité orgueilleuse, autant nous nous plaisons à encourager le mérite modeste et les jeunes talents qui n'employent, pour se faire valoir, ni les ruses du manége, ni les bassesses de l'intrigue.

LE SAGE (ALAIN-RENÉ), né à Vannes en Bretagne en 1668, mort à Boulogne-sur-mer en 1747; auteur du meilleur de nos romans, car Télémaque n'en est pas un. Cet homme estimable n'ayant eu ni fortune, ni cabale, ni manége, a été honteusement négligé par tous les biographes. Les Anglais qui, surtout dans le genre des romans, paraissent n'être sensibles qu'à l'imitation vraie de la nature, et qui en cela sont très-raisonnables, font de Gilblas la plus grande estime. Cet ouvrage, comme on l'a dit ailleurs, est peut-être supérieur au roman de Don Quichotte, qui n'est qu'une satire, à la vérité très-ingénieuse, d'un ridicule particulier à la nation espagnole : ce ridicule n'existant plus, Don Quichotte perd nécessairement beaucoup de son mérite, et Gilblas demeurera toujours.

Aucune des aventures de ce livre n'est au-dessus de la sphère des événements communs. Ce n'est point une accumulation triste et sombre de faits tragiques amenés sans vraisemblance, et d'incidents merveilleux, tels que la vie des aventuriers les plus romanesques en fournirait à peine quelques exemples ; c'est la peinture la plus fidèle et la plus naïve de l'homme pris dans toutes les conditions. On se fait illusion, en lisant ce roman, au point de croire en reconnaître tous les personnages : Molière lui-même, s'il eût fait un roman, n'en eût pas fait un plus vrai.

Ce qui ajoute encore à la gloire de Le Sage, c'est qu'il a donné au théâtre l'excellente comédie de *Turcaret*. Quoique la plupart des financiers de nos jours ne ressemblent plus entièrement aux modèles que Le Sage avait sous les yeux, cependant tant qu'il y aura des parvenus insolents, dont les richesses auront achevé de corrompre les mœurs; tant que l'on verra des coquettes rusées mettre sans pudeur à contribution l'imbécille et vaine opulence, cette pièce subsistera comme un des plus beaux monuments dont notre scène comique ait à se glorifier.

Cette comédie fit beaucoup de bruit avant que d'être jouée, et donna lieu à une anecdote que nous rapporterons avec d'autant plus de plaisir, qu'elle prouve que Le Sage avait un grand caractère, qualité qui accompagne presque toujours le vrai talent. Les financiers tentèrent toutes sortes de moyens pour empêcher la représentation de Turcaret. Madame la princesse de Bouillon, qui avait chez elle un bureau d'esprit, fit offrir à Le Sage sa protection contre leur cabale, et lui fit demander une lecture de sa pièce.

L'auteur alla prendre son jour, et la supplia de vouloir bien lui faire la grâce de rassembler son monde avant midi, attendu qu'il ne lui était pas possible de lire après dîner. La demande était trop juste pour être refusée; mais un accident imprévu empêcha l'auteur d'être exact. Il ne put arriver qu'une heure plus tard. Un procès, fort important pour lui, se jugeait ce jour-là même, et il eut le malheur de le perdre. En arrivant chez la princesse, il raconta sa disgrâce,

et se confondit en excuses. On les reçut avec hauteur. On lui dit qu'aucune raison ne pouvait justifier l'indécence de faire attendre si long-temps...... Le Sage interrompit cette leçon pleine d'aigreur, en disant à la princesse : « Ma-
» dame, je vous ai fait perdre une heure; je
» vais vous la faire regagner, car je vous jure,
» avec tout le respect que je vous dois, que je
» n'aurai point l'honneur de vous lire ma pièce ».
Il lui fit une profonde révérence, et se retira. On courut après lui, mais il ne voulut jamais rentrer.

On sait que *Turcaret* est resté au théâtre; la petite comédie de *Crispin rival de son maître*, ne lui est pas inférieure en son genre. Régnard n'a rien produit de plus gai; et il nous semble que cette pièce charmante devrait être le plus sûr contre-poison de ces dolentes rapsodies qui ont rendu notre scène si méconnaissable. Le Sage avait parfaitement senti que le théâtre n'est point une chaire, qu'il ne faut pas y prêcher fastidieusement une morale froide, monotone et inanimée; mais que l'art, comme l'a dit un de nos poètes, consiste à nous instruire *par gracieux préceptes, et par sermons de joie antidotés*. C'était ainsi du moins que, dans le style un peu bizarre de ses épîtres, J.-B. Rousseau définissait la comédie, et c'est en effet ce qu'elle doit être.

Un mérite qui distinguera toujours Le Sage parmi les auteurs dramatiques, c'est la vérité de son dialogue. Jamais on n'y trouve une plaisanterie, un trait qui ne soit amené par le sujet même. Jamais l'auteur n'abandonne la scène pour courir après une épigramme, ou une saillie déplacée. Personne, en ce genre, ne s'est plus approché de Molière.

On doit encore à la gaîté de cet écrivain l'origine de la comédie en vaudevilles, reste précieux de la bonne plaisanterie française, auquel on a substitué, de nos jours, de tristes opéras-bouffons et de honteuses parades, comme si, dans tous les genres, on eût conspiré pour avilir le goût de la nation.

Le Sage ne fut point de l'Académie; et c'est une singularité remarquable, que cette exclusion semble avoir été précisément réservée à nos meilleurs auteurs comiques.

LEULIETTE (N.). Forcé, par la profession et par la mauvaise fortune de son père, à consacrer les premières années de sa jeunesse à l'état de serrurier, une vocation impérieuse l'appelait en même temps aux lettres. Privé de tous les secours qui lui auraient facilité les moyens de s'instruire, il fut réduit à se passer de maître, et renouvela en quelque sorte l'exemple de ce forgeron flamand dont l'amour fit un peintre célèbre, et de qui l'on a dit :

Connubialis amor de Mulcibre fecit Apellem.

Les progrès de M. Leuliette animé par la seule passion de l'étude, furent très-rapides. En peu d'années, les langues grecque, latine, anglaise lui devinrent familières; et, à l'époque des troubles qui agitèrent la France, il parut de lui une Réponse pleine de chaleur à un Discours de M. de Lalli, fait en faveur des émigrés, sans en excepter ceux qui, devenus infidèles à leur patrie, s'étaient cru le droit de s'armer contre elle. Autant M. Leuliette se montrait inexorable à l'égard de ces derniers, autant il déploya d'intérêt et de sensibilité en prenant la défense des familles malheureuses qui n'avaient fui que pour se dérober à la fureur de l'esprit de parti qui faisait alors de la France une arène sanglante. A cette époque douloureuse, qu'on ne se rappèle qu'avec effroi, nous n'avons rien lu qui nous ait causé une émotion plus vive que cet éloquent plaidoyer en faveur de l'innocence.

Dans les jours de calme et de gloire qui suivirent ces désastres, et que nous devons au héros qui nous a sauvés, l'Institut national proposa, pour sujet de prix, *l'Influence qu'avait eue sur l'Europe la réformation de Luther*. M. Leuliette, alors désigné pour remplir la place de professeur de belles-lettres au Lycée de Versailles, traita ce sujet moins complétement, à quelques égards, que M. de Villers qui obtint le prix, mais dont le Discours, très-inférieur par l'éloquence à celui de M. Leuliette, fit généralement regretter que, pour cette importante question, l'Institut national n'eût à décerner qu'un seul prix. A la justesse, à la profondeur, à la rapidité de son coup-d'œil, l'auteur sut réunir un style dont la trace, perdue depuis long-temps, ne pouvait se retrouver que par l'étude constante des plus grands maîtres de l'art oratoire.

Nous apprenons avec douleur, en terminant cet article, que M. Leuliette, victime d'un de ces accidents que la multitude et la rapidité inconsidérée des voitures rendent à Paris beaucoup trop fréquents, vient de mourir; et sa mort, affligeante pour ses amis, est une perte réelle pour la littérature.

LÉVESQUE (PIERRE-CHARLES), né à Paris en 1736. Quoiqu'il ait donné deux ouvrages très-estimables, *l'Homme moral* et *l'Homme pensant*, sa modestie a retardé sa réputation. Enhardis par cette modestie même, des pirates de philosophie ont mis à contribution le premier de ces ouvrages de la manière la plus audacieuse (1). Ils s'étaient flattés sans doute de n'être pas découverts; mais la maladresse avec laquelle ils ont tâché de déguiser leurs larcins, en lui dérobant

---

(1) *Voyez* l'article RAYNAL.

des pages entières, a décelé la source où ils avaient puisé.

Il était de la destinée de M. Lévesque d'avoir à se plaindre des plagiaires. On lui doit une histoire complète de Russie, ouvrage qui manquait à l'Europe. Elle venait à peine de paraître, qu'il se répandit un *Prospectus* qui annonçait la même Histoire par M. Leclerc. On s'attendait à de nouveaux détails; mais on vit avec étonnement, à la publication du premier volume, que ce qui appartient véritablement à l'Histoire de Russie ne composait que la plus faible partie de l'ouvrage; on vit avec plus de surprise encore que cette partie n'était qu'un extrait de l'ouvrage de M. Lévesque, et n'offrait aucun nouveau fait, aucune nouvelle circonstance, quoique les originaux en eussent fourni un grand nombre, si l'auteur les eût consultés.

C'est ce qui n'est pas échappé au savant bénédictin Don Clément, auteur de l'*Art de vérifier les dates*. « C'est, dit-il, en parlant de M. Lé-
» vesque, à la peine qu'a prise cet estimable his-
» torien, que notre littérature est redevable de
» cette nouvelle lumière. Nous lui devons nous-
» mêmes presque tous les changements que nous
» avons faits (dans une seconde édition) à notre
» chronologie historique de la Russie. M. Leclerc,
» qui a écrit après M. Lévesque, nous a appris
» par son exemple à marcher sur les pas d'un si

» bon guide, dont il ne s'écarte guère, etc. ».

Cependant M. Leclerc, en suivant fidèlement, pour ne pas dire servilement, les pas de M. Lévesque, s'est permis souvent de l'insulter. Si des reproches publics l'ont empêché de continuer à le copier depuis la fin du seizième siècle, il s'égare alors en prenant pour guide, jusqu'au règne de Pierre-le-Grand, des livres français oubliés, et qui méritent de l'être.

Sans avoir fait une étude particulière de l'Histoire du Nord, nous avons une preuve que, pour cette période, M. Lévesque a choisi les meilleures autorités : c'est que M. Coxe s'est parfaitement rencontré avec lui lorsqu'il a eu occasion, dans ses voyages au nord de l'Europe, de rapporter les mêmes faits ; et l'on sait que M. Coxe était guidé par le savant Muller, de l'Académie de Pétersbourg, l'homme qui a le mieux connu les archives et l'histoire de Russie.

C'est à M. Lévesque que nous sommes redevables de plusieurs remarques curieuses et intéressantes dont il a bien voulu enrichir le volume intitulé *Histoire de Russie*, sous Pierre-le-Grand, dans notre édition commentée de Voltaire ; et c'est encore un des avantages qui distinguent éminemment cette édition de toutes celles qui l'ont précédée. D'après des renseignements peu fidèles qui avaient été donnés à Voltaire par ordre de l'impératrice Élisabeth, il s'était souvent trompé dans le cours de cette histoire, et M. Lévesque indique non seulement ces erreurs, mais il les corrige, en conservant toujours envers l'auteur la circonspection décente dont la critique ne doit jamais s'écarter envers un homme supérieur.

M. Lévesque a publié depuis un morceau considérable de l'Histoire de France sous les cinq premiers Valois, c'est-à-dire, depuis le règne de Philippe de Valois jusqu'à la mort de Charles VII. Cet ouvrage est surtout remarquable par une introduction remplie de recherches curieuses, dans laquelle l'auteur suit les révolutions et les progrès de la monarchie, depuis le règne de Pépin jusqu'à la mort de Charles-le-Bel. Cette introduction prouverait seule combien il est appelé au genre historique. Il y réfute des erreurs accréditées, et nous connaissons peu d'ouvrages écrits avec plus de raison, de sagesse et de vérité.

LÉVESQUE (mademoiselle Rose), aujourd'hui madame de Pétigny, fille du précédent, née à Paris en 1768. A quinze ou seize ans au plus, elle avait donné un petit recueil intitulé *Idylles* ou *Contes champêtres*.

Ce recueil, comme nous eûmes occasion de le dire dans une lettre adressée aux auteurs du Journal de Paris, respirait la candeur et la douce sensibilité du premier âge. Jamais enfant n'avait présenté aux muses des prémices plus aimables.

Elle a donné depuis d'autres ouvrages de ce genre agréable auquel les femmes sembleraient appelées de préférence à tout autre, et qui n'ont pas démenti l'opinion avantageuse qu'elle avait donnée de ses talents.

L'HOPITAL (Michel de), né à Aigue-Perse en Auvergne en 1505, mort à sa campagne de Vignay en Beauce en 1573. Chancelier de France, et l'un des plus grands hommes de son temps. D'une naissance obscure, et dans un siècle où la nation ne rassembla jamais plus de grands caractères, il parvint, comme Cicéron, à la première dignité de la magistrature, et il s'y conduisit avec la fermeté de Caton.

Tant qu'il conserva sa place, il retarda les malheurs de la France ; et il lui aurait épargné les horreurs des guerres civiles qui la désolèrent, si la faction des Guises n'avait prévalu sur la sagesse de ses conseils. Ce grand nom manquait aux anciennes éditions de nos Mémoires ; l'homme d'état ne devait point nous dérober l'homme de lettres, et L'Hopital fut un de ceux qui les cultivèrent avec le plus d'éclat. Ses poésies latines (car alors on n'écrivait guère que dans cette langue) respirent l'enthousiasme d'une âme forte et intrépide, et ce mérite nous les a conservées.

Le caractère de ce vertueux chancelier nous paraît avoir été très-bien saisi par l'auteur de la tragédie de Charles IX ; nous le regardons même comme un des plus beaux ornements de cette pièce.

Il est remarquable que les trois personnages les plus éminents en vertu et les plus éclairés de ce siècle, L'Hopital, le président de Thou, et Fra-Paolo, penchaient vers les opinions des protestants : ce fait seul prouverait à quel excès avaient été portés les scandales de l'ancienne église.

LINGUET (Simon-nicolas-Henri), né à Reims en 1736. Écrivain non moins célèbre par les orages de sa vie que par ses talents. On lui a reproché l'amour des paradoxes; et véritablement, dans son livre de la *Théorie des Lois civiles*, et dans la plupart de ses ouvrages, il semblait avoir un secret penchant à s'éloigner des idées reçues; mais la considération qu'il s'était acquise méritait du moins que l'on suspendît son jugement sur quelques opinions qui peut-être ne passent pour vraies que parce qu'elles n'ont jamais été suffisamment approfondies.

Il nous semble que, la plupart des objets pouvant être considérés sous des aspects absolument opposés, ce serait une témérité que de donner légèrement le nom de *paradoxe* à tout ce qui contrarie les notions communes. La liberté, par exemple, est le plus grand des biens, sans doute, et la servitude le plus grand des maux ; mais il est permis d'examiner si ce qu'on nomme *liberté*, dans l'état actuel des sociétés, n'est pas un avantage souvent funeste, et si la servitude, modifiée par la bonté d'un maître, et par l'intérêt qu'il a de conserver son esclave, ne présenterait pas une situation plus heureuse qu'une liberté illusoire, dont l'effet est presque toujours de faire périr de misère l'infortuné qui la possède.

En fixant ainsi l'état de la question, on pourra juger si Linguet s'est trompé ou non dans sa *Théorie des Lois*, en paraissant préférer la servitude de l'esclave à la liberté du manœuvre. Il est vrai que, dans ses *Annales politiques et littéraires*, ouvrage auquel nous reviendrons à la fin de cet article, il serait plus difficile de le justifier du goût dont on l'accusait pour les paralogismes.

Tout le monde sait avec quel succès il avait déployé ses talents dans la carrière du barreau, et l'étrange révolution qui lui fit perdre son état, malgré le vœu d'une grande partie du public. On peut, sur cet événement singulier, consulter nos éditions précédentes. L'empressement qui nous fit choisir, pour nous déclarer en sa faveur, le moment même où l'orage excité contre lui paraissait le plus violent, n'est pas une faible preuve de notre impartialité. Nos lecteurs y reconnaîtront ce caractère de justice qui nous a toujours soulevés contre toute apparence de persécution.

Lors de la retraite de cet écrivain hors de France, nous ne devons pas dissimuler que ses partisans même furent fatigués de la profusion de ses apologies. On eût désiré que, dans l'amertume de ses plaintes, il n'eût pas confondu trop souvent le style de l'audace et celui du vrai courage. Quiconque en effet se propose d'intéresser le public à ses malheurs, doit craindre surtout d'exciter des soupçons, et de justifier par un style trop violent les emportements de ses ennemis : mais ces détails sont étrangers à ces Mémoires, et ne nous empêchent pas de reconnaître que Linguet n'eût beaucoup de talent.

Ce n'est pas que sa manière d'écrire nous paraisse, à beaucoup près, exempte de défauts, et que nous approuvions les métaphores dures et excessives (1), qu'il prodigue trop souvent dans

---

(1) Exemple pris au hasard de ces singulières métaphores : « Les variations dans le prix du pain, sont une
» vérole politique qui ronge l'État dans toutes ses parties
» nobles. Les approvisionnements d'ordonnance sont le
» mercure secourable qui peut le guérir : mais, avant que
» de l'employer, il faut le modifier par une manipulation
» très-aisée. Si on le donne tout crud, on fera enfler le
» malade ; mais après la préparation on lui rendra une
» santé inaltérable. »

LINGUET, *Lettres sur la Théorie des Lois*.

ses ouvrages. Cette abondance vicieuse suppose à la vérité de l'esprit, mais n'en est pas moins un abus d'esprit dont il est étonnant qu'on n'aperçoive pas le ridicule.

Ce que nous disons ici, nous l'avions dit lorsque Linguet vivait; et nous terminions son article, comme nous allons le finir, en lui remettant, en quelque sorte, sous les yeux la liste de ses étranges paradoxes.

« Quoique portés à nous défier un peu des opi-
» nions populaires, il en est que nous sommes
» forcés de respecter, et M. Linguet voudra
» bien nous dispenser d'adopter une foule d'idées
» nouvelles qu'il a répandues depuis quelque
» temps dans ses *Annales politiques*, de ma-
» nière à étonner les têtes les plus froides.

» Il nous permettra de conserver nos préju-
» gés d'estime et d'admiration pour Horace.

» Nous nous garderons bien de dire, à son
» exemple, en parlant d'un des chef-d'œuvres de
» notre langue, *les presque défuntes Lettres pro-*
» *vinciales*; ces Lettres, avant de mourir, enter-
» reront encore bien des réputations.

« Nous n'établirons aucune parité entre l'*É-*
» *mile* du fameux citoyen de Genève et l'ouvrage
» de ténèbres intitulé *Système de la Nature* :
» il est trop évident que celui-ci contient le poi-
» son dont l'autre est manifestement l'antidote.

» Nous respecterons les réputations affermies

» du chancelier de L'Hopital et du président de
» Montesquieu ; et si nous avions le projet d'a-
» baisser celle de d'Alembert, nous aurions du
» moins la prudence de ne pas lui disputer, en
» géométrie, une réputation contre laquelle per-
» sonne n'a réclamé.

» Après avoir flatté M. de Voltaire pendant sa
» vie, nous ne passerions pas tout-à-coup, envers
» ce grand homme, de l'adulation à l'irrévérence.

» Quand le nom du grand Corneille n'aurait
» pour nous qu'une importance très-légère, nous
» croirions cependant lui devoir assez d'égards
» pour ne pas dire ouvertement que *Rodogune*
» est une des plus mauvaises pièces du théâtre.

» Nous éviterions par prudence de faire un
» aveu trop naïf de quelques-uns de nos senti-
» ments, et de dire, par exemple, qu'un scé-
» lérat qui n'aurait pas plus d'adresse que le Tar-
» tuffe de Molière, ne serait pas un homme très-
» dangereux.

» Si le déplorable état de notre littérature nous
» réduisait à parler malgré nous des zoïles ignorés
» qui ont entrepris de faire revivre la très-défunte
» *Année littéraire*, nous ne nous moquerions pas
» du public assez ouvertement pour les placer
» dans la classe des gens de lettres qui honorent
» la nation. Nous ne sacrifierions point à ces
» hommes obscurs des écrivains du premier mé-
» rite, quand même ces écrivains seraient atteints

» et convaincus de philosophie, parce qu'il se
» pourrait à la rigueur qu'un philosophe, dans
» l'acception la moins favorable du mot, eût, aux
» égards qu'on doit aux talents, des droits mieux
» fondés que certains anti-philosophes turbulents
» et fanatiques.

» Si quelques magistrats, sur l'avis de leurs
» confesseurs, ont eu le malheur de donner, dans
» des temps de barbarie, quelques exemples d'in-
» tolérance, ces exemples très-rares ne nous
» serviraient pas de prétextes pour attribuer au
» corps entier de la magistrature, ni les assassi-
» nats de l'inquisition, ni le massacre de la Saint-
» Barthélemi, ni cette foule de proscriptions re-
» ligieuses qui ont désolé la terre depuis quinze
» siècles ; mais nous en laisserons le mérite aux
» pieux instigateurs de ces meurtres, qui n'ont
» jamais eu l'intention de les désavouer, et à ceux
» qui, s'ils en étaient les maîtres, sembleraient
» tentés de renouveler ces scènes d'horreur et
» de démence.

» Sur la foi de quelques anecdotes visiblement
» controuvées, nous ne chercherions pas à jeter
» des ridicules sur des écrivains très-estimables,
» tels que l'auteur du *Traité des Délits et des*
» *Peines*, ouvrage couronné, non par l'Acadé-
» mie, mais par la Société économique de Berne,
» qui a fait le même honneur aux *Entretiens de*
» *Phocion* de M. l'abbé de Mably. Nous respecte-

» rions ce monument de bienfaisance envers les
» hommes, et nous permettrions à l'Italie de s'en-
» orgueillir d'avoir produit un ouvrage qui a déjà
» contribué à la réforme du *Code criminel* dans
» une grande partie de l'Europe.

» L'envie de nous singulariser ne nous ferait
» pas hasarder des parallèles trop choquants, ni
» comparer, par exemple, le vertueux Sully à
» l'abbé Terray.

» Comme le ressentiment le plus juste doit
» avoir ses bornes, nous nous garderions bien de
» confondre, ainsi que l'a fait M. Linguet, dans
» ses invectives amères contre l'ordre des avo-
» cats, ceux qui honorent véritablement cette
» profession, avec ceux qui pourraient en être
» l'opprobre par l'abus de leurs talents ; et le
» même sentiment de vénération qui nous ferait
» invoquer, dans nos apologies, le nom de l'o-
» rateur romain, nous accoutumerait aussi à ne
» prononcer qu'avec respect celui de Gerbier.

» Pour ne pas grossir sans nécessité la liste déjà
» trop nombreuse des fléaux de la providence,
» nous n'ajouterions pas aux ravages réels de la
» guerre, de la peste et de la famine, les pré-
» tendues dévastations occasionnées par l'agri-
» culture. D'ailleurs, le poison lent du pain
» n'ayant point encore altéré nos organes d'une
» manière sensible, nous regarderions comme un
» parti trop violent de proposer tout-à-coup aux

» nations qui cultivent le blé, de le changer pour
» du gland, ou de devenir herbivores, du moins
» tant que la salubrité de ce nouveau régime ne
» nous sera pas pas rigoureusement démontrée.

» Enfin, nous croirions devoir préférer le mé-
» rite, peut-être obscur, de n'écrire que des
» choses vraies et utiles, à la manie plus bril-
» lante, mais au fond peu glorieuse, de ne dire
» que des choses fort extraordinaires. »

Tels étaient à la lettre, et sans aucune exagération, les paradoxes bizarres que Linguet avait accumulés dans ses *Annales* et dans plusieurs de ses ouvrages. On sait quelle a été sa fin tragique. Il est mort en 1794, sur le même échafaud où fut versé le sang de tant d'illustres victimes de l'anarchie qui régnait alors ; mais, s'il a partagé l'honneur du même supplice, il n'avait pas, à beaucoup près, dans l'opinion publique, la même considération. Il n'en a pas moins de droits à l'intérêt que doit inspirer le malheur. Il fut jugé par cet affreux tribunal révolutionnaire qui, dédaignant jusqu'à l'apparence des formes légales, ne permettait aux accusés de se défendre, ni par eux-mêmes, ni par un défenseur de leur choix, et se faisait un jeu barbare de motiver ses arrêts de mort sur de prétendus soupçons dont il connaissait parfaitement la fausseté et l'absurdité.

LONGEPIERRE (Hilaire-Bernard de), né

à Dijon en 1659, mort en 1721. Sa tragédie de *Médée* a fait oublier celle de Corneille, à l'exception du fameux *Moi*, que l'on n'oubliera jamais, et de plusieurs vers dignes d'accompagner ce trait sublime ; mais, lorsqu'il fit sa *Médée*, Corneille n'en était qu'à son aurore.

Voltaire a profité, dans son *Oreste*, de l'*Électre* de Longepierre, ou plutôt ayant puisé dans la même source que lui, c'est-à-dire, dans Sophocle, il n'est pas surprenant qu'il y ait quelque ressemblance, non dans le style, mais dans le plan des deux pièces. Longepierre avait le mérite rare de bien connaître les anciens, mais il sentait mieux leurs beautés qu'il ne savait les rendre. On peut en juger par ses traductions d'Anacréon, de Sapho, de Théocrite, de Moschus, de Bion, écrites en vers durs et faibles, souvent même ridicules ; et par cette épigramme de Rousseau, un peu exagérée, comme le sont toutes les épigrammes :

> Longepierre le translateur,
> De l'antiquité zélateur,
> Imite les premiers fidèles
> Qui combattaient jusqu'au trépas
> Pour des vérités immortelles
> Qu'eux-mêmes ne comprenaient pas.

Longepierre les comprenait, il en apercevait même tout le mérite ; mais le génie et l'expression lui manquaient.

LUCE DE LANCIVAL (N.). Ce n'est pas sous le rapport des talents distingués qui l'ont rendu célèbre, en qualité de professeur de belles lettres, au Lycée impérial, ni même d'après ce qu'il a pu mériter d'estime par les différents ouvrages en vers qu'il a publiés jusqu'ici, que nous allons le considérer, mais seulement comme écrivain dramatique ; et nous commençons par avouer que ses premiers essais en ce genre ne promettaient pas sa tragédie d'*Hector*.

Au moment même où nous en parlons, elle jouit d'un succès de représentation très-brillant, et qui ne permet pas de douter que, du moins en quelques parties, elle n'ait un mérite d'exécution qui justifie ces applaudissements. Mais il en est d'autres contre lesquelles la critique s'est élevée avec tant d'unanimité qu'on ne peut la soupçonner ni d'injustice ni de malveillance.

Parmi les papiers publics qui ont rendu compte de cette pièce, aucun, à ce qu'il nous semble, n'en a parlé avec plus de sagesse et de goût que le *Mercure de France*. En relevant les défauts, il a soin de faire valoir les beautés ; et d'après son opinion qui est aussi la nôtre, c'est principalement au personnage d'Hector, et au grand intérêt qu'il répand sur la pièce, qu'elle est redevable de son succès. On sent combien ce caractère héroïque a dû plaire à l'époque glorieuse où la valeur qui a relevé les destins de la France, est mise au rang qu'elle mérite par le héros qui en est le plus beau modèle.

Le sujet d'*Hector* avait été traité, il y a près de cinquante ans, par un jeune homme qu'une mort prématurée a depuis enlevé aux lettres, et qui avait été long-temps notre ami. Sa pièce, refusée d'abord en cinq actes, que l'extrême simplicité du sujet ne paraissait pas comporter, et réduite à trois par notre conseil, fut accueillie des comédiens avec la plus grande faveur; elle était même à la veille d'être représentée, lorsqu'un homme de la haute finance, puissant par son crédit, voulut forcer l'auteur, employé alors dans ses bureaux, à donner le rôle d'*Andromaque* à une actrice très-médiocre, mais qui était sa maîtresse. L'auteur eut la noble fierté de se refuser à cette basse complaisance qui aurait d'ailleurs été funeste à sa pièce, et le financier lui ôta son emploi.

Cette tragédie, écrite avec élégance, conduite avec sagesse, eût infailliblement réussi dans un temps où, plus rapprochés des bons modèles, nous sentions le mérite de cette belle simplicité qui n'est plus de mode aujourd'hui, mais dont, pour l'honneur du théâtre, il faudrait peut-être rappeler le souvenir. Cette pièce même, qui ne nuirait pas au brillant succès de M. de Lancival, pourrait en donner le moyen; et notre théâtre, comme celui des Grecs, offre plusieurs sujets que différents auteurs ont traités, chacun à leur manière, et qui toutes ont réussi. La tragédie de M. de Clair-Fontaine (c'est le nom de l'auteur dont nous parlons) a des droits incontestables à la représentation, puisqu'elle a été mise sur le répertoire de la comédie, et qu'elle est devenue la propriété de sa famille : ce serait donc, de la part des comédiens, un acte de justice de la représenter, et nous estimons assez M. de Lancival pour ne pas douter qu'il ne saisit avec empressement l'occasion d'ajouter un nouvel éclat à sa gloire en favorisant la demande de cette famille, d'ailleurs peu fortunée.

Récompensé magnifiquement et de sa pièce et des services qu'il a rendus et qu'il continue de rendre à l'instruction publique, il est digne de donner ce noble exemple qui est de notre part le vœu d'une ancienne amitié pour M. de Clair-Fontaine, dont le nom même, par une espèce de fatalité, avait été oublié jusqu'ici dans les Annales de la Littérature.

M.

MABLY (l'abbé BONNOT DE), né à Grenoble en 1709, mort à Paris en 1785, frère de l'abbé de Condillac, auteur de plusieurs écrits très-estimés sur la politique, l'histoire et la morale. C'est dans ses *Entretiens de Phocion*, que Marmontel a puisé tout ce qu'il a fait dire de plus raisonnable à son *Bélisaire ;* mais ce qui est très-bien placé dans le premier de ces ouvrages, devient froid et ennuyeux dans le roman de Marmontel, parce qu'il est construit sur un mauvais plan, ou plutôt parce qu'il en est absolument dénué; ce qui n'a pas empêché quelques enthousiastes de la nouvelle philosophie d'oser comparer cette production éphémère à l'immortel ouvrage de *Télémaque.*

La Société économique de Berne, quoique l'abbé de Mably n'eût point brigué cette palme académique, adjugea aux *Entretiens de Phocion* le prix qu'elle est en usage de distribuer annuellement. Elle a fait depuis le même honneur au *Traité* du marquis Beccaria, *sur les Délits et les Peines*. Ces deux écrits étaient dignes de cette distinction, et la Société de Berne a donné un exemple que les autres Académies devraient imiter.

Dans ses Observations profondes sur l'Histoire de la Grèce et sur les Romains, dans celles qu'il a données sur l'Histoire de France; enfin, dans son livre intitulé *De la Législation*, l'abbé de Mably a prouvé, non seulement qu'il était un des hommes les mieux instruits du droit public des nations anciennes et modernes, mais qu'il pouvait être lui-même un législateur. Il est vrai que, digne émule des Lycurgue et des Solon, ses lois auraient pu ne pas convenir à des nations dégradées et corrompues, telles que la plupart des peuples de notre Europe, mais à de nouvelles colonies qu'il eût formées au bonheur et à la vertu.

Dans un *Éloge* consacré à sa mémoire par M. Lévesque, et qui a partagé en 1787 le prix extraordinaire proposé par l'Académie des Inscriptions, voici le portrait qu'il nous a tracé de cet homme vertueux, et ce portrait est ressemblant :

« Si parmi nous il était singulier, ce n'est pas
» qu'il affectât de l'être, c'est que son caractère,
» son esprit, sa façon de penser, ses vertus,
» n'étaient pas de notre siècle ; c'est qu'il s'était
» formé sur des modèles qui ne sont pas les nô-
» tres. Dans les beaux jours d'Athènes, il aurait
» été confondu dans la foule des citoyens esti-
» mables, parce que tous lui auraient ressemblé.
» Dans les beaux jours de Sparte, il aurait été
» encore moins remarqué ; parmi nous, il était
» comme ces figures antiques, dont la sage atti-
» tude et la sévère beauté contrastent avec les
» statues maniérées des modernes. »

Après l'avoir justifié ainsi du reproche de singularité, M. Lévesque ne le justifie pas moins heureusement de l'entêtement dont on l'accusait. « Il est bien aisé, dit-il, de n'avoir pas d'entê-
» tement, quand on n'a jamais réfléchi ; quand
» on adopte aujourd'hui les pensées de l'un pour

» les changer demain contre celles de l'autre;
» quand on n'a de couleur que celle des objets
» dont on s'approche; quand on parle sans idées,
» et seulement pour ne pas garder le silence;
» quand sans cesse on dément ses discours par
» sa conduite, et ses opinions d'un instant par
» celles de l'instant suivant; quand on est prêt à
» penser comme tout le monde, parce qu'en effet
» on ne pense jamais. »

Le dernier ouvrage de l'abbé de Mably, intitulé *De la Manière d'écrire l'Histoire*, contient encore d'excellents principes et des vues dignes de lui; mais on est affligé d'y trouver quelques jugements particuliers qui lui avaient été dictés par cette humeur injuste et chagrine qu'on ne peut s'empêcher de regarder comme un des malheurs de la vieillesse. Ce philosophe austère et rigide ne put pardonner à Voltaire cette plaisanterie qui lui était échappée à l'occasion d'un ouvrage de M. Clément :

Dont l'écrit froid et lourd, déjà mis en oubli,
Ne fut jamais prôné que par l'abbé Mably.

Il est donc vrai que la philosophie n'offre point de remède contre l'amour-propre.

MAILLET (N. DE), consul au Grand-Caire, né en Lorraine en 1659, mort à Marseille en 1758. C'est l'auteur de l'ouvrage intitulé *Telliamed*, qui n'est que l'anagramme de son nom. Ce livre est un système sur l'origine du globe, dédié par l'auteur même à Cyrano de Bergerac, et qui est en effet plein de visions amusantes dans le goût du *Voyage de la Lune* de ce dernier ; mais de Maillet écrit d'un style sérieux que Bergerac se fût bien gardé d'employer.

Buffon n'a pas dédaigné d'adopter, en y faisant quelques changements, la partie de ce système qui concerne la formation de la terre. L'auteur la suppose sortie du sein des eaux, et regarde les plus hautes montagnes comme un effet des courants de la mer. Il y a des vraisemblances heureuses en faveur de cette hypothèse, mais elle est combattue par une foule de raisonnements qui ne permettent pas de la reconnaître encore pour une vérité physique. On a comparé de tout temps les systèmes à la poésie ; ce n'est, de part et d'autre, qu'un pays de fictions.

La partie la plus chimérique de l'ouvrage de *Telliamed*, est celle qui donne au genre humain des poissons pour ancêtres. Tout le monde s'est moqué de cette folie ; mais comme on écrit beaucoup, et qu'on se dispense volontiers de lire, personne n'avait encore observé qu'elle n'a pas même le mérite d'être originale. Le passage suivant, emprunté des Dialogues sceptiques de La Motte le Vayer, sous le nom d'*Oratius Tubero*, va prouver que cette idée bizarre de Telliamed ne lui a pas coûté de grands efforts d'imagination.

« Je ne puis me retenir de vous expliquer ici la pensée d'un des plus sublimes et métaphysiques esprits de ce temps, qui s'était persuadé que le genre humain était originaire de quelques tritons et femmes marines ; soit qu'il eût égard à l'opinion de Thalès, qui tenait l'eau pour le seul élément de toutes choses ; soit qu'il regardât les cataclismes et déluges universels, après lesquels ne restant plus que les animaux aquatiques, il crut que par succession de temps ils se faisaient amphibies, et puis après terrestres tout-à-fait : son opinion se trouvant aussi fort autorisée de celle des Égyptiens, dans Diodore Sicilien, qui tenaient l'homme, *lacustre animal et paludibus cognatum, ex naturæ quantitate ac levore conjectantes, et quòd humido magis quàm sicco nutrimento indigeat.* »

Voilà bien le système, ou plutôt le songe de Telliamed. Consultez aussi l'ouvrage de M. du Tens, intitulé *Recherches sur les Découvertes attribuées aux Modernes*, et vous verrez qu'en physique les plagiaires ne sont pas moins communs qu'en littérature.

MAIMBOURG (Louis), jésuite, né à Nancy en 1610, mort en 1686, historien déclamateur et prédicateur bouffon. C'est de lui que Molière disait à ceux qui lui reprochaient d'avoir usurpé les droits de la chaire dans sa comédie du *Tartuffe*, qu'on pouvait bien lui permettre de faire des sermons, puisqu'on ne se scandalisait pas des farces du Père Maimbourg.

La déclamation n'est pas le seul vice de ses histoires ; elles manquent de discernement, d'exactitude, de vérité, et l'esprit de parti s'y fait sentir jusqu'au ridicule. On lui a reproché ses portraits dans le goût des romans, mais il a donné des atteintes plus graves à la dignité de l'Histoire. On sait que, dans sa *Clélie*, mademoiselle de Scudéry s'amusait à peindre, sous des noms romains, les bourgeois de son quartier. Ce qu'elle faisait par flatterie, le Père Maimbourg le faisait par malignité. Il traçait de fantaisie les caractères de quelques anciens personnages, de manière qu'on pût y reconnaître ceux de ses contemporains qu'il se proposait de flétrir. C'est ainsi, par exemple, que, sous les traits d'Arnaud de Bresse, on voit clairement qu'il voulait désigner le célèbre Antoine Arnaud, docteur de Sorbonne ; et son propre confrère, le jésuite Bouhours, sous ceux du grammairien George de Trébisonde. Cependant ces témérités mêmes, son imagination ardente, et quelques agréments dans son style, quoique ses périodes fussent d'une longueur démesurée, lui firent de son temps quelque réputation ; mais ce qui le rend odieux, c'est qu'il est à la fois violent et adulateur. Il se déchaîne avec fureur contre les écrivains de Port-Royal, forcés, par ses emportements, à ne pas lui épargner les ridicules, tandis qu'il se brouille avec Rome, quoique jésuite, pour faire sa cour à Louis XIV à l'occasion du droit de régale. Il applaudit, par le même motif, à la révocation de l'Édit de Nantes, et aux persécutions qui en furent la suite. Il cherche du moins à les pallier, et se rend, par cette conduite, doublement méprisable. Voyez la critique que Bayle a faite de son *Histoire du Calvinisme*; le caractère de cet historien s'y trouve parfaitement bien développé.

MAIRET (JEAN), né à Besançon en 1609, mort en 1760. Il a précédé Rotrou, Scudéry, Corneille et du Ryer. Sa *Silvie* fut une des premières pièces qui donna de la réputation à notre théâtre. Sa tragédie de *Sophonisbe* eut un brillant succès, et elle le méritait pour le temps ; mais il devint jaloux de Corneille, dès que ce grand homme eut fait *le Cid*.

MALFILATRE (N.), né à Caen en 1735, mort en 1769. Jeune poète enlevé trop tôt à la littérature, et qui donnait les plus grandes espérances. M. de Lauraguais, à qui la nation doit le plaisir de voir représenter les chef-d'œuvres de la scène sur un théâtre débarrassé de spectateurs, le même qui allie l'amour des lettres à la passion des sciences, encouragea Malfilâtre par ses bienfaits ; mais il ne put le dérober entièrement à l'ascendant de sa mauvaise fortune. Les infirmités accablèrent avant le temps ce jeune auteur, de qui nous n'avons qu'une ode, un poème intitulé *Narcisse*, et plusieurs fragments d'une traduction en vers des *Géorgiques* de Virgile, dont il s'occupait, et qui annonçaient un talent supérieur.

A la rigueur, son poème de *Narcisse* ne peut être regardé comme un bon ouvrage ; la fiction en est froide et embarrassée. En un mot, considéré dans son ensemble, Horace en eût dit *infelix operis summa ;* mais on y trouve très-fréquemment des détails de la plus heureuse poésie.

On ne saurait trop regretter un jeune homme qui promettait un si bel avenir. Dans les morceaux qu'il a traduits des *Géorgiques*, il ne cherchait ni à prêter de l'esprit à Virgile, ni à tailler ses diamants à facettes pour leur donner plus d'éclat, mais aux dépens de leur valeur. On voit qu'il s'était pénétré des sentiments de son modèle, qu'il en sentait vivement toutes les beautés, et que personne n'était plus capable de les faire revivre dans notre langue.

Il est singulier que, parmi ses compatriotes qui auraient dû se montrer plus jaloux d'honorer sa mémoire, ceux qui possèdent la totalité de ses manuscrits n'ayent pas mis plus de zèle à la publier. Une édition élégante et soignée de Malfilâtre ne produirait qu'un très-petit volume; mais ce que nous connaissons de ses ouvrages en rendrait le recueil très-précieux à tous les lecteurs que les prestiges du mauvais goût n'ont point égarés, et qui conservent encore le sentiment de la belle nature.

MALHERBE (François de), né à Caen en 1556, mort à Paris en 1628. Il a fixé les lois de la poésie française, et il est resté le modèle de tous ceux qui ont écrit en vers après lui. Il est le premier qui ait élevé le génie de la langue jusqu'au sublime, et personne ne l'a surpassé en harmonie. Le genre de l'Ode est celui dans lequel il s'est le plus distingué. On croit voir cependant qu'il maîtrisait son enthousiasme plutôt qu'il n'en était dominé, et peut-être fut-il moins embrasé du feu du génie, que dirigé dans ses travaux par un goût exquis, une oreille infiniment sévère, et le talent le plus heureux. On peut se faire une idée de l'élégance et de la pureté de son style, dans un temps où la langue était encore si loin d'être perfectionnée, par cette stance harmonieuse qu'on croirait du beau siècle de notre littérature :

Amour a cela de Neptune,
Que toujours à quelque infortune
Il faut s'y tenir préparé.
Ses infidèles flots ne sont point sans orages;

Aux jours les plus sereins on y fait des naufrages;
Et, même dans le port, on est mal assuré.

Malherbe conserva son talent jusque dans l'âge où les meilleurs esprits commencent à décliner. Une de ses plus belles Odes est celle qu'il adressa à Louis XIII, lorsque ce prince allait assiéger la Rochelle, et chasser les Anglais qui étaient descendus dans l'Ile de Ré. C'est là, qu'animé encore par le sentiment de son ancienne force, il parle de lui-même avec cette noble confiance:

Je suis vaincu du temps, je cède à ses outrages;
Mon esprit seulement, exempt de sa rigueur,
A de quoi témoigner en ses derniers ouvrages
    Sa première vigueur.

Les puissantes faveurs dont Parnasse m'honore,
Non loin de mon berceau commencèrent leur cours;
Je les possédai jeune et les possède encore
    A la fin de mes jours.

Le mérite d'exprimer des idées communes d'une manière neuve et sublime étant sans doute celui qui caractérise le plus un grand poète, nous nous permettrons de rapporter encore ces vers de Malherbe que tout le monde connaît, et qui pourtant n'ont rien perdu de leur fraîcheur et de leur beauté. L'auteur avait à rendre cette pensée vulgaire, que les hommes naissent tous également dévoués à la mort:

Le pauvre, en sa cabane, où le chaume le couvre,
    Est sujet à ses lois;
Et la garde qui veille aux barrières du Louvre,
    N'en défend pas nos rois.

MALLEBRANCHE (Nicolas), prêtre de l'Oratoire, de l'Académie des Sciences, et qui eût mérité d'être aussi de l'Académie Française, né à Paris en 1638, mort en 1715. C'est un philosophe respectable à jamais, malgré ses erreurs, et que personne ne doit attaquer sans ménagement, parce qu'il est très-supérieur à ceux qui combattent aujourd'hui ses systèmes. S'il s'est trompé sur l'origine de nos idées, ses songes du moins ont quelque chose de majestueux et de sublime. Cette matière d'ailleurs étant de nature à n'être jamais parfaitement éclaircie, aucune opinion ne mérite une préférence exclusive sur la sienne.

S'il n'est pas vrai, comme le pensait le Père Mallebranche, que nous voyons tout en Dieu, il est impossible au moins, dans la profonde ignorance où nous serons toujours de l'origine de nos idées, d'imaginer un sentiment plus vraisemblable que celui qui semble exprimé dans ces paroles d'un ancien poète : *In Deo vivimus, movemur et sumus*. En effet, comme l'a dit Voltaire, quel serait l'inconvénient de croire que c'est Dieu qui nous donne toutes nos idées ? et ce sentiment ne rentrerait-il pas dans le système du Père Mallebranche ?

Le nom de cet oratorien célèbre, ceux de Descartes son maître, de Gassendi, de Bayle, et quelques autres que nous avons déjà cités, prouvent combien la vanité de notre siècle lui en impose dans ses prétentions exclusives à la philosophie. Nous insistons sur cette vérité, parce qu'on se permet de décrier tous les jours le beau siècle de Louis XIV, sous le faux prétexte que l'esprit philosophique lui était pour ainsi dire étranger. Nous avons lu même avec surprise, dans un de nos derniers *Mercures*, l'analyse d'un mauvais ouvrage, où l'on essaie de réduire à deux auteurs seulement cette foule de grands écrivains qui ont fait à ce même siècle un honneur immortel. On n'y donne qu'à Molière et à La Fontaine la qualité de poètes philosophes. Cette démence est à peine croyable; mais elle est vraie, et nous en rougissons. Eh quoi! Corneille, Racine, Boileau lui-même, n'ont-ils donc pas mis dans leurs ouvrages toute la philosophie dont ils étaient susceptibles? En demander davantage, ne serait-ce pas souhaiter qu'au lieu de leurs tragédies ou de leurs poèmes, ils n'eussent fait que des traités de morale ou de métaphysique? Encore douterions-nous que dans ces traités il pût se trouver une connaissance du cœur humain aussi philosophiquement profonde que dans le seul personnage de Phèdre.

Ce n'est qu'à regret que nous relevons de pareilles absurdités; mais on les entend répéter si souvent qu'il n'est pas possible de se renfermer toujours dans le silence et dans le mépris. Loin d'accorder à notre siècle une injuste préférence sur le siècle passé, nous pensons que le Père Mallebranche, qui a donné lieu à cette digression, est lui seul très-supérieur à cette multitude de philosophes qu'on entend vanter aujourd'hui, et parmi lesquels cependant il en est quelques-uns de justement célèbres. Le livre de la *Recherche de la vérité* paraîtra toujours admirable, malgré ses erreurs, à ceux qui seront en état de l'approfondir. L'esprit humain n'a pris nulle part un vol plus élevé. Le style en est noble et pur, sans ornements recherchés, sans faux enthousiasme, sans exclamations d'énergumènes; et, quoique commandé par une imagination forte et brillante, le Père Mallebranche a su la maîtriser de manière à ne se permettre jamais aucune de ces exagérations emphatiques qu'on voudrait nous donner pour du sublime. Ce grand homme d'ailleurs eut dans sa vie privée le vrai caractère du génie, l'extrême simplicité.

MANGENOT (l'abbé Louis), chanoine du Temple, dans le temps où ce Temple était le rendez-vous de la meilleure compagnie, né à Paris en 1694, mort en 1768. Il était neveu de Palaprat, célèbre pour avoir travaillé longtemps en société avec Brueys qui avait plus de talent que lui, et à qui nous devons la comédie du *Grondeur*, et quelques autres pièces restées au théâtre, quoiqu'elles n'ayent pas le même mérite.

L'abbé Mangenot avait le goût de la poésie, mais il n'a traité que de petits sujets, et son genre était la délicatesse. Ses premiers essais le firent accueillir de cette bonne compagnie du Temple, dont il était environné; mais son caractère, ennemi de toute dépendance, et naturellement porté à une misantropie un peu cynique, ne lui permit pas de s'assujettir long-temps aux égards nécessaires pour se maintenir auprès d'elle. Bientôt il prit le parti de la retraite, et n'en fut peut-être que plus heureux.

Celui de ses ouvrages qui lui fait le plus d'honneur, est une *Eglogue* qui a paru dans tous les recueils de poésies publiés de son temps, et qui commence par ces vers:

> Au déclin d'un beau jour, une jeune bergère
> Échappée à la fin aux regards de sa mère, etc.

Nous connaissons beaucoup d'écrivains plus laborieux et plus féconds que l'abbé Mangenot, et dont les vers magnifiquement imprimés, ornés de belles gravures, et défiant en quelque sorte l'oubli sous ce pompeux appareil, n'iront pas aussi loin que cette *Eglogue*. Elle remporta le prix des jeux floraux à Toulouse, et ce fut le célèbre Jean-Baptiste Rousseau qui le présenta lui-même à l'auteur, en présence de Palaprat, charmé de ménager au jeune poète un encouragement si flatteur.

De jolies chansons, dont la plupart ont été recueillies dans l'*Anthologie française*, quelques épigrammes, une épitaphe badine qu'il avait faite pour lui-même, sont tout ce qui nous est resté de l'abbé Mangenot, qui paraît n'avoir pas laissé de manuscrits. Nous nous rappelons cependant qu'il nous avait lu quelques pièces, une *Epître*, entre autres, *sur la Volupté*, pleine d'images riantes, et qui méritait d'être conservée.

Les maximes épicuriennes qu'il avait puisées dans les sociétés du Temple où il avait passé sa première jeunesse, composaient toute sa philosophie. Nous l'avons vu mourant, avec une apparence de tranquillité dont peu d'hommes sont capables dans cette dernière scène de la vie. Il nous disait de la mort ce qu'il en avait dit dans une de ses chansons :

> Elle n'est rien tant que nous sommes ;
> Quand elle est, nous ne sommes plus;

paroles qui semblaient lui prêter de la force, et qu'il répéta plus d'une fois jusqu'à son entière défaillance.

MARIVAUX (Pierre Carlet de Chamblain de), de l'Académie Française, né à Paris en 1688, mort en 1763. Auteur d'un grand nombre

de romans et de comédies. On avait parlé, dans les premières éditions de la *Dunciade*, du jargon de cet écrivain. En voici quelques exemples pris au hasard dans ses OEuvres. « Laissez-moi rêver
» à cela, il me faut un peu de loisir pour m'a-
» juster avec mon cœur : il me chicane, et je
» vais tâcher de l'accoutumer à la fatigue.

» La nature fait souvent de ces tricheries-là ;
» elle enterre je ne sais combien de belles âmes
» sous des visages communs; on n'y connaît rien:
» et puis, quand ces gens-là vienent à se ma-
» nifester, vous voyez des vertus qui sortent
» de dessous terre.

» Le sentiment est l'utile enjolivé de l'hon-
» nête, etc. » Ce jargon, dans le temps, s'appelait *du marivaudage*. Malgré cette affectation, peu de personnes ont eu plus d'esprit que M. de Marivaux, mais il s'est défiguré par un style entortillé et précieux, comme une jolie femme se défigure par des mines.

Le talent qu'il avait cependant pour la comédie, et pour saisir la vraie nature dans quelques-uns de ses romans, mérite une attention particulière. Aucun auteur n'a peint avec plus de vérité l'amour-propre des femmes. Cette passion prédomine en elles sur l'amour même; et c'est ce que M. de Marivaux a parfaitement saisi dans leur caractère. On n'en trouve pas moins, dans la plupart de ses pièces, des scènes où ce qu'on appelle le sentiment est rendu avec la dernière délicatesse ; mais en général il y mettait trop de métaphysique ; et c'est à ce défaut que nous avions fait allusion, dans ces vers de la comédie des *Tuteurs* :

> Une métaphysique où le jargon domine,
> Souvent imperceptible à force d'être fine.

On a observé que les fables des comédies de M. de Marivaux étaient plutôt des fables de romans que de comédies. En effet, pour que l'action de ces pièces pût se passer naturellement, il faudrait lui supposer une durée de plusieurs mois ; et pourtant l'auteur trouve moyen de resserrer cette action dans l'espace de vingt-quatre heures, avec une sorte de vraisemblance.

Il paraît bien singulier que, dans la *Surprise de l'Amour*, par exemple, des gens parviennent à s'aimer à la fureur dans le court intervalle d'une journée. Il est vrai qu'ils se connaissaient auparavant ; mais que dans *les Fausses Confidences*, une jeune veuve très-riche voye, pour la première fois de sa vie, un avocat sans biens, dont elle fait son intendant à midi, et qu'à six heures du soir elle en soit éprise au point de l'épouser malgré sa mère, avec laquelle elle se brouille pour ce mariage ; enfin que l'auteur ait la magie de faire trouver cet événement tout simple, ce ne peut être que l'effet d'un talent singulier que personne n'a porté plus loin que M. de Marivaux. Disons mieux ; cet art n'est qu'à lui : lui seul a eu le secret de ces gradations de sentiments, de ces scènes heureusement filées, qui lui tenaient lieu d'incidents pour soutenir son action. Ce n'était point là sans doute le vrai genre de la comédie, mais c'était un genre personnel à l'auteur, un genre qui a su plaire, et qui d'ailleurs ne sera pas contagieux, parce que M. de Marivaux avait un tour d'esprit original, qui ne sera peut-être donné à personne.

C'est à la finesse extrême de ses observations, à la profonde connaissance qu'il avait du cœur des femmes, à l'analyse exacte qu'il avait su faire de leurs mouvements les plus cachés, qu'il a été redevable de ses succès. En un mot, la vérité qui ne meurt jamais, comme nous l'avons déjà dit, fera vivre, malgré tous leurs défauts, la plupart de ses romans et de ses comédies ; et Marivaux sera toujours cité parmi les peintres de la nature : mais il ne faut pas même songer à imiter sa manière.

MARMONTEL (Jean-François), de l'Académie Française, né à Bord dans le Limousin en 1719, mort en 1799.

Ses meilleurs amis conviènent qu'il n'était pas né pour la poésie. C'est ce que Boileau disait de Chapelain :

Il se tue à rimer ; que n'écrit-il en prose ?

Sa tragédie de *Denis le tyran* parut néanmoins annoncer quelques talents à ceux qui ne l'examinèrent point assez pour y découvrir le germe de tous les défauts que l'on a depuis reprochés à l'auteur. Sa versification dure et ampoulée, ses maximes répandues sans ménagement et sans choix, ses fréquentes déclamations, toujours mises à la place du sentiment dans les scènes les plus susceptibles d'intérêt; toutes ces fautes de goût étaient déjà très-remarquables aux yeux des connaisseurs, dans *Denis le tyran*. Elles devinrent plus sensibles dans *Aristomène*. *Cléopâtre* parut fort inférieure à ces deux pièces; les *Héraclides* baissèrent encore. Enfin le malheureux succès d'*Egyptus*, qui fut à peine achevé, l'obligea de renoncer pour jamais à la tragédie.

Il avait essayé le genre de l'opéra, et l'on se souvient encore de ces vers plaisants du ballet d'*Acante et Céphise*.

> Tout rend hommage
> A ce Dieu puissant.
> Le papillon volage,
> Le lion rugissant,
> Le rossignol, etc.

Assurément ce n'est pas là le style de Quinault. Ce dernier avait trop de goût pour accoupler ainsi les lions rugissants et les papillons volages. Aussi le public, accoutumé à la douce mélodie du chantre d'Armide, ne put-il se prêter à la versification roide et âpre de Marmontel.

Ce qui paraîtra inconcevable, c'est qu'après avoir fait rire le public à la tragédie, cet auteur ait entrepris de le faire pleurer à l'opéra bouffon. C'est ce qu'on a vu dans le *Sylvain*, roman usé quant au fond, trivial quant à la forme, et qui n'a dû une apparence de réussite qu'à la musique charmante de M. Grétry. On sait d'ailleurs que tous ces opéras bouffons ne sont lus que par les acteurs qui s'en dispenseraient encore très-volontiers, s'ils n'étaient obligés d'étudier leurs rôles.

Jusqu'ici la réputation de Marmontel paraît donc n'avoir pris un peu de consistance que dans ce qu'il a écrit en prose, c'est-à-dire dans sa *Poétique*, sa *Traduction de Lucain*, ses *Contes moraux*, et son roman de *Bélisaire*.

Sa *Poétique*, comme on l'a dit ailleurs, est un recueil d'hérésies en matière de goût, qu'il avait déjà insérées par lambeaux dans le *Dictionnaire encyclopédique*. C'est dans cette *Poétique* étrange que Boileau, Racine et Rousseau sont traités avec dénigrement; qu'Aristophane est comparé à Catilina et à Narcisse; et qu'on accuse Virgile d'avoir comparé Turnus à un âne, comparaison qui ne se trouve point dans Virgile.

Depuis que Marmontel voit dans ce grand poète des choses qui n'y sont pas, il n'est pas étonnant qu'il le mette fort au dessous de Lucain. Cependant il a mal justifié sa passion pour la Pharsale, en la traduisant en prose ampoulée.

Ce n'était pas le moyen de la faire paraître supérieure à l'Énéide.

Les amis de Marmontel abandonnent encore, sans trop de résistance, sa *Poétique* et sa *Traduction de Lucain*; il ne lui reste donc que ses *Contes* et ce fameux roman de *Bélisaire*, auquel on a essayé de donner tant d'éclat.

Quant aux contes, nous remarquerons, 1° que ce ne sont que des contes; 2° que ce ne sont que des contes en prose; 3° qu'il y a plus de grâces dans ceux de La Fontaine, plus d'esprit dans ceux d'Hamilton, plus de philosophie dans ceux de Voltaire, peut-être même plus de naturel dans ceux de Perrault; car enfin La Fontaine a dit:

> Si *Peau d'Ane* m'était conté,
> J'y prendrais un plaisir extrême.

Et nous doutons que ce poète, ami de la délicatesse et de la naïveté, en eût dit autant du *Mari Sylphe*, de *Tout ou rien*, des *Mariages Samnites*, et des *Quatre Flacons*.

D'ailleurs, en supposant (ce qu'on est bien éloigné de vouloir disputer) que les Contes de Marmontel soient en effet d'assez heureuses bagatelles, que le style en soit correct, quoique pesant, surtout quand l'auteur veut être léger, est-il donc permis à des Français, enrichis de tant de merveilles littéraires, de se passionner pour de minces historiettes, dont le fonds même n'appartient pas à Marmontel ? Qui ne sait que dans *Zadig*, *Babouc*, *Memnon*, qui ne sont pourtant qu'une très-faible partie de la gloire de Voltaire, on trouve et cent fois plus de vues philosophiques et morales, et cent fois plus d'imagination, et des détails beaucoup plus piquants, plus neufs, plus variés, que dans tous ces petits romans bourgeois et pédantesques, sur lesquels on affecte de se récrier ? Par quel singulier caprice nous arriverait-il donc d'attacher tant de valeur à de médiocres esquisses, tandis que nous avons sous les yeux, dans le même genre, des tableaux peints par de grands maîtres.

Nous savons qu'il est encore des gens qui capitulent assez facilement sur le mérite des *Contes moraux*, mais qui se sont tellement arrangés pour admirer Marmontel, qu'ils mettent du moins son *Bélisaire* infiniment au dessus de *Télémaque*. Nous en appelons à tout homme qui se vantera d'avoir pu lire d'une haleine ce petit roman composé de dix-sept dissertations, enchaînées l'une à l'autre, comme ces conversations d'Ariste et d'Eugène, sur le goût, qui se passent au bord de la mer, et que le révérend père Bouhours a rédigées par chapitres. Que cet homme, quel qu'il soit, nous dise avec vérité s'il n'a pas été vingt fois sur le point de s'endormir aux tristes et longues homélies philosophiques de l'aveugle Bélisaire. Exceptons toutefois les trois ou quatre premiers chapitres de ce roman moral, qu'on peut lire sans doute avec assez de plaisir, mais qui ne rendent que plus sensible l'ennui que fait éprouver la suite de l'ouvrage.

Le quinzième chapitre que l'on a tant vanté (et ici nous interrogeons la bonne foi de ceux qui ont fait semblant de l'admirer) n'est qu'une répétition fastidieuse de ce qu'on a lu et relu dans des ouvrages très-supérieurs. Nous avons de Bayle un *Traité de la tolérance*, qui est un chef-d'œuvre de savoir et de raisonnement.

Nous en avons un plus moderne, moins fort peut-être de raisonnement, mais écrit d'un style que Bayle n'avait pas, et que nous regardons comme un des meilleurs ouvrages de Voltaire. Enfin cette doctrine de la tolérance n'a-t-elle pas encore été exprimée en traits de feu par l'éloquent citoyen de Genève ? D'où nous viendrait donc l'ivresse qu'on voudrait nous inspirer pour ce quinzième chapitre ?

Observons encore que, quand même Marmontel eût mérité quelque célébrité par ses écrits en prose, par sa persévérance opiniâtre à braver la critique, et par sa littérature, qui véritablement n'est pas commune, il aurait compromis toute sa gloire, en disant que Boileau est un écrivain sans feu, sans verve et sans fécondité (1), et en se

---

(1) Voyez l'article *Cotin* dans nos Mémoires sur la Littérature.

permettant une foule de paradoxes non moins révoltants.

Ce qu'on pourrait reprocher de plus grave à Marmontel, maintenant qu'on ne doit plus à sa mémoire que la vérité, c'est d'avoir été un des premiers qui ait compromis la dignité de l'homme de lettres, en se mettant aux pieds des hommes de finance chez lesquels il était admis, et en leur prodiguant des adulations qu'on ne se serait pas permises dans leur antichambre. Nous l'avons vu distribuer lui-même des rafraîchissements dans la salle de spectacle du fastueux La Popelinière. Ce financier avait l'habitude de marier tous les ans quelques filles, en les gratifiant d'une dot légère ; et à une de ces fêtes, nous avons entendu Marmontel lui adresser cet *impromptu*, fait d'avance peut-être, et remarquable seulement par l'excès du ridicule qui l'a gravé dans notre souvenir. A la suite d'une comparaison très-indécente, et dans laquelle Dieu même était dégradé de la manière la plus étrange en faveur de La Popelinière, le poète adulateur ajoutait :

> Ce Dieu nous donna l'être
> Et puis nous planta là.
> Si c'est un don de naître,
> Le beau don que voilà !
> L'ami chez qui nous sommes,
> Est bien plus généreux ;
> S'il fait naître des hommes,
> C'est pour les rendre heureux.

Le hasard nous rendit témoins de cette fête,

et nous ne savions trop de quel côté était la plus grande bassesse ; du côté du financier qui recevait cette louange, et qui vraisemblablement la payait ; du côté du poète qui se permettait, en si mauvais vers, un si plat blasphème, ou de celui des convives qui applaudissaient.

Ce serait mal excuser Marmontel que de dire qu'il était pauvre. La pauvreté ne s'ennoblit que lorsqu'elle est fière et décente ; mais rien ne la dégrade autant que les complaisances serviles dont il ne rougissait pas de donner l'exemple.

Ce ton d'ailleurs était devenu chez lui un ton d'habitude, même en moins bonne compagnie. C'est ainsi que, long-temps après, et dans un âge où ce mauvais ton devenait encore plus déplacé, il chanta la célèbre mademoiselle Guimard, à l'occasion de quelques aumônes qu'elle avait faites dans un hiver rigoureux. En l'appelant dans une épître *jeune et belle damnée*, en lui rappelant tous ses *jolis péchés*, et en l'exhortant à en faire de nouveaux, il lui sacrifia, non pas tout-à-fait Dieu, comme à La Popelinière, mais tous les saints du calendrier ; et cette légèreté anti-religieuse, quoique les vers n'en fussent guère meilleurs que ceux qu'on vient de lire, fut, comme on l'imagine bien, très-applaudie dans les coulisses de l'opéra.

Quelques années avant la mort de cet écrivain, une société de libraires a rassemblé, en dix-huit volumes, la collection complète de ses ouvrages.

En parlant, dans notre édition précédente, de la collection beaucoup trop complète des œuvres de Marmontel, nous ignorions qu'il en eût supprimé cette poétique étrange à laquelle nous avions fait allusion dans ces vers de la *Dunciade*.

> Si de nos jours un code poétique,
> Par son volume étonna la critique,
> Et réglant tout en dépit de Boileau,
> De l'art des vers fit un art tout nouveau.

Cette espèce de désaveu d'un ouvrage rempli de paradoxes, et dans lequel, par une singulière distraction, il avait prêté à Virgile une comparaison incompatible avec le génie de sa langue (1), pouvait être regardé comme une rétractation qui lui eût fait honneur, et que nous aurions eu tort de passer sous silence. On sait avec quel mépris il avait parlé de Racine et de Boileau, dans plusieurs ouvrages de sa jeunesse; mépris dont on apercevait encore les traces dans sa *Poétique*, et que M. de Laharpe n'a pas dissimulé dans son *Cours de Littérature* ; mais en assurant qu'il s'en était guéri avec le temps, *quoique jamais la guérison n'ait été portée au*

---

(1) La comparaison de Turnus à un âne, dont nous avons déjà parlé, comparaison qui n'est pas de Virgile, et que sa langue ne lui permettait pas.

point de bien sentir ni l'un ni l'autre de ces deux grands maîtres (1). Quelque tardive et quelque imparfaite que fût cette résipiscence, nous lui en faisions cependant, sur la foi de M. de Laharpe, une sorte de mérite ; mais, à notre grand étonnement, nous avons retrouvé dans ses *Éléments de Littérature* presque toutes les erreurs qui déshonoraient sa *Poétique*, et un redoublement de haine contre Boileau. Quelques citations vont prouver que nous n'exagérons pas.

« Quoique je sois bien sûr, dit-il (2), d'avoir
» contre moi tout le bas peuple de la littérature,
» j'aurai le courage d'avancer que Boileau, à
» qui la versification et la langue sont en partie
» redevables de leur pureté, Boileau, l'un des
» hommes de son siècle, qui avait le plus étudié
» les anciens, et qui possédait le mieux l'art de

___

(1) Voyez le *Cours de Littérature* de Laharpe, tom. 12, pag. 458 et 459 ; l'article est très-curieux.

(2) *Éléments de littérature* de Marmontel, article *Critique*. Racine, Rollin, Voltaire, Jean-Baptiste Rousseau, et de nos jours Laharpe, Chénier, Daunou, et tant d'autres admirateurs constants du génie de Boileau, n'étaient donc, aux yeux de Marmontel, que le bas peuple de la littérature. La classe qui lui paraissait la plus élevée, et à laquelle sans doute il était jaloux d'appartenir, n'a jamais été si nombreuse. Elle datait de Pradon et de Cotin du vivant de Boileau, et ne compte plus guère aujourd'hui que MM. de Cubière et Mercier.

» mettre leurs beautés en œuvre, Boileau, sur
» les choses de sentiment et de génie, n'a jamais
» bien jugé que par comparaison. De là vient
» qu'il a rendu justice à Racine, heureux imita-
» teur d'Euripide; qu'il a méprisé Quinault, et
» loué froidement Corneille, qui ne ressem-
» blaient à rien (1); sans parler du Tasse qu'il
» ne connaissait pas, ou qu'il n'a jamais bien
» senti. Et comment Boileau, qui a si peu ima-
» giné (2), aurait-il été un bon juge dans la partie
» de l'imagination? Comment aurait-il été un
» vrai connaisseur dans la partie du pathétique,

---

(1) Quinault et Corneille, voilà un singulier assemblage! Quinault et Corneille qui ne ressemblent à rien, voilà un plaisant éloge! Boileau n'a loué Corneille que froidement : et ces vers que tout le monde sait par cœur, et qui respirent l'admiration et l'enthousiasme :

En vain contre le Cid un ministre se ligue, etc.,

étaient-ils donc une si froide louange!

(2) Eh quoi! ni *le Lutrin*, ce poème où l'imagination a tout créé, et qu'on serait tenté de croire impossible s'il n'existait pas, ni cet *Art poétique*, admiré chez l'étranger même comme un des chef-d'œuvres de notre langue, ni cette épître sur le *Passage du Rhin*, qui nous donna le premier et le plus beau modèle de la majesté du style épique, n'offraient donc à l'organe dépravé de Marmontel que le talent presque nul d'un écrivain sans feu, sans verve et sans fécondité? Et il osait se croire poète!

» lui à qui il n'est jamais échappé un trait de
» sentiment (1) ? »

Observez que, dans ce passage, Marmontel n'affecte de donner quelques louanges à Boileau que pour les démentir ensuite l'une après l'autre. Ici, par exemple, il semblait lui accorder le mérite d'avoir su mieux que personne mettre en œuvre les beautés des anciens; et ailleurs il s'écrie : » Quel avantage que celui d'Horace sur Boi-
» leau, son faible et froid copiste ! Quelle philo-
» sophie dans l'un, quelle abondance de pensées !
» Et dans l'autre quelle stérilité dans les sujets
» les plus riches ! combien peu de profondeur
» dans ses vues et d'imagination dans ses plans !
» (*Éléments de Littérature*, article ANCIENS)».

Dans le premier passage, il avouait du moins (et l'éloge était mince) que la versification lui devait en partie sa pureté ; mais à l'article DISTIQUE, il fait entendre que Boileau avait con-

---

(1) Il est faux qu'on ne trouve aucune trace de sentiment dans les ouvrages de Boileau, quand le sujet en est susceptible. Sa belle épitre à Racine suffirait pour le prouver. Peut-on la lire et ne pas être vivement ému de cette amitié noble et courageuse qui consola si souvent Racine du froid accueil que fit le public à quelques-uns de ses chef-d'œuvres, et des cabales jalouses qui osaient lui disputer la scène? Veut-on connaitre le poète à qui il n'est jamais échappé un trait de sentiment ? que l'on essaie de lire les tragédies de Marmontel.

tracté la mauvaise habitude de ne faire ses vers que par distique ; ce qui est, selon lui, une manière fatigante à la longue, et qui rend le style lâche et diffus. « La grande manière de versifier
» n'appartient, à ce qu'il ajoute, qu'à Corneille,
» Racine (1) et Voltaire ; en un mot à tous ceux
» dont les idées ont coulé à pleine source. Les
» autres ont produit les leurs, pour ainsi dire,
» goutte à goutte, et leur style est comme un
» filet d'eau souvent assez pure, mais qui tarit
» à chaque instant.

Parle-t-il des belles épîtres de Boileau ? « En
» général, dit-il, les défauts dominants de ces
» Épîtres, sont la sécheresse et la stérilité, des
» plaisanteries parasites, des vues courtes, et
» de petits desseins. On lui a appliqué ce vers :

<blockquote>Dans son génie étroit il est toujours captif.</blockquote>

» Une des choses qui le flattait le plus, était d'a-
» voir exprimé poétiquement sa perruque (2) ».

---

(1) Racine avait donc enfin trouvé grâce à ses yeux. Ce n'était plus ce polisson dont il arrachait les œuvres des mains de madame Denis, et pour lequel son mépris, comme l'atteste M. de Laharpe, était beaucoup plus grand qu'il n'osait le montrer dans ses écrits.

(2) On sait que c'est un des secrets communs à tous les grands poètes que de savoir exprimer noblement de petits détails : mais il est absurde de dire que Boileau attachait assez d'importance à cette difficulté vaincue, pour s'en applaudir autant que Marmontel le suppose par une exa-

Il lui refuse à l'article MAROTIQUE, jusqu'à l'organe sans lequel on ne peut sentir les beautés simples et touchantes. Que n'expliquait-il donc comment Boileau, de qui Racine s'honorait d'être l'élève, avait pu se pénétrer si vivement des beautés simples et touchantes, dont personne plus que Racine n'a laissé de modèles.

A l'article SATIRE, il prétend que Boileau n'affectait l'humeur âpre et sévère que pour être un flatteur plus adroit ; mais qu'il lui manquait les deux éléments du génie, la sensibilité et la chaleur.

Enfin, à l'article POÉTIQUE, pour achever de détrôner l'homme dont Voltaire, dans le Temple du goût, a dit avec tant de justice :

Là régnait Despréaux, leur maître en l'art d'écrire.

Il assure que la plupart de ses leçons devinrent inutiles dès que le goût du public fut formé ; mais une triste expérience n'a-t-elle pas prouvé qu'il était très-possible que ce goût se déformât ? et les leçons de Boileau ne sont-elles pas devenues plus nécessaires que jamais ?

Cet étrange acharnement contre la mémoire d'un écrivain qui a fait tant d'honneur à la France,

---

gération maligne empruntée de d'Alembert. C'était l'*Art poétique*, le *Lutrin*, ses belles Épîtres qui n'ont point encore été égalées, et quelques-unes de ses satires qui pouvaient donner à Boileau un juste orgueil.

ne suppose-t-il pas dans Marmontel la conscience qu'il avait de sa propre médiocrité ? Tel est du moins le sentiment que Voltaire attribuait, sans restriction, à tous les détracteurs de ce grand poète. » Ils n'en parlent, dit-il, avec cette fu-
» reur, que parce qu'ils sentent que si M. Des-
» préaux les eût connus, il les aurait méprisés
» autant qu'ils le méritent. »

Marmontel ne laisse échapper d'ailleurs aucune occasion de se déchaîner avec la même violence contre la satire, qui lui avait fait à la vérité quelques blessures, et que la *Dunciade* n'avait pas dû réconcilier avec le genre. On voit que c'est le principe secret de sa haine pour Boileau, tandis qu'il ose dire de Scarron que c'était un des hommes de son temps qui avaient le plus de goût, et que son burlesque doit plaire aux esprits même les plus difficiles (1). Il se passionne en faveur de ce poète bouffon, au point d'en citer plusieurs vers, ceux-ci entre autres :

> La béquille de Priamus,
> Le livre de ses *Oremus*,
> Ou almanach fait par Cassandre
> Où l'on ne pouvait rien entendre.

---

(1) C'est à la fin du dernier tome de ses *Éléments de Littérature*, article *Burlesque*, que Marmontel déshonore ainsi son jugement, et qu'il prodigue les citations avec une complaisance qui étonne.

Et ce portrait de Didon, qui lui paraît apparemment un morceau de choix :

> C'était une grosse dondon,
> Grasse, vigoureuse, bien saine,
> Un peu camuse à l'africaine,
> Mais agréable au dernier point.

En bonne foi, l'homme qui n'a rien cité de Boileau que pour le censurer, et qui se montrait si indulgent envers Scarron, était-il en droit de se plaindre que la satire eût pris sa revanche (1).

Nous avons dit cependant, et l'impartialité nous fait un devoir de répéter, que la littérature de Marmontel n'était pas vulgaire ; à l'exception des erreurs que nous venons de relever dans son livre, et qui nous paraissent inexcusables, on y trouve des articles vraiment dignes d'éloges et

---

(1) Par une suite de son aversion pour les épigrammes et pour tout ce qui tient au genre satirique, Marmontel avait le goût complétement émoussé en matière de plaisanterie. Le même sentiment qui le passionnait pour Scarron, lui faisait trouver du charme dans cette prétendue anecdote, qui lui paraît aussi rare que plaisante : « Des chasseurs affamés n'avaient pour leur dîner que des » côtelettes très-dures ; c'est ici, dit l'un d'eux, le com- » bat des Voraces contre les Coriaces. » Citée à une table d'hôte, cette saillie de cabaret pourrait surprendre un sourire ; mais on ne l'attendait guère dans des *Éléments de littérature*. (Voyez l'article *Allusion*, où cette anecdote se trouve, tom. I, pag. 141.)

qui supposent de très-bonnes études. Tels sont la plupart de ceux qui ont la musique pour objet; et c'est même une singularité remarquable, qu'un écrivain, si mal servi par la nature pour juger de l'harmonie des vers, en ait été, en quelque sorte, dédommagé par une oreille qui pourrait passer pour savante dans un art qu'il n'avait pas exercé, mais dont il a prouvé qu'il avait le sentiment à un degré peu commun.

En général le ton de l'ouvrage est plus modeste, moins impérieux, moins tranchant, que celui du *Cours de littérature* de M. de Laharpe; mais le goût de M. de Laharpe est beaucoup plus sûr. Quoi qu'il en soit, il peut être lu avec fruit par nos jeunes littérateurs; ils y puiseront des lumières utiles à leurs progrès, étant avertis surtout que l'auteur ne mérite pas toujours une entière confiance.

Des OEuvres posthumes de Marmontel.

Nous avons parcouru (car nous n'avons pas eu le courage de lire en entier) les quatre volumes qui viènent d'être publiés sous ce titre, et dont les trois premiers ne sont que les Mémoires de sa vie. Trois volumes sur la Vie privée d'un homme de lettres qui n'eut jamais une très-grande célébrité, tandis que dans Plutarque les Vies d'Alexandre et de César occupent à peine deux cents pages; voilà d'abord ce qui peut étonner. Mais comment les éditeurs de ces Mémoires se sont-ils permis d'y conserver une foule de détails niais, qui n'appartiènent qu'à son enfance, et dont nous n'allons citer quelques traits que parce qu'il faut bien en donner une idée.

Quel besoin avions-nous de cette longue énumération de ses déjeûners, de *ces galettes toutes brûlantes, humectées d'un excellent beurre, et de ces châtaignes savoureuses, qui faisaient palpiter de joie le cœur de la petite famille, lorsqu'elle entendait bouillonner l'eau du vase destiné à les cuire?* Que nous importent ces réveillons de la nuit de Noël, préparés avec tant de mystère par sa bonne aïeule, pendant qu'on était à la messe, *le potage aux choux verts, le boudin, la saucisse, l'andouille, le morceau de petit salé le plus vermeil, les gâteaux, les beignets de pomme au saindoux*, et les acclamations de surprise que causait, au retour de la messe, la magnificence imprévue de la bonne grand'mère? quel intérêt pouvaient inspirer des puérilités de ce genre? Les lecteurs étaient-ils bien curieux d'apprendre que Marmontel courut le danger de recevoir le fouet en seconde et en rhétorique, et l'heureux stratagème par lequel il vint à bout de se dérober à cette correction qui n'avait pas pour lui le même charme que pour Rousseau de Genève (1).

---

(1) Voyez la confidence naïve et un peu cynique de ce singulier goût dans les Confessions de Rousseau.

L'importance qu'il semble attacher à ces niaiseries, le plaisir qu'il a l'air de prendre à s'en rappeler le souvenir, enfin la complaisance avec laquelle il les raconte, n'annoncent que trop, dès le début de ces Mémoires, l'amour propre qui les a portés à trois volumes, et qui ne se dément jamais dans le cours de l'ouvrage.

Si, pour excuser cette intempérance de parler de soi-même, on assure que Marmontel ne les avait composés que pour l'instruction de ses enfants, quelle était donc la nécessité de les rendre publics ? Les liaisons de Marmontel avec une demoiselle Verrière, courtisane célèbre alors, et ses amours, qu'il appèle lui-même une de ses plus déplorables folies, pour une autre courtisane nommée Navarre, étaient-ils d'ailleurs un tableau bien moral à mettre sous les yeux de ses enfants ?

Disons la vérité sans l'affaiblir par de vains ménagements ; Marmontel ne fit ces *Mémoires* que pour y rappeler le souvenir de ses malheureuses tragédies oubliées depuis si long-temps, et dont M. de Laharpe, quoique réconcilié avec lui, dans les dernières années de sa vie, n'a parlé dans son *Cours de Littérature* que pour en faire sentir le ridicule (1).

---

(1) Voyez tome 12 du *Cours de Littérature* de M. de Laharpe le dédain avec lequel il y parle de Denys le tyran, d'Aristomène, de Cléopâtre, etc.

L'esprit que Marmontel a fait à loisir, dans plusieurs endroits de ses *Mémoires*, pour se donner le ton d'un homme aimable, et même d'un homme à bons mots, n'était pas, à beaucoup près, celui qu'il portait dans la société. Presque étranger à la haute classe de la bonne compagnie où nous ne l'avons jamais rencontré, il n'était guère admis que dans des maisons de finance; et l'excessive adulation à laquelle il savait se plier dans ces maisons opulentes, comme on en peut juger par le fait que nous avons cité plus haut, et qui se passa chez La Popelinière, prouve assez qu'il n'y jouissait pas de cette grande considération dont il paraît se flatter dans son livre. Nous avons été plus d'une fois à portée d'observer que, loin d'avoir dans le monde ce qu'on appelait usage, il avait conservé dans toute sa lourdeur l'accent et la prononciation de sa province; et sans lui contester l'esprit et les connaissances, qu'il avait réellement à un degré peu commun, nous ne pouvons dissimuler que sa conversation n'était pas d'un homme qui eut l'habitude de sacrifier aux Grâces.

Mais ce qui nous a véritablement révoltés dans ses Mémoires, c'est la légèreté (pour ne pas nous servir du mot propre, qui serait plus dur) avec laquelle il s'est permis de parler du cardinal de Bernis qu'il appèle un fat, et de M. de Pompignan qui lui était très-supérieur en littérature, et qu'il ose traiter d'insolent. Nous nous garderons bien de lui faire un reproche du hasard qui, d'après les préjugés du temps, l'avait fait naître à une si grande distance de ces deux hommes célèbres, et surtout du premier; mais il est difficile de n'être pas étonné qu'à l'égard de l'un et de l'autre, il ait pu violer ainsi tout ce que lui prescrivait la décence.

Malgré l'aversion, beaucoup trop exagérée pour être vraie, qu'il ne cesse de témoigner pour la satire dans ses *Éléments de Littérature*, ses *Mémoires* prouvent qu'il s'était familiarisé avec elle, et même au point d'en passer les limites. Telle est, pour en donner un exemple, la peinture qu'il fait d'un conseil assemblé chez mademoiselle Clairon, pour juger sa tragédie de *Denys le tyran*: « Voici, dit-il, comment il était
» composé. C'était ce d'Argental, l'âme damnée
» de Voltaire, et l'ennemi de tous les talents qui
» menaçaient de réussir ; c'était l'abbé de Chauvelin, le dénonciateur des jésuites, et à qui ce
» rôle odieux donna quelque célébrité ; c'était
» ce comte de Praslin qui, comme d'Argental,
» n'existait que dans les coulisses, avant que le
» duc de Choiseul, son cousin, eût donné l'importance de l'ambassade et du ministère à sa
» triste inutilité ; c'était enfin ce vilain marquis
» de Thibouville, distingué parmi les infâmes,
» par l'impudence du plus sale des vices et les

» rafinements d'un luxe dégoûtant de mollesse et
» de vanité. Le seul mérite de cet homme abreuvé
» de honte, était de réciter des vers d'une voix
» éteinte et cassée, et avec une afféterie qui se
» ressentait de ses mœurs. »

Tous ces messieurs sont morts, à la vérité, et Marmontel n'eût osé les peindre ainsi de leur vivant. Nous ignorons si les portraits ressemblent; mais, quoique les originaux n'existent plus, il peut leur rester des parents qui seraient justement indignés de la licence du peintre, et qui auraient le droit d'en demander vengeance. Quoi ! Marmontel ne pouvait souffrir qu'on se moquât de ses vers, et il se permettait de diffamer ! Nous aimons à croire que son intention n'était pas que ces *Mémoires* devinssent publics ; mais comment excuser les éditeurs ?

Au reste, quoique nous n'ayions dissimulé aucune des erreurs de goût dans lesquelles il est évidemment tombé, nous finissons par convenir que, dans la disette où nous sommes, et qui menace de s'accroître, loin d'être un auteur à dédaigner, on lui trouverait difficilement beaucoup de rivaux en mérite. Ce n'est pas dire cependant, à l'exemple de quelques journalistes qui croient de bonne foi distribuer la gloire, que Marmontel fut un littérateur du premier ordre. Peut-on donner ce nom à l'auteur de cinq ou six mauvaises tragédies, que les comédiens n'ont jamais osé reprendre, dans le cours de sa longue carrière, à l'homme qui commença par mépriser Racine, qui conserva toute sa vie ce sentiment pour Boileau, et qui parut lui préférer Scarron ? C'est ce qui nous semble très-douteux, et ce que nous laissons à décider à nos lecteurs.

MAROT (Clément), né à Cahors en 1495, mort à Turin en 1544. Le modèle d'une certaine naïveté fine et piquante que l'on appèle encore de son nom le genre marotique. Sa charmante épître à François Ier, dans laquelle il se plaint d'un valet

> Sentant la hart de cent pas à la ronde,
> Au demeurant le meilleur fils du monde,

qui lui avait dérobé son argent ; quelques épigrammes qui n'ont point été surpassées, quelques contes joyeux, quelques jolies chansons, lui ont fait un nom immortel.

La manière qu'il a choisie a paru tellement convenable aux ouvrages de ce genre, que Voiture, La Fontaine, Rousseau, et quelques-uns de nos poètes célèbres, n'ont pas dédaigné de l'emprunter. Nous croyons cependant, avec Voltaire, que ce serait un défaut de goût que de l'employer dans des ouvrages plus sérieux. C'est travestir Minerve que de lui donner la marotte de Momus.

Il semblerait que le poète dont nous parlons, enjoué, badin, et quelquefois licencieux à l'excès, n'aurait guère dû s'attendre à devenir un des fondateurs de la liturgie des églises protestantes. Sa traduction des *Psaumes*, continuée par Théodore de Bèze, a été chantée long-temps dans tous les temples de la réforme de Calvin. On ne sentait point assez, dans cet âge encore grossier, l'étrange disparate du flageolet de Marot et de la harpe de David.

MARSAIS (César du), né à Marseille en 1696, mort à Paris en 1756. Il a prouvé, par les articles de grammaire qu'il a fournis à l'Encyclopédie, et par son excellent *Traité des Tropes*, que la grammaire est une véritable science ; que la philosophie a présidé plus qu'on ne le croit à l'art de la parole, et qu'on peut en établir les règles, non sur des décisions de caprice, mais sur les lois immuables du raisonnement.

M. du Marsais était d'ailleurs un homme vertueux, un philosophe-pratique, qui a passé une longue vie dans un état voisin de l'indigence, et qui ne s'est jamais avili pour améliorer sa fortune.

Cet excellent grammairien ne fut pas de l'Académie Française.

MASSIEU (Jean-Baptiste), de l'Académie de Rouen, né à Pontoise en 1743. Sa traduction des *Dialogues de Lucien* nous a paru très-supérieure à celle de d'Ablancourt. Il a donné depuis la traduction complète des ouvrages de cet auteur, qui s'est moqué avec tant de sel et de grâces des philosophes de son temps. Un auteur tel que Lucien, mis à la portée de tout le monde, était peut-être un excellent préservatif contre ce débordement de prétendus philosophes qui menaçait de nous inonder; et, sous ce rapport, la traduction élégante et fidèle de M. Massieu pouvait être regardée comme un à-propos très-heureux.

MASSILLON (Jean-Baptiste), évêque de Clermont, de l'Académie Française, prédicateur célèbre, né à Hières en 1663, mort en 1744.

Il n'atteignit point à la hauteur de Bossuet; il raisonna moins que Bourdaloue; mais il eut avec Fénélon une ressemblance de caractère qu'on n'a point assez remarquée. Il en eut l'âme douce et tendre, et cette onction, le plus puissant ressort de l'éloquence, parce qu'elle s'adresse directement au cœur, et que c'est lui surtout qu'il est important d'émouvoir. L'austérité du raisonnement qui s'appuie uniquement sur des preuves, et qui en est quelquefois prodigue, participe toujours un peu des subtilités de la dialectique, ou du moins il en est suspect, il semble même provoquer l'esprit de dispute; tandis que, par l'attrait de la sensibilité vivement émue, l'onction se rend maîtresse des cœurs, et, d'autant plus puissante qu'elle n'a pas la prétention de les subjuguer, les amène sans violence à la conviction. Telle fut l'arme victorieuse avec laquelle Massillon sut opérer des prodiges dont Bossuet lui-même eût été jaloux : tel fut l'effet qu'il produisit dans son Sermon du petit nombre des élus; effet attesté par Voltaire, et qui se renouvèle par le simple récit qu'il en fait. Il cite le morceau le plus admiré de ce fameux discours ; et lorsqu'il en a fait sentir toute la magnificence, il l'appèle un des plus beaux morceaux d'éloquence qu'on puisse lire chez les nations anciènes et modernes; et il ajoute que le reste du discours n'est pas au-dessous de cet endroit si saillant, mais que de pareils chef-d'œuvres sont très-rares.

Il est, du même orateur, un autre Sermon qui ne nous paraît pas moins admirable, c'est celui du pécheur mourant; et nous finirions volontiers par souhaiter, comme Voltaire, à l'endroit même que nous venons de citer (1), « que les prédica-
» teurs qui ne peuvent imiter ces grands mo-
» dèles, les apprènent par cœur, et les débitent
» à leur auditoire; s'ils ont le talent de la décla-
» mation, ils feraient beaucoup mieux que de

---

(1) Tome 41 de notre édition de Voltaire (*Questions sur l'Encyclopédie*) , article *Éloquence*, pag. 62 et 65.

» prêcher dans un style languissant des choses
» aussi rebattues qu'inutiles. »

Mais ce qui distingue surtout le ministère sacré de Massillon, le service le plus important que ce grand homme (car il est temps de lui donner le nom qui lui est dû) rendit non seulement à sa patrie, mais à tous les peuples, ce sont les vérités utiles et les leçons pleines de sagesse qu'il fit entendre au jeune Louis XV, dans ces dix sermons qui ont été recueillis sous le titre de son *Petit Carême*, et qui devraient servir d'instruction à tous les enfants des rois. C'est le cours le plus complet de morale que nous connaissions, et d'autant plus précieux qu'il est embelli de tous les charmes de la diction la plus séduisante. Tout y est proportionné à l'âge du jeune prince; et cependant il n'est point d'homme à qui cet excellent ouvrage ne présente les seules règles de conduite qu'il aurait intérêt de suivre, non seulement dans l'espérance d'une fécilité lointaine dont il pourrait n'être que faiblement ému, en raison de son éloignement même ou de son incertitude, mais pour assurer le bonheur de chaque époque de sa vie.

Nous croyons ce livre traduit en toutes les langues, nous le désirons du moins ; mais ce qui serait d'un intérêt général pour toutes les nations, c'est qu'il fut employé de préférence à tout autre, dans l'éducation de ceux qui doivent un jour les gouverner. Ils y apprendraient à se défendre et d'eux-mêmes et des piéges que l'adulation ne cessera de leur tendre ; et s'il arrivait que dans les orages de leurs passions ils eussent le malheur d'en perdre de vue les principes, ils en conserveraient du moins une empreinte capable de les ramener tôt ou tard à la vertu, et qui ne s'effacerait jamais de manière à ôter à leurs sujets l'espérance consolante d'un meilleur avenir.

Il est dans la vie de Massillon une singularité remarquable, échappée jusqu'à présent à tous ceux qui ont parlé de cet orateur célèbre : c'est la conformité qu'il eut, à l'entrée de sa carrière, avec un de nos plus grands poètes. Avant lui, Bossuet, Fénélon, Bourdaloue, s'étaient fait admirer dans la chaire ; et l'éloquence sacrée semblait, après de si brillants modèles, ne pouvoir plus que décroître. C'est ainsi qu'après Corneille, Racine et Crébillon, Voltaire osa tenter de nouveaux succès dans une carrière toute tracée par leur génie, et qui paraissait épuisée. Nous savons que, pour rabaisser sa gloire, l'envie ne manqua pas de profiter de cette circonstance, en disant qu'il devait tout à ses prédécesseurs, qu'il n'eût rien été par lui-même, et qu'il n'avait eu que le faible mérite d'obtenir, à la faveur de son bel esprit, quelques succès devenus faciles par les grands modèles qu'il avait sous les yeux. Mais, comme nous l'avons dit ailleurs, c'est, au contraire, le haut degré de perfection où l'art semblait avoir été porté par de pareils maîtres, qui redouble notre admiration pour l'homme qui parvint à se montrer leur égal dans une carrière qu'on pouvait regarder comme fermée. C'est alors en effet qu'il devient plus difficile, même au génie, de s'ouvrir des routes nouvelles, de s'établir un caractère à part, enfin de rivaliser de gloire avec des modèles qu'on devait désespérer d'atteindre. Il en fut de l'orateur chrétien comme du poète philosophe; et la comparaison s'applique ici d'elle-même.

Nous savons qu'elle ne manquera pas d'effaroucher quelques âmes timorées, ou qui feindront de l'être, et qui nous reprocheront d'assimiler ainsi le profane au sacré, et le génie apostolique de Massillon à celui d'un écrivain qui montra toujours peu de respect pour les opinions religieuses. Mais si, malgré la différence de leurs sentiments, personne ne fut, plus que Voltaire, l'admirateur de Massillon, si les ouvrages de ce dernier (son *Petit Carême* entre autres) étaient, comme l'ont attesté plusieurs témoins, et comme nous l'avons vu nous-mêmes, le livre qu'il tenait constamment à la portée de sa main et qu'il ne cessait de citer comme un des ouvrages les plus parfaits qu'il connût, cet hommage n'autorise-t-il pas, du moins à quelques égards, la comparaison que nous nous sommes permise? Ne tournet-elle pas même, osons le dire, à l'avantage de la religion? car enfin que pouvait admirer Voltaire dans l'ouvrage dont il faisait tant d'estime, sinon la morale pure qu'il présente partout avec un charme inexprimable ? et cette morale n'était-elle pas celle de l'évangile? Voltaire, avec tout son génie, n'était-il donc pas très-inconséquent de dédaigner la source où l'orateur avait puisé ces vérités touchantes, auxquelles il n'avait prêté que la magie d'un style enchanteur ?

Outre les dons de l'éloquence, la nature avait prodigué à Massillon tout ce qui peut en assurer le triomphe, la physionomie la plus imposante et l'action la plus majestueuse. Le célèbre Baron, l'acteur le plus parfait dont le théâtre français ait conservé le souvenir, eut le désir de l'entendre, et dit à un autre acteur que le même sentiment de curiosité avait conduit à l'église : « Mon ami, » voilà un véritable orateur ; nous ne sommes » que des comédiens. »

La vie de Massillon fut parfaitement conforme à ses principes. Il n'eut à se reprocher qu'une faute qui prouve combien l'air de la cour peut être contagieux pour la vertu même; il eut la faiblesse, dans la crainte de déplaire au régent, de prêter son ministère au licencieux Dubois, et de le sacrer archevêque de Cambrai.

MAURY (Jean-Siffrein), de l'Académie

Française, né à Valras, dans le comtat Venaissin, en 1746, aujourd'hui cardinal, et revêtu à Rome de cette éminente dignité par le pape Pie VI, qui voulut récompenser le zèle qu'il avait témoigné à notre assemblée constituante, pour les intérêts du clergé. Son livre sur l'*Éloquence de la chaire et du barreau* est écrit avec autant de sagesse que de goût. Ses Discours sacrés, et surtout son *Panégyrique de saint Vincent de Paul*, prouvent qu'il n'est pas moins heureux à donner des exemples, qu'à rappeler les vrais principes. Personne n'a parlé de Bossuet plus dignement, sans être injuste envers Fénélon. Il faut consulter l'ouvrage même, et voir avec quelle force l'auteur s'élève contre la fausse chaleur et les déclamations convulsives de nos charlatans d'éloquence : « Veux-tu savoir, » dit-il, ce qui est froid ? c'est tout ce qui est » exagéré. »

On sait avec quelle fermeté courageuse et toujours soutenue (ce qui est au moins digne d'éloge), il se comporta dans notre assemblée constituante. On sait qu'après Mirabeau, à qui l'on ne put comparer personne à la tribune, il fut un de ceux qui s'y distinguèrent le plus, et que, forcé par les orages de la révolution à chercher ailleurs une patrie, il partit pour Rome, et n'en revint qu'à l'époque heureuse qui rendit à la France toute sa gloire, et au trône toute sa majesté.

Accueilli alors, comme il devait l'être, par l'Institut national qui s'empressa de lui rendre la place qu'il avait occupée à l'Académie Française, il y prononça un discours annoncé trop long-temps d'avance, et dans lequel il parut avoir consacré trop de pages à l'éloge de l'abbé de Radonvilliers, qu'on pouvait caractériser en une phrase. Ce tort, peut-être exagéré, pouvait se pardonner à l'amitié : mais on retrouva toute son éloquence dans l'éloge de l'Empereur, et c'est ce qu'on devait attendre du talent de l'orateur et de la richesse du sujet. Nous apprenons, et nous en félicitons le public, qu'on prépare actuellement une édition complète de ses ouvrages.

MAYNARD (François), de l'Académie Française, élève de Malherbe, né à Toulouse en 1582, mort en 1646. Ses vers, toujours dénués d'inversion, ont en général trop de monotonie et trop peu d'élévation, mais ce fut un écrivain naturel, facile et correct, qui avait certainement plus de droits aux bontés du cardinal de Richelieu que les Boisrobert, les Colletet, et beaucoup d'autres poètes ses contemporains, qui ne le valaient pas. Les sonnets chagrins de Maynard contre ce même cardinal, sont peut-être ce qu'il a fait de mieux.

MÉHÉGAN (Guillaume-Alexandre de), né dans les Cévennes en 1721, mort à Paris en

1766. Cet écrivain, si l'on ne s'en rapportait qu'aux jugements des journalistes de son temps, ne serait guère connu que par leurs injures ; c'était cependant un homme de beaucoup d'esprit, un homme d'une élocution facile et brillante, dont la conversation charmait, quoiqu'elle eût quelquefois l'apprêt d'une composition soignée. Il a donné d'ailleurs un *Tableau de l'histoire moderne*, qu'aucun de ses critiques n'était capable de faire, et qui suppose dans le peintre une main qui savait réunir l'élégance à la précision.

MÉNAGE (Gilles), né à Angers en 1613, mort à Paris en 1692. Il a fait des vers grecs, latins, français, et italiens ; mais c'est dans cette dernière langue qu'il a le plus réussi. Ses *Poésies italiennes* le firent recevoir de l'Académie della Crusca.

Il sentait dans les autres le ridicule du pédantisme dont il était lui-même un peu entiché : on en a la preuve dans sa Métamorphose du pédant Montmaur en perroquet.

C'est Ménage que Molière joua dans la comédie des *Femmes savantes*, sous le nom de Vadius : mais il eut le bon esprit de ne pas s'offenser de cette liberté du théâtre. Lui-même avait été satirique avec succès dans sa requête des Dictionnaires ; et personne n'était plus pénétré que lui de la nécessité de cette satire utile, qui, en respectant les mœurs, répand un juste ridicule sur de mauvais écrivains, dont les succès découragent quelquefois les vrais talents, et déshonorent le goût du public. Molière, peut-être, aurait dû l'épargner, d'autant plus que Ménage eut le mérite de sentir le premier le génie naissant de ce grand poète comique. On sait qu'il dit à Chapelain, en sortant d'une représentation des *Précieuses ridicules* : « Nous adorions, vous et » moi, toutes les sottises qui viènent d'être si » bien critiquées. Croyez-moi, il nous faudra » brûler ce que nous avons adoré.... » Cet éloge en renfermait un bien remarquable de la liberté courageuse avec laquelle Molière avait osé jouer tout l'hôtel de Rambouillet. On voit aussi par là quelle influence heureuse une seule bonne comédie peut avoir sur les mœurs d'une nation.

Au reste, Ménage était un savant très-estimable. Il était bien nécessaire, surtout dans ces commencements de la littérature, qu'il y eût de pareils érudits. C'est à leurs travaux qu'on doit la lumière pure dont nous jouissons, et qui ne tardera pas à s'éteindre, précisément parce qu'on a voulu réduire en almanachs et en dictionnaires très-imparfaits toutes les connaissances humaines.

La reine Christine honora Ménage de ses bontés pendant le séjour qu'elle fit en France. Cette princesse, qui aimait les sciences, ne put s'empêcher de distinguer un homme à qui notre langue doit beaucoup, quoiqu'il n'ait pas été de l'Académie Française. Le savant La Monnoye n'a pas jugé au dessous de lui de donner une édition soignée du *Menagiana*, dans lequel on trouve beaucoup de choses curieuses.

MERCIER (Louis-Sébastien), né à Paris en 1740. On a lu, dans une feuille du Journal de Paris, une lettre de M. Mercier, dans laquelle il fait un grand éloge de la comédie allemande. Il félicite les Allemands d'avoir rejeté les règles si chères à notre nation; ces règles qui, selon lui, nous assujettissent et nous resserrent dans le cercle le plus étroit. Il les félicite surtout de jouer Shakespear tout pur, et traduit littéralement. Il a vu, dit-il, une pièce de Schiller coupée en sept actes, dont la représentation dure quatre heures, et qui ne paraît pas longue. Il se flatte qu'un jour nos petites conventions théâtrales disparaîtront peu à peu, et feront place à la manière grande, simple, naturelle, qui vivifie le théâtre de nos voisins.

Cette conspiration contre les chef-d'œuvres de notre siècle, en faveur de la manière allemande ou anglaise, a eu pour chefs MM. le Tourneur, de Cathuéland et de Rutlidge. Ces messieurs ont travaillé en société à la traduction du théâtre de Shakespear, et l'on sait qu'il est ordinaire aux traducteurs de se passionner pour l'écrivain qu'ils traduisent. On a vu d'excellents esprits porter cette manie jusqu'à l'enthousiasme, et M. le Tourneur, écrivain très-estimable, en est lui-même un exemple.

A ces messieurs se sont affiliés des conjurés d'un ordre très-inférieur. Nous les nommons selon le rang de leur réputation : M. Mercier, M. Rétif de la Bretonne, et M. de Cubière. Voici le raisonnement secret de ces messieurs. S'il était possible de ramener le chaos où la lumière a brillé; si nous pouvions accoutumer les Français au mépris de leur propre langue, leur faire secouer le joug des règles, des bienséances, de la raison, du goût, de la poésie même, enfin les replonger dans la barbarie, qui sait si nos ouvrages n'obtiendraient pas quelque réputation? Il paraîtrait flatteur à ces écrivains de détrôner Corneille, Racine, Boileau, Molière, etc., et d'établir le siége de leur académie à Bedlam.

Les projets de ces messieurs peuvent se réaliser, car il en est des nations comme des hommes: elles ont leurs beaux jours et leur caducité; mais alors la France, après avoir été l'honneur de l'Europe, serait arrivée au dernier terme de sa décadence.

Ceci nous rappèle un apologue du poète Saadi:

« Des cygnes régnaient dans une île peuplée
» d'oiseaux. Leur voix mélodieuse, leur blan-
» cheur éclatante avaient réuni tous les suffrages
» en leur faveur, lorsqu'une espèce inconnue

» dans l'île, des corbeaux venus du nord, jaloux
» de leur plumage d'argent, commencèrent à
» former contre eux une cabale d'abord impuis-
» sante. L'harmonie du chant des cygnes fut
» traitée par eux de monotonie; la blancheur ne
» leur semblait qu'une couleur fade et insipide.
» Insensiblement le parti des corbeaux devint
» une faction dominante; la dynastie des cygnes
» disparut, et le goût de la nation changea du
» blanc au noir. »

M. Mercier qui paraît se complaire dans la singularité de ses opinions, sans prendre garde au ridicule où il s'expose, et au soupçon de démence que ce travers, porté à l'excès, peut faire naître, ne se borne plus à décrier Racine et Boileau, dont il ne parle qu'avec le plus froid mépris; mais il conspire à la fois contre tous les noms célèbres, contre Voltaire (1),

---

(1) Dans un discours que prononça M. Mercier, le 18 floréal an 4, non pas aux Petites-Maisons, comme on pourrait le croire, mais à la tribune du Corps législatif dont il était membre, il fut le précurseur de tout ce qu'on a dit de plus insensé contre la mémoire de Voltaire, après avoir donné à ce grand homme, pendant sa vie, et même depuis sa mort, les plus grands éloges : mais ces contradictions étonnèrent peu dans un écrivain qui, par la manie de paraître singulier, s'est fait un jeu de se contredire. Voltaire fut vengé, comme il devait l'être, par un homme de beaucoup d'esprit qui ne voulut pas se nommer, et qui, à cette époque, adressa au Journal de

qui ne lui paraît qu'un vieil enfant, c'est-à-dire à peu près un sot, contre Descartes et Newton, contre Locke, et même contre les peintres. Leurs

---

Paris plusieurs lettres que la force de la vérité rendit éloquentes. *Voyez* les feuilles de ce journal du 26 floréal, et des 16, 17 et 18 prairial de la même année.

Nous connaissons l'auteur de ces lettres, et nous nous permettons de le nommer avec d'autant plus de plaisir qu'il nous honore de son amitié : c'est M. Gobet, avocat très-instruit, et homme de lettres non moins éclairé, quoique sa modestie en refuse le titre. Il a un frère qui réside en province, animé de la même passion pour les lettres, et du goût le plus délicat et le plus pur, à qui nous devons aussi ce faible tribut de notre estime.

Non seulement M. Gobet vengea, comme nous l'avons dit, la mémoire de Voltaire des injures de M. Mercier, mais il a déployé le même zèle, la même éloquence, le même courage contre le rédacteur de l'article *Spectacle*, dans le feuilleton du Journal de l'Empire (*), qui ne cesse d'outrager la cendre d'un des hommes dont le nom sera toujours cher aux Français, et qui a rempli de sa gloire tout le dernier siècle. Pour couvrir ce journaliste d'un ridicule ineffaçable, M. Gobet n'a eu besoin que de rapprocher les contradictions de ses différents jugements sur Voltaire : contradictions à peine croyables ; car, d'un feuilleton à l'autre, il loue et déchire alternativement les mêmes ouvrages, en homme qui a perdu le sentiment de toute pudeur.

(*) Voyez le *Courrier de l'Europe et des Spectacles* des 25 et 26 mai 1808. Voyez aussi *Mérope vengée*, par le même auteur. Cet excellent écrit a été recueilli dans les *Quatre Saisons du Parnasse*, volume de l'Été, 1808.

chef-d'œuvres n'offrent à ses yeux que de puérils prestiges dont il n'est jamais la dupe ; il n'y voit toujours qu'une toile plate, étendue sur un châssis, et barbouillée de couleurs. Il est donc bien difficile de plaire à M. Mercier ? Point du tout, il a déclaré son goût : le génie original et créateur de M. Rétif de la Bretonne est, après lui-même, ce qu'il admire le plus. Il faut le féliciter d'un choix qui lui donne une assurance si entière de n'avoir jamais de rivaux.

MÉZERAY (François Eudes de), de l'Académie Française, né près de Falaise en 1610, mort en 1683. Malgré la rudesse de son style, c'est encore de tous nos historiens celui qui a le plus de caractère, et dont la lecture fait le plus de plaisir, quand une fois on a surmonté une première impression défavorable. Ses réflexions hardies sur l'origine des impôts, et sur les exactions des gens de finances, déplurent à Colbert qui lui fit ôter sa pension : c'était déclarer qu'on ne voulait pour historiens que de vils esclaves. On n'a point assez reproché cette dureté à la mémoire de Colbert ; il nous semble qu'aujourd'hui notre administration plus éclairée ne se permettrait pas une pareille injustice.

Le *Traité* de Mézeray *sur l'origine des Français* supposait une connaissance profonde de notre histoire ; c'était enfin un homme digne du genre qu'il avait choisi, et à qui il ne manqua que cet esprit vraiment philosophique qui a fait autant de bien aux lettres, que l'abus de la philosophie leur a fait de mal, depuis les réputations usurpées de quelques charlatans.

MICHAUD (Joseph). Dans la préface très-bien écrite d'un Poème en trois champs, intitulé *le Printemps d'un proscrit*, l'auteur a exprimé ce sentiment noble qui suffisait pour jeter beaucoup d'intérêt et sur lui-même et sur son ouvrage : « J'ai été long-temps persécuté ; je » déclare ici que je n'ai conservé de ressenti-» ment contre personne, et j'ose croire que » personne n'en conserve contre moi. » Cependant nous avons sous les yeux (et nous le disons à regret) une *Satire* (1), signée de son nom, dans laquelle l'auteur s'est permis, contre un homme d'un grand talent, des traits qui passent les bornes du genre, et pareils en violence à ceux que ce même homme a repoussés victorieusement dans une belle *Épître sur la Calomnie* (1).

L'esprit qui régnait à cette malheureuse époque, où les accusations et les délations les plus

---

(1) Sous le titre de *Petite dispute entre deux grands hommes*, imprimée en l'an 5.

(2) Voyez dans le premier volume de ces Mémoires l'article *Marie-Joseph* Chénier.

odieuses se renouvelaient sans cesse contre les meilleurs citoyens, peut servir d'excuse à M. Michaud, s'il est véritablement l'auteur de cette *Satire*. Trompé sans doute par des bruits imposteurs qui semblaient acquérir quelque crédit à force d'être répétés, il a prouvé depuis combien il est étranger à tout esprit de parti.

Son *Poème*, un peu monotone peut-être, défaut difficile à éviter dans un ouvrage presque toujours descriptif, mais qui du moins a le mérite d'être très-court, nous paraît d'un style pur, élégant, harmonieux, quelquefois un peu faible d'expression ; mais il y règne, à travers une foule d'images riantes, une mélancolie douce et tendre qui annonce une sensibilité rare, dont nous sentons d'autant plus le prix qu'elle est le caractère dominant de l'ouvrage, et vraiment un don de la nature.

A la suite d'une cinquième édition qui vient de paraître, et qui prouve le succès de ce *Poème*, M. Michaud a publié, sur l'*Enlèvement de Proserpine*, un nouveau *Poème*, imité dans quelques détails, mais avec une sage réserve, de celui de *Claudien* sur le même sujet. Dans l'Avertissement qui le précède, il ne balance pas à convenir de la défaveur attachée maintenant aux sujets mythologiques. « Je sais, dit-il, qu'on est las
» de parler de Jupiter, de Neptune, de Pluton,
» et des autres dieux de la fable : mais il m'a

» semblé que, lorsque les fictions puisées dans la
» mythologie exprimaient des passions, des sen-
» timents, elles avaient moins vieilli, et qu'on
» pouvait encore les employer. » Il développe
ensuite cette pensée de manière à faire adopter
son opinion par tous les esprits qui savent s'élever au dessus des idées communes.

Il nous paraît avoir prouvé beaucoup de goût
en s'éloignant, dans ce sujet gracieux et touchant,
des couleurs exagérées et du style emphatique
de *Claudien* : mais, par un style plus ferme et
plus soutenu que ne l'est en général celui du
Printemps d'un proscrit, il a, si nous l'osons
dire, prouvé un talent d'un tout autre essor,
quoiqu'il n'ait donné à ce nouvel ouvrage que le
titre modeste d'*Essai* ; cet *Essai* nous fait attendre avec impatience les Suppléments qu'il se propose d'y ajouter.

Cette dernière édition, très-soignée dans toutes
ses parties, est terminée par une *Lettre sur les
préjugés*, qui suppose un excellent esprit, et
que nous regardons comme un service essentiel
rendu à la saine morale.

MILLEVOYE (Charles), né à ..... Nous
avons déploré trop souvent l'indigence actuelle
de notre littérature, pour ne pas encourager
les brillantes dispositions de ce jeune auteur,
honoré déjà de plusieurs prix qui lui ont été dé-

cernés par l'Académie Française, ou par d'autres Sociétés savantes.

Nous avons sous les yeux son *Discours* en vers sur *l'indépendance de l'homme de lettres*, discours qui lui valut un de ces prix. C'était le sujet proposé, et la dignité de l'homme de lettres eût été peut-être d'un meilleur choix que sa prétendue *indépendance* : car il n'existe sur la terre aucun état qui ne dépende plus ou moins d'une infinité de circonstances auxquelles tous les hommes sont et doivent être subordonnés.

Quoi qu'il en soit, pour donner une idée de l'élégance et de la noblesse du style de M. Millevoye, nous nous permettrons d'en citer ce morceau. L'homme de lettres, dit-il,

> Libre à la cour des rois, soumis, mais sans bassesse,
> S'incline devant eux et jamais ne s'abaisse.
> Si le crime puissant veut contraindre sa voix
> A chanter l'injustice et le mépris des lois ;
> Fermé, et se reposant sur sa vertu rigide,
> Il oppose au pouvoir un silence intrépide ;
> D'un généreux transport son grand cœur animé,
> Quel que soit l'oppresseur, protège l'opprimé,
> Et demeurant fidèle au parti qu'il embrasse,
> Partage noblement une noble disgrâce.
> Quand Fouquet de Louis eut perdu la faveur,
> La Fontaine resta l'ami de son malheur.
> D'un cœur naïf et pur déployant l'énergie,
> Il fit sur son destin soupirer l'élégie,
> Et laissant les flatteurs à leur vulgaire effroi,
> Il chanta son ami, même devant son roi :
> Dévoûment vertueux, témérité sublime !

Il y aurait aussi de très-beaux vers à citer de son

Discours sur *le Voyageur*, couronné par l'Académie qui en avait proposé le sujet, mais que nous croyons inférieur à celui de M. Victorin Fabre, comme nous l'avons dit dans notre premier volume, à l'article de ce jeune poète.

Au reste, M. Millevoye vient de réunir dans un Recueil, aux différentes palmes académiques qu'il a remportées et qui sont pour lui des titres d'honneur, d'autres ouvrages que nous avons lus avec intérêt, et parmi lesquels nous avons distingué la pièce intitulée *l'Invention poétique*, pièce qu'une Académie de province a jugée digne d'un prix, et qui eût mérité à Paris la même faveur. Celle à laquelle il a donné le titre des *Jalousies littéraires* annonce une âme trop noble pour éprouver jamais le tourment de l'envie, mais un talent qui peut un jour l'exciter et qui osera le braver. Ce Recueil enfin prouve qu'il sait varier ses tons; et s'il n'est pas toujours égal, la plupart des pièces qu'il renferme doivent le rendre précieux à tous ceux qui ne désespèrent point encore de la gloire de notre littérature, et qui s'intéressent à tout ce qui peut donner l'espoir de la voir renaître.

Dans une nouvelle édition de ce même Recueil, qui vient de paraître en deux petits volumes, l'auteur a fait insérer un Poème de sa première jeunesse, intitulé *l'Amour maternel*, qu'il a revu et corrigé avec un soin qui nous le ferait regarder comme son ouvrage de prédilection. Ce Poème, dont quelques détails sembleraient exiger plus de développements, mais écrit avec beaucoup de pureté, d'élégance et de grâces, rempli d'ailleurs de traits qui annoncent une sensibilité rare, est, à notre avis, ce que M. Millevoye a produit jusqu'ici de plus parfait, et ce qui honore le plus son talent ; c'est, en un mot, à ce genre d'ouvrage qu'une vocation prédominante nous paraît l'appeler de préférence.

Nous savons cependant qu'il s'apprête à tenter la carrière du théâtre ; on nous a dit même qu'il avait choisi, pour son début dans la tragédie, le sujet de *Saül*. S'il nous eût fait l'honneur de nous consulter, peut-être l'aurions-nous détourné de ce choix : mais qui peut prévoir les ressources que le sujet, en apparence le plus ingrat, peut offrir au talent, et le parti qu'il est capable d'en tirer ? C'est ici qu'il faut se défendre de toute prévention, et ne hasarder aucune conjecture.

MILLOT (l'abbé Claude-François-Xavier), de l'Académie Française, né à Besançon en 1726, homme vraiment précieux dans le genre de l'histoire, et dont nous nous reprochons de n'avoir pas encore parlé.

On a de lui des *Eléments de l'histoire de France*, depuis Clovis jusqu'à Louis XV ; des *Eléments de l'histoire d'Angleterre*, depuis son origine sous les Romains, jusqu'à Georges II ; enfin des *Eléments d'histoire universelle*. Ce sont d'excellents abrégés qui tiennent plus qu'ils ne semblent promettre, et que nous regardons tous comme classiques : du moins n'en connaissons-nous pas de mieux faits.

On lui a reproché de la philosophie, parce qu'il n'était ni stupidement crédule, ni superstitieux, ni fanatique. C'est même lui que le satirique Gilbert croyait avoir désigné par ce mauvais vers :

> Monsieur l'abbé se rit des feux du purgatoire.

Le dévot Gilbert, qui n'en riait pas, mais qui les bravait en se permettant de méchantes satires, nous paraît bien plus coupable.

L'abbé Millot était aussi loin des extravagances prétendues philosophiques, que des absurdités d'une fausse théologie. Né doux, tolérant, et plus circonspect que passionné, il a écrit d'un style noble et pur, mais un peu dénué de chaleur, ce qu'il croyait vrai ; et c'est en effet à cette sage circonspection qu'on reconnaît l'impartialité qui doit être le principal mérite de l'historien.

MIRABEAU (GABRIEL-VICTOR-RIQUETTI, comte DE), né en 1749, mort en 1791.

La partie la plus brillante de sa vie, l'éclat avec lequel il ouvrit la scène de la révolution, ses succès à la tribune par une éloquence dont, avant lui, la France n'avait pas vu d'exemple, sa carrière politique enfin, sont des objets absolument étrangers à ces Mémoires, et que nous nous sommes promis de ne pas traiter. Nous ne le considérons que comme homme de lettres, d'un talent très-rare, quoique son style fût souvent taché du néologisme, et que dans ses meilleurs ouvrages on remarque des inégalités qui ne permettent pas de le placer dans la classe de nos écrivains du premier rang. Mais son génie était bien supérieur à ses ouvrages; et ce qui lui manque du côté de la perfection du style, ne vient que de ce qu'il n'avait jamais prévu ni dû prévoir qu'il serait obligé de se faire une ressource de sa plume. Né avec ce qu'on appelait un grand nom, et avec les espérances d'une haute fortune, la violence de ses passions l'entraîna dans des erreurs qu'il fallut expier, et qui le réduisirent au besoin d'écrire, souvent même avec une précipitation que nécessitaient les circonstances, et qui ne lui laissait pas le temps de polir ses ouvrages. Il écrivit donc avant de s'être mis à portée d'observer qu'au don de la pensée, qu'il possédait à un degré très-éminent, il fallait joindre le mérite de l'expression, de l'élégance, de la clarté, de la méthode, en un mot, de tout ce qui constitue l'art très-difficile de bien écrire. Abandonné à son seul génie, il est peu de ses ouvrages où l'on ne trouve des pages très-éloquentes, souvent même des traits de maître; et celle de ses productions que nous mettons au premier rang, est le livre qu'il fit dans la prison de Vincennes, contre l'abus des lettres de cachet. Plusieurs morceaux de ce livre semblent écrits avec le burin de Tacite.

C'est dans cette prison que Mirabeau, passionnément amoureux de Sophie Le Monnier, lui écrivit ces lettres que Manuel a recueillies, et dans lesquelles il en est plusieurs dont l'expression brûlante pourrait être comparée à ce que l'on admire le plus dans *les Lettres de la nouvelle Héloïse.*

Il en est une de Mirabeau à son père, dans le même recueil, qui ne méritait pas moins d'être conservée, et qui nous a paru un chef-d'œuvre.

Ce fut au moment où sa captivité finissait (et nous aimons à nous retracer ce souvenir) qu'informé que nous avions conçu le projet de donner de Voltaire une édition commentée, il nous adressa deux lettres que nous avons toujours gardées comme un témoignage très-flatteur de son estime pour nous, estime dont il ne cessa de nous donner des preuves, même dans les temps orageux de la révolution.

Nous nous permettons de consigner ici ces lettres qui soutinrent notre émulation dans une époque où non seulement il eût été prudent, mais nécessaire de se laisser oublier. Troublés dans notre entreprise par une foule de contre-temps que nous n'avions pu prévoir, ce ne fut que dans les jours de la plus forte terreur qu'il nous fut possible de hasarder la première livraison de notre travail sur Voltaire; et c'est ce même travail qui nous adoucit l'effroi des proscriptions dont nous étions menacés.

C'était alors un besoin pour nous que de ranimer notre courage en relisant ces lettres de Mirabeau, quoiqu'elles nous laissassent au fond du cœur un sentiment plein d'amertume. Il n'était plus cet homme qui nous avait accoutumés, tant qu'il vécut, à ne pas désespérer de la patrie, à qui nous nous étions surtout proposé de plaire, et dont le suffrage eût été pour nous la plus flatteuse des récompenses : mais du moins nous jouissons encore de ses lettres ; et harcelés, comme nous l'avons été si long-temps, par les libelles injurieux que se permit contre nous, et que se permet encore, après plus de quarante ans, la vengeance des Tartuffes de philosophie, il peut nous être permis de nous en distraire un moment par les marques d'estime que nous donnait un homme qu'on n'accusera pas, malgré les excès où l'emportèrent quelquefois ses passions, d'avoir été l'ennemi de la vraie philosophie.

Première lettre de Mirabeau à l'auteur.

J'apprends, Monsieur, à la campagne où je suis venu raccommoder ma santé, et oublier l'agitation des villes,

8.

que votre Édition de Voltaire va paraître. J'ai toujours pensé, depuis que j'ai su que vous travailliez à un Commentaire de ce grand homme, que votre ouvrage mériterait de beaucoup la préférence sur tous ceux qui auraient le même poète pour objet, parce que vous seul peut-être réunissez les lumières et le courage nécessaires pour énoncer et respecter la vérité, dans l'examen des trop nombreux ouvrages d'un écrivain si inégal et si infatigable. Je prends donc la liberté de vous demander dans quel temps précis, et sous quelles conditions doit paraître votre édition. Celui de mes amis que j'avais chargé de prendre ces informations, ne m'en a pas donné de satisfaisantes, quoiqu'il ait l'honneur de vous connaître, et j'ai espéré que vous pardonneriez à un amateur des lettres une question que je vous prie de regarder comme une preuve de l'admiration sincère que j'ai pour vos talents, de l'estime respectueuse que je vous crois due, et avec laquelle j'ai l'honneur d'être,

Monsieur,

Votre très-humble et très-obéissant serviteur,

Le comte de Mirabeau, fils.

Au Bignon, par Egreville, 17 juin 1781.

Seconde lettre du même au même.

Je n'ai jamais regardé, Monsieur, le *Prospectus* de M. de Beaumarchais, que comme un charlatanisme que plus ou moins de succès rendrait plus ou moins coupable; et j'ai toujours vu en vous le vengeur du bon goût, le seul soutien du théâtre comique, ou plutôt le seul que j'aurais cru capable d'en être le restaurateur, et le littérateur du goût le plus sain, le plus épuré, du jugement le plus droit, du talent le plus caractérisé qui nous ait été donné dans les jours de décadence de notre littérature, où je crois encore qu'après M. de Voltaire, vous êtes le seul qui ayiez porté au même degré l'art infiniment difficile de bien écrire en prose et en vers.

Vous pouvez, d'après cette profession de foi, juger, Monsieur, si j'ai jamais pu mettre en parallèle votre édition de Voltaire et celle que nous promet Beaumarchais avec les caractères de Baskerville, qui ne valent pas mieux que plusieurs autres.

Je suis très-reconnaissant de l'offre que vous voulez bien me faire du *Prospectus*, que je lirai avec autant d'intérêt que tout ce que vous écrivez. Si vous voulez bien l'adresser à *M. de Vitri, commis au bureau des finances, près le contrôle général*, première enveloppe; et la seconde cachetée d'un simple pain, *pour le comte de Mirabeau*, il me parviendra sûrement et sous contre-seing.

Si je puis vous être de quelque utilité, Monsieur, je vous prie de m'employer avec confiance, et j'en serai reconnaissant. Ce ne sont point là de vaines formules telles que le monde les tolère et les nécessite peut-être; c'est l'expression fidèle des sentiments d'estime respectueuse que m'ont inspirés vos ouvrages, dont on nie plutôt la moralité que le talent, et que j'estime autant pour l'une que pour l'autre de ces qualités.

J'ai l'honneur d'être,

Monsieur,

Votre très-humble et très-obéissant serviteur,

Le comte DE MIRABEAU fils.

Au Bignon, par Égreville, 4 juillet 1781.

MOLIÈRE (JEAN-BAPTISTE POQUELIN DE), né à Paris en 1620, mort en 1673. Le premier des poëtes comiques anciens et modernes. L'extrême liberté d'Aristophane ne convenait guère qu'à un État démocratique. Les bons mots de Plaute se ressentaient un peu de la grossièreté de son siècle. Térence ne fut guère qu'un traducteur élégant : le seul Molière posa d'une main courageuse les bornes que doit avoir la véritable comédie, dans une monarchie gouvernée par les bienséances et par les mœurs.

On sent bien que, d'après les limites que nous nous sommes imposées, nous ne pouvons nous permettre ici que quelque traits rapides et peu approfondis sur le caractère de ce grand poète.

Le premier secret de l'art de Molière fut, sans doute, de peindre les hommes qu'il voyait, bravant à la fois l'audace des applications et les vains murmures de ceux dont il représentait naïvement les ridicules, et même les vices.

Il est courageux, mais il est nécessaire de répéter ce que nous avons dit ailleurs, qu'il ne peut exister de bonne comédie, si l'on retranche au poète la liberté de s'emparer de tous les ridicules qui appartiennent de droit à son art. L'homme métaphysique n'est qu'une spéculation vaine, aussi étrangère à la poésie qu'à la peinture. Ce sont les individus pris dans la société qui doivent servir de modèles à la comédie.

Seulement on exige de l'auteur qu'il tâche de masquer son secret, en accumulant sur un seul personnage les traits dérobés à plusieurs : de manière que l'ensemble de ces traits réunis ne désigne plus tel ou tel homme en particulier, mais frappe à peu près sur toute l'espèce des caractères vicieux que le poète s'est proposé de peindre. C'est ainsi qu'Appelle forma sa Vénus, non d'après un seul modèle, mais en empruntant de différentes beautés ce que chacune d'elles pouvait lui fournir de plus parfait.

On doit avouer que cette loi imposée au poète comique, a tourné quelquefois au profit du génie; cependant Molière, à l'exemple d'Aristophane, s'éleva souvent au-dessus de cette contrainte. Encouragé par Louis XIV, il osa franchir une loi dont l'observation superstitieuse eût gêné son essor : car le génie ne peut s'immoler toujours aux règles pusillanimes que lui-même n'a pas dictées, et qui ne sont en effet que des bienséances de pure convention.

On sait à combien de gens ressemblait son Tartuffe ; on connaît même l'homme en place accusé, par la voix publique, d'avoir servi de modèle à ce personnage hardi. Molière n'eut pas moins le courage de déclarer à Louis XIV qu'il fallait ou lui permettre le *Tartuffe*, ou qu'il renonçât désormais à la comédie.

On sait que presque toutes les anecdotes de

la cour et de la ville, dès qu'elles lui semblaient convenir à son art, venaient se placer tour à tour dans ses pièces immortelles, qui n'en avaient que plus de mérite pour les spectateurs, charmés de retrouver sur le théâtre les scènes de ridicule que les originaux de Molière avaient données dans la société.

On sait, par exemple, que le trait de Bertrand de Sotenville, qui eut le crédit de vendre tout son bien pour faire le voyage d'outre-mer, fut appliqué à M. de la Feuillade, qui avait dérangé sa fortune pour mener au siége de Candie trois cents gentilshommes équipés à ses dépens.

On sait que l'impertinent chasseur de la comédie des *Fâcheux* n'était autre que le marquis de Soyecourt.

On sait que ce Gros-Pierre, qui prit le nom pompeux de M. De Lille, désignait Thomas Corneille, qui s'avisa de quitter le beau nom de Corneille, en effet très-dangereux pour lui, pour prendre le nom de M. De Lille.

On sait que, dans la pièce des *Femmes savantes*, Cotin, Ménage, madame Dacier, et tout l'hôtel de Rambouillet, furent joués. On sait même que madame de Rambouillet, qui était à la première représentation de cette comédie, dit en sortant à Ménage : « Quoi! Monsieur, vous » souffririez que cet impertinent de Molière » nous joue de la sorte ? » Et que celui-ci eut

» le bon esprit de répondre : » Madame, j'ai vu
» la pièce ; elle est parfaitement belle, et l'on
» n'y peut trouver rien à redire ni à critiquer. »

On sait qu'on croyait M. de Montausier lui-même caractérisé dans quelques-unes des brusqueries du Misantrope.

On sait que, dans l'*Amour-médecin*, les quatre premiers médecins de la cour, messieurs Desfougerais, Esprit, Guenaud et d'Aquin, furent représentés naïvement sous les noms de messieurs Desfonandrès, Bahis, Macroton et Tomès ; noms comiques, qui avaient été fournis à Molière par son ami Despréaux, et qui servaient à désigner plus particulièrement encore ces mêmes médecins. Tous ces noms étaient dérivés du grec. Celui de Desfonandrès, qui veut dire tueur d'hommes, s'appliquait à M. Desfougerais ; celui de Bahis, à M. Esprit, affligé d'un bredouillement glapissant et risible ; celui de Macroton, à M. Guenaud, à cause de son parler lent et désagréable ; enfin celui de Tomès, à M. d'Aquin, partisan fanatique de la saignée. Il ne faut pas oublier que, pour rendre la plaisanterie plus agréable à toute la cour, les acteurs, chargés de ces rôles, les représentèrent avec des masques que Molière avait fait faire exprès, et qui imitaient parfaitement la figure de ces messieurs : c'était véritablement la comédie d'*Aristophane*.

On sait que toute la pièce du *Mariage forcé*

n'avait pour base que le mariage en effet un peu forcé du comte de Grammont avec mademoiselle Hamilton.

On sait que le nom de Tartuffe même, qui s'était appelé d'abord Panulphe, avait été fourni à Molière par une anecdote plaisante, arrivée à la table d'un ecclésiastique (1) du premier rang; et que les interrogations que fait en latin M. Bobinet à son élève, dans la comtesse d'Escarbagnas, faisaient allusion aussi à une autre anecdote du temps.

Cette liberté de ne laisser échapper aucun des traits comiques que lui fournissait la société, fut pour Molière une source inépuisable d'excellentes plaisanteries. En vain on criait à la satire, comme si la comédie pouvait être autre chose que l'imitation et par conséquent la satire des mœurs; Molière avait l'avantage de vivre dans un siècle plein de nerf et de courage, fertile en âmes fortes et vigoureuses, à qui les vaines clameurs de l'envie étaient peu capables d'en imposer. Ceux qui présidaient alors au Gouvernement, avaient eu le mérite de sentir qu'un excellent poète comique, avec les seules armes du ridicule, pouvait avoir sur les mœurs de toute la nation l'influence la plus utile; maintenir une balance à peu près égale entre les différentes con-

---

(1). Voyez la *Vie de Ninon l'Enclos*, par M. Bret.

ditions de l'état : balance qui importe beaucoup plus qu'on ne le croit à la tranquillité d'une monarchie ; réprimer à propos l'orgueil ou l'ambition de certains ordres de citoyens qui peuvent devenir dangereux, en s'arrogeant insensiblement des prérogatives qui ne leur appartiennent pas, et qui n'étaient point à craindre lorsqu'ils se trouvaient confondus dans la classe des citoyens dont il était permis de rire. On ferait un volume sur l'utilité dont pourrait être un homme tel que Molière à une administration éclairée.

L'esprit juste et naturel de Louis XIV semblait lui avoir révélé une partie de ces grandes vues. Souvent ce prince, près de qui la fortune avait placé Molière (circonstance nécessaire peut-être au repos de ce grand poète), daignait lui indiquer lui-même les ridicules qui pouvaient être échappés à son pinceau. Aussi trouverait-on dans ses comédies, plutôt que dans notre Histoire, le vrai caractère de la nation ; et c'est là ce que des commentateurs, qui auraient quelque talent, devraient surtout y chercher. Mais que pour la gloire de Molière et de la France, ce commentaire, digne de nos plumes les plus savantes, ne soit jamais livré à des mains profanes !

La seule comédie du *Tartuffe*, qui n'avait eu de modèle chez aucune nation, soit par la hardiesse de son sujet, soit par les difficultés qu'il offrait à vaincre, soit par les finesses de l'art que l'on y découvre à chaque scène, soit enfin par l'histoire de la persécution momentanée que cette pièce attira sur l'auteur, peut donner lieu à plus de remarques utiles que tout le reste de nos théâtres pris ensemble.

Au reste, en démontrant, comme nous le faisions à l'instant, la nécessité des personnalités dans la comédie, nous n'avons pas prétendu alarmer les citoyens, mais seulement indiquer au Gouvernement une de ses ressources, pour faire tomber sans violence des abus que les lois n'ont pu prévoir, ou qu'elles ne peuvent réprimer. C'est à lui de saisir ce juste milieu, qui, en accordant aux arts toute la liberté qui leur est due, empêche cette même liberté de dégénérer en licence. C'est à lui enfin de savoir employer le ridicule comme un supplément à l'insuffisance des lois.

Que les citoyens d'ailleurs soient sans inquiétude. Nous l'avons déjà dit quelque part : des ridicules communs et vulgaires, tels que la plupart de ceux qu'on aperçoit, ne méritent pas même un coup-d'œil d'un poète comique, bien loin de pouvoir servir à la correction des mœurs, et à l'amusement d'une nation vive et brillante. Les vrais originaux sont très-rares ; et il y a bien des gens qui ont la folle vanité de se croire des personnages dignes de la scène, dont l'auteur le plus satirique tranquilliserait bien l'esprit, s'il était à portée de leur dire ce qu'il pense de leurs âmes nulles et sans physionomie. Tous les portraits ne sont pas faits pour être exposés au Salon, et tous les caractères ne sont pas dignes du théâtre. Observons encore qu'il n'est pas possible de bien peindre un personnage vicieux, ou seulement ridicule, sans qu'on lui trouve dans le monde une infinité de copies. Souvent le véritable original qui a servi de modèle au poète, échappe à l'application, tandis qu'elle va se partager sur des gens auxquels l'auteur n'avait jamais pensé, et dont même il ne soupçonnait pas l'existence avant qu'elle lui fût révélée par la malignité des spectateurs. Or, toute application ainsi divisée cesse par-là même d'être une personnalité offensante. Nous garantissons la justesse de cette observation, d'après l'expérience que nous en avons faite nous-mêmes plus d'une fois, et surtout à l'occasion de la comédie *des Philosophes*, s'il est permis de rappeler aucune comédie quand on parle de Molière.

Une des lois que se prescrivit encore ce grand homme, et qui ne contribua pas moins que sa liberté courageuse à la perfection de son art, ce fut de choisir constamment ses personnages dans la vie commune, qui est la plus propre à fournir à la scène des ridicules saillants, et qui ont précisément la charge du théâtre. On sait qu'il ne dérogea à cette règle que dans la comédie du *Mi-*

santrope, le seul des caractères qu'il ait traités que le peuple ne devait pas lui fournir. Mais nous avons développé ailleurs cette idée (1); et depuis, quelques écrivains célèbres nous ont fait l'honneur de l'adopter.

Nous avions fait sentir aussi l'avantage qu'avait eu Molière d'employer, dans ses comédies, beaucoup de traits d'une plaisanterie naïve, tels que ces ingénuités si piquantes d'*Agnès*, dans l'*École des Femmes*, qui blesseraient aujourd'hui la délicatesse hypocrite de nos oreilles, tandis que nous allons tous les jours nous dédommager à des spectacles forains, libres jusqu'à l'indécence, de ces entraves qu'une vaine affectation de pudeur a données au théâtre de la nation, sous prétexte de l'épurer. Cette conduite n'a que l'apparence d'une contradiction, et ne paraîtra pas étonnante à quiconque aura observé que plus on a de morale en paroles, moins on a de mœurs en réalité.

Nous ne pouvons nous refuser à l'idée de considérer un moment Molière comme un législateur qui exerça sur les Français une sorte de magistrature, d'autant plus puissante, qu'il ne l'exerça que par son génie, et que rien à l'exté-

---

(1) Voyez le Discours préliminaire de la comédie des *Tuteurs*.

rieur ne décelait au vulgaire le secret de son administration.

Il naquit dans les circonstances les plus heureuses où il pouvait naître, sous un prince qui le protégea contre les ennemis que devaient nécessairement lui donner et le genre et la supériorité de ses talents. On trouve, dans un Mémoire que lui adressa Molière en faveur d'un médecin, des traces précieuses de la familiarité à laquelle ce Monarque, quoique fastueux, daignait admettre ceux de ses sujets qui illustraient son règne.

Le goût des amusements nobles, et ces fêtes ingénieuses et brillantes, qui faisaient de la cour de Louis XIV le rendez-vous des étrangers et l'admiration de l'Europe; l'esprit de gaîté alors généralement répandu, par une suite de la considération et de la prospérité dont jouissait la nation; cet esprit de gaîté, que la manie philosophique a depuis desséché dans sa fleur, lorsque, las, pour ainsi dire, d'être Français, quelques raisonneurs mélancoliques ont voulu nous livrer au délire sombre des idées anglaises; enfin l'émulation entretenue sans cesse par le concours d'une foule d'excellents esprits, que la nature sembla prodiguer dans ce beau siècle : toutes ces circonstances réunies, contribuèrent à donner à la France un homme tel que Molière.

Quel assemblage heureux d'événements nécessaires, peut-être, au développement d'un pareil génie, tandis que, pour l'arrêter dans son essor, il ne faudrait, de nos jours, qu'un Trissotin en faveur dans quelques bureaux d'esprit, qu'un Zoïle en place, enfin qu'un seul homme puissant, trop peu sensible à la gloire, ou trop faible pour accorder au mérite persécuté une protection courageuse!.

Il résulte, de ce petit nombre d'observations jetées à la hâte dans un sujet si riche, que personne ne porta dans le cœur humain un coup-d'œil plus sûr et plus profond que ce poète, qui est en même temps le plus grand philosophe dont la nation ait à s'enorgueillir. Non seulement il semble avoir épuisé toutes les sources du rire, et les différents caractères dont il s'est emparé, mais encore ceux mêmes qu'il n'a fait qu'effleurer dans quelques scènes de ses pièces inimitables. Il y a tel sujet de comédie que peut-être on n'osera jamais tenter, uniquement parce que Molière en a crayonné les premiers traits; et c'est, en ce sens, l'homme qui a fait le plus de larcins à la postérité. Qui oserait, par exemple, traiter le sujet du *Railleur*, après la scène de Clitandre et de Trissotin dans les *Femmes savantes?*

Toutes les innovations que l'on s'est permises depuis ce grand homme, sous prétexte de réformer ou d'ennoblir le genre, n'ont tourné qu'à la ruine de la vraie comédie. Les uns ont cru imiter la nature, en saisissant quelques détails minutieux des usages de la vie commune. Ils ont cru mettre de la vérité dans leurs pièces, en rendant avec fidélité les décorations d'un appartement, ou de petites attitudes domestiques, dont ils ont eu soin de noter ennuyeusement la pantomime dans leurs drames. Toutes ces puérilités à prétention indignent les vrais connaisseurs, et font même une secrète pitié à ceux qui feignent le plus de les admirer.

D'autres, au lieu de peindre les hommes tels qu'ils sont, nous ont donné des romans qu'on pourrait tout au plus regarder comme des exceptions aux événements ordinaires de la vie, et comme les aventures bizarres de quelques individus de notre espèce. En établissant sur des événements peu vraisemblables un intérêt chimérique, ils ont prétendu remplacer le peintre des ridicules, et l'historien des mœurs ; mais, malgré leurs efforts, tous ces écrivains à la mode ne nous ont appris qu'à regretter Molière davantage.

On a reproché à ce grand homme ses sorties fréquentes contre la médecine, qu'il parut en effet attaquer avec une sorte d'affectation dans plusieurs de ses comédies : mais ce reproche n'est pas mieux fondé que celui qui a été renouvelé tant de fois contre nous par ceux qui nous accusent d'avoir joué la philosophie dans la comédie des *Philosophes*. C'était de l'ignorance barbare, du pédantisme, et des prétentions orgueilleuses de la plupart des médecins de son temps, que Molière s'était moqué avec justice; et, sous ce rapport, loin de décrier la médecine, il ne voulait, au contraire, que l'épurer du charlatanisme qui la déshonorait. Ce fut là sa véritable intention, et l'un de ses plus beaux succès, attesté par les progrès que la médecine a faits de nos jours. C'est par lui qu'au lieu des Diafoirus et des Purgon, qu'il a fait disparaître, nous voyons des médecins, non seulement très-instruits, mais qu'on peut mettre au rang de nos meilleurs écrivains. On n'a point oublié le style élégant et fleuri, souvent même éloquent de Vicq-d'Azir. Nous avons sous les yeux Cabanis appelé à tous les succès, dans quelque genre qu'il eût voulu choisir (1), et qui, dans un ouvrage de physio-

---

(1) Dans des essais de traduction en vers de plusieurs morceaux d'Homère, qui ont paru à la suite de la première édition du *Poëme des Mois*, du célèbre et malheureux Roucher, M. Cabanis avait donné des preuves d'un talent qui semblait l'appeler impérieusement à la poésie. Il a fait depuis son étude principale de la médecine; et Mirabeau, qui n'eut pas d'ami plus cher et plus tendre; Mirabeau, dans cette maladie qui devint, pour la France et pour l'Europe, un objet d'intérêt public, n'eut de confiance qu'en ses soins, qui malheureusement furent infructueux.

Quant à celui de ses ouvrages dont nous venons de parler, il nous paraît surpasser tout ce que nous connaissions

logie, intitulé *Rapport du physique et du moral de l'homme*, vient de prouver que les idées de la métaphysique la plus abstraite peuvent s'allier à l'imagination la plus brillante. Que ne doit-on pas se promettre, dans la même science, de la maturité du jeune Alibert, son ami, que nous invitons seulement à mettre un peu plus de sévérité dans sa manière d'écrire en y prodiguant moins les ornements, mais qui a déjà mérité qu'on dise de lui ce que disait Voltaire du célèbre Sylva :

Il sait l'art de guérir autant que l'art de plaire.

Il est d'autres noms encore que la voix publique proclame assez pour nous dispenser de les citer; et c'est au génie de Molière, c'est au ridicule

---

de lui jusqu'à présent : il est difficile du moins d'allier à un caractère plus aimable, et à une modestie qui embellit tout, plus de talents que n'en prouve ce même ouvrage. Nous avouons cependant que les connaissances profondes qu'il y développe sur le physique de l'homme, n'ont pu nous faire illusion sur l'identité qu'il suppose entre nos facultés intellectuelles, nos sentiments moraux, et ce même physique. Dans cette partie de son système, il nous paraît avoir adopté les hypothèses hardies qui furent reprochées justement à Helvétius; et nous serions tentés de lui appliquer ce que Rousseau disait à ce philosophe en le réfutant : *Ton génie dément tes principes*.

Nous étions occupés à revoir cet article, où nous croyons n'avoir rien à changer, quoiqu'on vienne de nous apprendre la mort prématurée de M. Cabanis.

qu'il a jeté sur les travers de l'ancienne médecine, que la France doit cette nouvelle gloire.

On reprochait aussi à ce poète si favorisé de la nature, comme on ose aujourd'hui même le reprocher au grand Corneille, quelques incorrections qui n'appartiènent qu'au temps où ils ont vécu, mais rachetées dans Corneille par tant de traits sublimes, et dans Molière par ces couleurs si vraies, et cette force d'expression qu'il allie partout à une facilité dont personne, mieux que Boileau, ne paraît avoir senti tout le mérite. Malheur aux écrivains froids, qui, plus frappés de quelques fautes de détail qu'on peut trouver, sans doute, dans le style de Molière, que des beautés dont il étincèle, croiraient que, même en cette partie, il existe un meilleur modèle! Qu'ils indiquent, s'ils le peuvent, un poète comique dont on ait retenu plus de traits, dont plus de vers soient demeurés proverbes; qu'ils tâchent enfin d'opposer au *Misantrope* quelques pièces de nos jours dont le coloris soit plus vrai, plus naturel, plus brillant.

Mais c'est l'art du dialogue surtout qui a donné le plus de vie aux comédies de Molière, et qui paraît aujourd'hui le plus négligé. Ce mérite si rare, et l'extrême simplicité des plans dans les pièces de caractère (simplicité dont ce grand poète lui-même n'avait senti toute la nécessité que vers le milieu de sa carrière), sont les seuls indices auxquels le public éclairé pourrait reconnaître ceux qui seraient véritablement appelés à tenir quelque rang parmi ses successeurs.

Molière ne fut point de l'Académie Française. On nous répondra qu'il était comédien. Nous le savons ; et ce serait un reproche à faire à la mémoire de Louis XIV, que de ne l'avoir point obligé de quitter le théâtre. Ce grand homme, qui ne fut jamais qu'un acteur assez médiocre, débarrassé des soins de sa troupe, n'eût pas manqué d'augmenter le nombre de ses chef-d'œuvres, et de fournir à la scène de nouveaux modèles. Quelle irréparable perte que celle du temps de Molière !

Nous ne pouvons mieux terminer cet article que par un trait qu'on nous avait contesté, mais que de nouvelles recherches nous ont paru trop bien établir pour qu'on puisse le révoquer en doute. Louis XIV eut la curiosité louable d'apprendre par qui son règne avait été le plus illustré. « Quel est l'homme de mon siècle dont
» le génie vous ait paru le plus remarquable (de-
» manda un jour ce prince à l'ami de Racine,
» au célèbre Despréaux)? C'est Molière, ré-
» pondit ce judicieux critique » ; et la postérité semble confirmer sa décision. Racine a eu dans Voltaire un rival de gloire, du moins en quelques parties de son art ; on n'en connaît point à Molière.

MOLLEVAUT (Charles-Louis), né à Nancy en 1777. Il nous est doux d'avoir à célébrer un jeune compatriote qui a déjà mérité plus que des encouragemens. Nous nous sommes fait, de tous les temps, dans notre longue carrière, un devoir d'encourager, dès leurs premiers essais, l'émulation des jeunes auteurs qui nous donnaient des espérances, et ce devoir nous devient plus cher à mesure que nous approchons du terme de la vie. Nous aimons à nous flatter que les lettres qui ont fait si long-temps nos délices, reprendront l'éclat qu'elles semblent avoir perdu ; et parmi ceux que nous croyons appelés à les faire refleurir, M. Mollevaut, par sa jeunesse et par ses bonnes études, nous paraît digne d'être distingué.

Il a osé, pour son coup d'essai, traduire *Tibulle* en vers, et publier une édition qui annonçait déjà une heureuse facilité, quoiqu'elle fût déparée par plusieurs négligences que la critique lui a reprochées. Mais, docile à la censure (ce qui est un mérite peu commun), il en donna, quelque temps après, une édition beaucoup plus soignée, dans laquelle presque toutes ces fautes avaient disparu, et qu'on peut regarder comme un nouvel ouvrage. On y trouve le poëte romain traduit avec une fidélité d'autant plus remarquable, que, loin de les exclure, elles se rapprochent souvent des grâces de son modèle. On ne peut cependant se dissimuler que, par la différence du génie des deux langues, l'écrivain français ne se trouve, en plus d'une occasion, et plus fréquemment que ne le souhaiteraient ses lecteurs, forcé de sacrifier des beautés qu'il regrette autant qu'eux sans doute, mais qu'il remplace quelquefois par d'heureux équivalents qui compensent les sacrifices. Alors du moins *Tibulle* ne paraît perdre que ce qu'il était peut-être impossible de conserver ; et M. Mollevaut, trop modeste pour essayer de se soustraire à la sévérité des connaisseurs, leur a facilité lui-même le moyen le plus prompt de le juger, en faisant imprimer le texte latin à côté de son texte.

Nous nous dispenserons de citer, par le grand nombre de citations agréables que sa traduction pourrait nous fournir. Les *Élégies* adressées à *Délie*, à *Némésis*, celle intitulée l'*Inauguration*, et qui est une des plus belles, perdraient trop à n'être citées que par fragments. Enfin *Tibulle* nous paraît traduit autant qu'il peut l'être, et certainement beaucoup mieux qu'il ne l'avait été jusqu'ici. C'est un titre honorable qui assure à M. Mollevaut l'estime éclairée des gens de lettres, et que personne ne peut lui contester.

Il est d'une singularité remarquable que notre dix-huitième siècle ait produit, soit en vers, soit en prose, des traductions très-supérieures à celles qui avaient eu le plus de réputation dans le siècle de Louis XIV, infiniment plus fécond en hommes de génie. On peut, après MM. de Lille et Saint-Ange, en compter plusieurs autres que nous avons déjà citées à l'article d'ABLANCOURT. Il faudrait y ajouter la traduction de *Perse* par Sélis, celle des *Eglogues de Virgile* par M. Tissot (1) ; et dans cette liste vraiment recommandable, on ne pourrait se dispenser de comprendre le traducteur de *Tibulle*.

Mais si nous avons, sous ce rapport, un avantage réel sur le siècle de Louis XIV, gardons-nous bien de nous en prévaloir avec orgueil. Ce beau siècle, comme nous l'avons observé, était celui du génie, et le génie préfère la gloire de créer au mérite de traduire.

MONGAULT (NICOLAS-HUBERT DE), de l'Académie Française et de celle des Inscriptions, né à Paris en 1674, mort en 1746. Il a enrichi les Mémoires de l'Académie des Inscriptions de plusieurs dissertations intéressantes. Sa

---

(1) Les Églogues sont peut-être l'ouvrage de Virgile le plus difficile à traduire, du moins dans plusieurs détails, dont M. Tissot n'a pas toujours surmonté la difficulté ; ce qui n'empêche pas que sa traduction ne l'emporte sur toutes celles que nous connaissons du même ouvrage, et qu'elle n'annonce pour les vers une heureuse facilité. Il a traduit pareillement en vers *les Baisers de Jean Second*, et, à ce qu'il nous semble, avec un succès plus égal : mais on sent la prodigieuse distance qu'il y a de Jean Second à Virgile.

traduction d'*Hérodien* et celle des *Lettres de Cicéron à Atticus* sont fort estimées : les notes savantes dont il les a enrichies ne le sont pas moins. L'abbé de Mongault joignait le goût à l'érudition ; et il a d'autant mieux mérité des lettres, que l'on conçoit à peine qu'au milieu des embarras de ses différentes places, il ait eu le temps de les cultiver.

MONTAIGNE (Michel-Eyquem de), né dans le Périgord, au château de Montaigne, en 1538, mort en 1592. Philosophe très-hardi pour son temps, très-sceptique, mais dont le pyrrhonisme s'arrêta cependant au doute raisonnable. Ses *Essais* sont encore entre les mains de tout le monde. C'est surtout dans les ouvrages du célèbre citoyen de Genève qu'on peut apprendre à les estimer. On sera surpris de l'usage heureux qu'il a fait de cette source, quoiqu'il semblât qu'elle dût être tarie depuis long-temps par les richesses qu'elle a fournies à nos philosophes les plus distingués. Rousseau, après eux, a trouvé moyen d'y en puiser de nouvelles ; mais, à leur exemple, il se les est souvent appropriées sans en faire hommage à Montaigne.

La philosophie de ce dernier n'a rien d'aride, et n'est altérée par aucun mélange de pédantisme. Montaigne est un homme du monde, qui, en s'observant lui-même, et en osant ne rien dissimuler de ses observations, a fait, sans paraître y penser, le portrait le plus naïf et le plus fidèle de l'espèce humaine. Ses couleurs sont vives, animées, pleines d'énergie. Il s'empare de l'imagination de ses lecteurs, de manière que, malgré les tours vicieux et irréguliers du langage de son temps, et les défauts particuliers de son style, c'est un de ces auteurs que l'on ne quitte jamais sans peine, et auquel on revient toujours avec un nouveau plaisir. On trouve dans ses *Essais* une foule d'expressions qui ont vieilli, mais que l'on regrète par la singulière vigueur qu'elles empruntent de l'art avec lequel il a su les employer. On sent qu'on ne pourrait l'épurer sans l'affaiblir ; et enfin on lui pardonne tout, parce qu'il est un de ces hommes rares qui ont réuni au plus haut degré le talent de plaire et le mérite d'instruire.

Son scepticisme, qui serait pour la plupart des hommes un état de trouble et d'anxiété, était pour Montaigne, d'après ses expressions mêmes, un oreiller sur lequel il reposait mollement sa tête. Ce scepticisme prenait sa source dans son imagination trop féconde. Elle était pour sa raison, dit ingénieusement Marmontel, ce qu'est pour les yeux un cristal à plusieurs facettes, qui rend douteux l'objet véritable à force de le multiplier.

Deux siècles de gloire semblaient avoir mis

Montaigne à l'abri de toute injure : cependant, si sa réputation pouvait être flétrie, elle le serait par une édition stéréotype de ses *Essais*, que M. Naigeon vient de faire paraître.

Sur la foi de quelques notes marginales écrites, à ce qu'il prétend, de la main de Montaigne, sur un exemplaire de l'édition que Montaigne lui-même en donna en 1588, M. Naigeon s'est arrogé le droit d'altérer un texte qu'il devait respecter, et qui, depuis plus d'un siècle, n'avait éprouvé aucune espèce d'altération ; ce qui nous semble d'une témérité impardonnable.

Quand ces prétendues notes marginales seraient authentiques (et nous sommes loin de le penser), il paraît certain que l'auteur les avait mises au rebut, puisqu'il n'en existait aucune tracé dans la copie trouvée après sa mort en 1592; copie où les *Essais* étaient augmentés d'un tiers, et d'après laquelle mademoiselle de Gournay, héritière de ses papiers, et que Montaigne appelait sa fille d'alliance, publia l'édition qui depuis a servi de modèle à toutes les autres.

M. Naigeon avait pu, sans conséquence, et sans qu'on y prît trop garde, se charger de la collection des œuvres de Diderot, la porter à quinze gros volumes qu'on n'achète guère, et qu'on lit encore moins : mais Montaigne était un tout autre homme que Diderot, et ne devait pas s'attendre à voir ses idées associées à celles de

M. Naigeon, qui prend beaucoup trop souvent la liberté de le commenter.

Qui reconnaîtrait ce philosophe dans l'étrange expédient que lui prête son nouvel éditeur pour corriger un enfant qui ne s'occuperait que de bagatelles, au lieu de prêter une attention sérieuse aux leçons de son précepteur ? Il faudrait, selon Montaigne travesti par M. Naigeon, que le précepteur, s'il est sans témoins, *étranglât cet enfant*, ou que, fût-il fils d'un duc, on le fît pâtissier dans quelque bonne ville. Étrangler est une manière de corriger un peu dure ; et nous doutons qu'après avoir lu ce passage, aucun père fût tenté de confier à M. Naigeon l'éducation de son fils.

Mais que penserait Montaigne de cette substance renfermée dans notre tête, et qu'on ne connaît pas encore, à ce que prétend M. Naigeon, *mais dont l'idiosyncrasie nous porte plus ou moins fortement à l'ordre ou au désordre ?* Il faut convenir qu'à côté de ce galimatias, Diderot paraîtrait un ange de lumière.

O M. Naigeon ! nous ignorons parfaitement, aussi bien que vous, quelle est l'étrange substance qui se trouve renfermée dans votre cerveau : mais s'il vous arrivait de mourir aux Petites-Maisons, ce qui ne nous surprendrait pas, il serait curieux d'en connaître l'idiosyncrasie : dans le cas où ses meninges ne seraient pas à l'épreuve du scalpel, vous fourniriez à l'anatomie de merveilleuses découvertes, dont vous lui faites naître l'avant-goût, et qu'elle attend avec la plus vive impatience.

MONTESQUIEU (Charles de Sécondat de), de l'Académie Française, né en 1689, mort en 1755. Ses *Lettres Persannes* ne sont pas un ouvrage de pure plaisanterie, comme l'a dit un écrivain célèbre (1). Montesquieu y traite souvent les objets les plus graves avec cette hardiesse et cette profondeur qui ont caractérisé depuis l'immortel ouvrage de l'*Esprit des lois*.

Cette dernière production est un monument de génie, et non pas un recueil d'épigrammes, ainsi que l'a avancé trop légèrement l'auteur (2) d'une lettre adressée au savant abbé d'Olivet. L'admiration de l'Europe semble avoir imposé silence aux détracteurs de Montesquieu. Sa philosophie a éclairé le monde. Il n'a eu pour ennemis que des fanatiques obscurs, qui le critiquaient sans l'entendre, et qu'il a rendus ridicules à jamais, quand il a daigné leur répondre. Mais s'il eut des censeurs téméraires, il faut convenir aussi qu'il a eu une foule d'imitateurs médiocres, qui

---

(1) Voltaire.

(2) Voltaire encore, qui n'a guère fait, il faut l'avouer, contre l'*Esprit des lois*, que des objections peu dignes de lui.

semblent n'avoir usurpé le nom de philosophes que pour nous dégoûter de la philosophie.

La postérité trouvera sans doute singulier que le Temple de Gnide, cette production légère d'une imagination voluptueuse et riante, ait été construit par la même main qui avait tracé, avec l'énergie de Tacite, le Tableau intéressant et rapide des *Causes de la grandeur et de la décadence des Romains*, et qui depuis éleva l'immense édifice de l'*Esprit des lois*.

La grande réputation de cet ouvrage, qui a été (car il faut être juste) très-bien analysé par d'Alembert, l'exposa, comme nous l'avons dit, aux jugements précipités de l'ignorance et de l'envie. La saine critique n'est venue qu'après; et sans rien diminuer du respect qu'on doit à la mémoire de Montesquieu, elle a trouvé dans son livre quelques citations, quelques faits et quelques principes hasardés. L'auteur semble souvent avoir tiré de certains usages particuliers des conséquences trop générales. Il a été trompé par des voyageurs, et ne s'est point assez défié de toutes les sources qui lui ont fourni des autorités pour appuyer son système. Il a puisé dans Bodin sa distinction des gouvernements et de leur esprit. Enfin il est difficile de croire que Montesquieu ait employé autant d'années qu'il le dit, à méditer ce grand ouvrage qui paraît, en beaucoup d'endroits, un élan du génie, plutôt que le fruit d'une méditation lente et réfléchie. Quoi qu'il en soit, il n'est pas donné à tout le monde de se tromper comme lui, et ses fautes même décèlent toujours un grand maître. Le plus court de ses chapitres vaut souvent mieux que bien des livres composés par des esprits plus méthodiques.

Cet excellent ouvrage a eu ses inconvénients comme toutes les choses humaines, en rendant, si nous l'osons dire, la politique trop populaire, et en mettant de petits esprits à portée de déraisonner sur les différentes formes des gouvernements, sur le commerce, sur les finances, en un mot sur tous les objets d'administration publique. De là cette foule d'écrivains qui, de leur grenier, nous donnaient des principes de législation, et ces clubs précurseurs de tant d'événements sinistres, où se formaient ces orateurs qu'on a vus monter depuis aux suprêmes magistratures. La plupart, trop ineptes pour gouverner avec sagesse l'intérieur de leurs maisons, se crurent, par une inspiration soudaine, capables de gouverner l'État, et mirent en deuil toute la France. C'est à cet abus qui commençait à naître, et dont nous étions loin de prévoir les suites fatales, que nous fîmes allusion, il y a plus de trente ans, dans ces vers devenus prophétiques :

> Tant d'avis partagés donnent peu de lumières,
> Et je ris quand je vois tous ces nouveaux Solons
> Dans l'art de gouverner nous donner des leçons.

Peut-être il fut un temps où cette maladie
Eût fourni le sujet de quelque comédie :
Au fond, il n'en est pas qui me parût meilleur ;
Et je l'appelerais *Crispin législateur.*

L'Homme dangereux, *Com. acte* ii, *scène* v.

Montesquieu, Bossuet, Fénélon et quelques autres hommes de cette classe supérieure, ne paraissent pas avoir rendu à notre poésie toute la justice qu'elle mérite. Peut-être n'ont-ils pu lui pardonner les essais malheureux qu'ils avaient faits en ce genre ; et véritablement on aurait dû, pour leur gloire, avoir l'attention de les supprimer. Les petites faiblesses des grands hommes ne tirent point à conséquence pour eux : mais il arrive que des singes s'étudient à les contrefaire ; et c'est de là que nous vient cette foule d'esprits secs et froids qui se liguent aujourd'hui contre le plus beau des arts. Ce sont des eunuques qui se vengent de leur impuissance, en décriant le plaisir qu'ils ne peuvent connaître.

MONTFLEURY (Antoine-Jacob), né à Paris en 1640, mort en 1685. Comédien et auteur comique, assez gai quelquefois, mais presque toujours licencieux. On voulut l'opposer à Molière, à peu près comme on avait opposé Pradon à Racine ; et l'on affecta de représenter, au théâtre de l'hôtel de Bourgogne, *la Femme juge et partie*, pendant qu'on donnait *le Tartuffe* au théâtre de Molière. La pièce de Montfleury se soutint avec un succès égal. Tout ce qui était alors cour et peuple, n'était pas à portée de mesurer l'intervalle immense qui séparait ces deux hommes. Il y a des chef-d'œuvres avec lesquels il faut, pour ainsi dire, que l'esprit humain ait le temps de se familiariser, et *le Tartuffe* était de cette classe.

MOREAU (Jacob-Nicolas), historiographe de France après Duclos, et digne de lui succéder, né à Saint-Florentin en 1717, mort en paix à Chambourci, près Saint-Germain-en-Laye, le 29 juin 1803, et non décapité le 24 mars 1794, comme on l'a imprimé dans les *Siècles Littéraires de la France*, compilation pleine de fautes grossières et de plagiats impudents.

Il fut un des premiers qui s'aperçut, comme nous, du ridicule et du danger de la secte prétendue philosophique qui commençait à se former; et presque en même temps que nos *Petites Lettres sur de grands Philosophes*, parurent ses *Mémoires pour servir à l'Histoire des Cacouacs*, ouvrage d'une singularité piquante et d'un très-bon sel, mais devenu fort rare, et qui devrait être réimprimé.

M. Moreau était très-instruit des intérêts politiques des différents cabinets de l'Europe, et son *Observateur hollandais* commença en ce genre sa réputation. Il connaissait aussi très-bien les vrais principes de la Constitution française, comme il l'a prouvé par son ouvrage intitulé *Principes de morale politique et du droit public*, ou *Discours sur l'Histoire de France*, et par celui qui a pour titre *Exposition et Défense de la Monarchie française*. Ces ouvrages ont perdu de leur utilité par l'ordre de choses qui a pris la place de l'ancien régime, et mis un terme aux malheurs de la nation, mais ils seront toujours très-curieux comme monuments historiques ; et nous avons peu d'auteurs qui ayent mieux connu les bonnes sources, et qui ayent montré plus de discernement, de sagesse et même de goût, qu'il n'en a montré dans ses écrits. Son livre, intitulé *les Devoirs d'un Prince réduits à un seul principe*, serait digne d'entrer dans l'éducation de tous ceux que la fortune appèle à gouverner : mais le mérite de M. Moreau était fait pour être méconnu dans un temps où se préparaient les orages que devaient produire la corruption des mœurs et la licence de la pensée : aussi fut-il exposé souvent aux critiques les plus envenimées et les plus injustes. C'est un honneur qu'il a partagé avec nous, et qui eut à peu près la même cause. Les *Mémoires pour servir à l'Histoire des Cacouacs* ne parurent pas moins criminels à de certains yeux, que les *Petites Lettres sur de grands Philosophes*, et la comédie qui en fut la suite.

Cet estimable écrivain ne s'était pas borné à ces travaux sérieux : nous connaissons de lui des vers de société très-agréables, et de jolies chansons que les amateurs ont conservées.

M. Moreau n'a laissé qu'une fille qui lui a donné les plus tendres soins, et digne par sa piété filiale d'être elle-même une heureuse mère de famille.

MORELLET (l'abbé ANDRÉ), né à Lyon. Pour se donner une existence dans la littérature, il se jeta d'abord dans le parti philosophique, auquel il se dévoua, comme les Codrus et les Decius se dévouèrent pour leur patrie. Cet abbé n'est dépourvu ni de connaissances, ni d'esprit, ni même d'une sorte de dialectique, hibernoise à la vérité, et mêlée de sophismes. Il écrit avec assez de correction et de chaleur; mais il manque d'élégance et de grâces, et la dureté du pédantisme semble se rapprocher davantage de son naturel.

On lui attribue le libelle intitulé *la Vision de Charles P......* (1), le plus violent de tous ceux

---

(1) Nous nous permettons (et pour cause) d'en donner ici un échantillon :

« Et les honnêtes gens demanderont qui tu es, et ce que
» tu faisais avant de faire ta pièce des *Philosophes*. Et
» on leur racontera comment tu es natif de Nancy, et
» comment tu as fait de bonne heure de petits ouvrages

qui parurent contre nous, à l'occasion de la comédie des *Philosophes*, et des notes malignes

« et de grandes friponneries, et comment tu as fait des
» satires contre des personnes qui te recevaient chez
» elles, et comment tu as volé tes associés, — et com-
« ment tu as volé une caisse qui t'était confiée, et com-
» ment tu as fait banqueroute, et comment tu as fait de ta
» maison un mauvais lieu, et comment, etc., etc., etc. »

Nous ne réveillons à regret le souvenir de ces gentillesses, que parce que nous en trouvons l'éloge dans la Gazette russe de M. de Laharpe, tom. 1, p. 181 et 182.

» L'abbé Morellet, dit-il, est un très-bon littérateur. —
» Une des premières productions qui le firent connaître
» fut *la Vision de Palissot*, dans le temps de la comédie
» des *Philosophes*. C'est à la vérité *une plaisanterie* qui
» *n'était pas originale*, puisque le *Petit Prophète* de
» Grimm en avait donné l'idée; mais l'ouvrage était
» *piquant, ingénieux, et il y a peu de meilleures pièces*
» *dans le genre polémique.* »

Voilà les modèles de goût, de bienséance et de mœurs, que M. de Laharpe, alors philosophe, mettait sous les yeux de l'Altesse impériale, à qui sa Lettre est adressée. Ce qui nous étonne, c'est de les retrouver dans M. de Laharpe devenu dévot; car tout le monde sait que ce fut très-peu de temps avant sa mort qu'il publia les premiers volumes de la Gazette russe. Il faut croire, ou que sa piété n'avait pas éclairé son goût, ou que son attachement à ses anciens principes l'emportait souvent sur sa piété encore chancelante. La grâce ne détruit pas tout-à-coup, dans les nouveaux convertis, le sentiment qui les ramène à leurs vieilles habitudes; c'est du moins ce que M. de Laharpe a prouvé par la fréquence de ses rechutes, et nous prions Dieu de les lui pardonner.

sur *la Prière universelle*, imitée de l'anglais de Pope, par M. de Pompignan, qui tiènent aussi de fort près au genre des libelles.

M. l'abbé Morellet a fait de son esprit un usage plus convenable, en traduisant de l'italien le *Traité des Délits et des Peines*, ouvrage fait pour adoucir les hommes, et qui peut contribuer, en leur inspirant plus d'indulgence les uns envers les autres, à les rendre meilleurs et plus heureux.

Cet écrivain fera certainement beaucoup mieux de traduire ou de composer, s'il le peut, des livres utiles, que de déshonorer ses talents par des satires calomnieuses.

Nous souhaitons beaucoup de prospérité à son *Dictionnaire du Commerce*. Nous aurions voulu seulement ne pas lire, dans le *Prospectus* qu'il en a publié, qu'on peut considérer l'argent comme un mouton abstrait. Ce jargon pédantesque et métaphysique n'est pas le style propre à des dictionnaires ; et lorsqu'on écrit pour des commerçants, il faudrait du moins que la philosophie daignât se rendre intelligible.

Chénier a dit plaisamment de M. l'abbé Morellet, dans une de ses satires :

Morellet, dont l'esprit trop souvent se repose,
Enfant de soixante ans qui promet quelque chose.

Et ce qui nous paraît justifier cette plaisanterie,

c'est que, depuis quelques années, on n'avait vu de cet écrivain que d'insipides traductions de ces mauvais romans dont l'Angleterre nous inonde. Le Merveilleux n'en est pas moins absurde, mais il est beaucoup moins amusant que celui des *Mille et une Nuits*. Ce n'est pas que l'auteur de ces traductions fût incapable de faire quelque chose de mieux. Les libelles qu'il a faits contre nous ne nous dispensent pas d'être justes à son égard. Il est le premier qui se soit révolté contre le mauvais goût ou la mauvaise foi des admirateurs d'Atala, dont il a fait sentir le ridicule dans une critique pleine de finesse ; et à l'occasion du projet de continuer le *Dictionnaire de l'Académie Française*, annoncé par l'Institut national, il a prouvé par d'excellentes raisons que cette compagnie savante ne jouissait pas encore, dans l'opinion publique, d'un assez haut degré de confiance pour se charger avec succès d'une tâche aussi difficile.

Il faut lire la brochure même de M. l'abbé Morellet, pour juger avec quelle justesse de goût, et sans rien se permettre d'offensant contre l'Institut national, il prouve son opinion, qui est aussi la nôtre. Mais ce qu'il y prouve encore mieux, c'est qu'il est un de ces grammairiens très-instruits qui s'élèvent au-dessus de la lettre en faveur de l'esprit; et que si l'on s'occupait en effet d'achever et de perfectionner le *Dic-*

tionnaire de l'Académie, personne ne serait plus digne que lui d'être un des coopérateurs de ce grand ouvrage.

MOUHY (Charles de Fieux, chevalier de), né à Metz en 1702, mort en 1784. C'est un des plus riches modèles qui existe du style plat et du genre niais. Depuis *la Paysanne parvenue* jusqu'à son dernier ouvrage, intitulé *les Dangers des Spectacles*, il a donné au public, qui ne s'en doute pas, environ quatre-vingts volumes de romans, où la langue n'est pas mieux traitée que le sens commun.

Dans l'un de ces romans (1), l'auteur introduit à la comédie son héroïne, qui se fait nommer ceux des spectateurs qui lui paraissent les plus remarquables. Il en est un surtout qui excite vivement sa curiosité : « Quel est, dit-elle, en » indiquant du doigt le personnage, quel est cet » homme qui vient de s'asseoir, qui n'est pas » beau, mais qui a l'air si noble ? » C'est le chevalier de Mouhy, répond l'auteur du livre, qui a pris plaisir à se peindre ainsi lui-même, dans un portrait assez fidèle, à l'air noble près, dont sa figure était le plus parfait contraste.

On ignore ce que peut être devenue cette

___

(1) Les Mémoires de mademoiselle de Moras. Cette demoiselle n'était pas un personnage supposé.

foule de romans. On assure qu'ils ont disparu dans nos colonies, où ils faisaient les délices des nègres qui travaillaient à nos manufactures.

C'est cependant le même écrivain qui eut le premier l'idée utile de donner, par ordre alphabétique, une liste assez exacte de toutes nos pièces de théâtre, avec les noms de leurs auteurs, et ceux des acteurs dont la mémoire s'est conservée depuis l'origine de nos spectacles. C'est sous le titre de *Tablettes dramatiques* que cet ouvrage parut pour la première fois ; il reparut bientôt après sous celui de *Dictionnaire*, et l'on n'y trouva de trop que les remarques de l'auteur. D'autres écrivains le continuèrent, ou même le refirent en entier sur de nouveaux plans ; mais la primauté appartient incontestablement à Mouhy ; et son ouvrage n'est devenu inutile qu'après les *Anecdotes dramatiques* de l'abbé de La Porte, qui valent mieux, et qui l'ont fait oublier.

N.

NAIGEON (N.) Nous avons déjà parlé de cet écrivain à *l'article* MONTAIGNE ; mais, peu familiarisés avec ses ouvrages, nous n'en avions parlé qu'en passant. Nos lecteurs jugeront, comme nous, qu'il méritait bien un article à part.

Ce qui nous paraît le caractériser essentiellement, c'est une force d'esprit qui n'appartient qu'à lui seul, et qui le distingue d'autant plus du vulgaire des philosophes, qu'il ne capitule avec aucun préjugé. Voltaire, qui n'a jamais pu s'affranchir d'un certain respect pour quelques idées morales, et entre autres pour le dogme de l'existence d'un Dieu rémunérateur et vengeur, ne différait guère, aux yeux de M. Naigeon, d'un superstitieux capucin. Quelques citations prises au hasard dans les nombreux articles dont il a enrichi l'*Encyclopédie méthodique*, et qu'il a signés de son nom, prouveront combien nous sommes loin d'exagérer ; et, pour en faciliter la recherche, nous aurons soin, non seulement d'indiquer les volumes et les pages où elles se trouvent, mais de distinguer, par des caractères italiques, les propres paroles de l'auteur, ce qui attestera notre exactitude.

Il est, comme on le sait, peu de nos philosophes qui n'ayent parlé du christianisme d'une manière plus ou moins dédaigneuse ; mais M. Naigeon ne se borne pas au dédain. Les noms des Pascal, des Arnaud, des Fénélon, des Bossuet, des Massillon, ne lui en imposent point ; et, pour citer des personnages moins graves, qu'il ne jugerait pas plus dignes d'exception, en vain deux de nos plus grands poëtes, Racine et J. B. Rousseau, ont-ils tiré des Prophètes et des Cantiques juifs des beautés du premier ordre, et qu'on regardait comme sublimes ; tous avaient le malheur d'être chrétiens, où la faiblesse de vouloir le paraître ; et M. Naigeon ne voit, dans le christianisme, qu'une maladie qui s'attaque spécialement au cerveau, et qui fait à peu près, sur tous les croyants, l'effet de la coupe de Circé. On pourrait nous soupçonner d'exagération, il faut l'écouter lui-même.

Il ne connaît qu'un seul grand homme, véritablement tel, que le christianisme ait enlevé aux sciences, *et dont il ait paralysé tout-à-coup la raison et le génie*. Ce grand homme est Pascal, et cette fatale influence du christianisme sur sa raison doit causer d'autant plus de regrets, que, selon M. Naigeon, *Pascal, dans le siècle d'Euclide, d'Apollonius ou d'Archimède* (c'est-à-dire Pascal né payen), *aurait non seulement inventé la nouvelle analyse, simplifié et perfectionné les méthodes, mais se serait élevé en même temps aux concepts les plus hardis, aux résultats les plus importants de la philosophie rationnelle*. Il n'en eût pas été de même de Bossuet, d'Arnaud, de Nicole (1), et de beaucoup d'autres écrivains qui leur ressemblent ; quand même ils auraient précédé l'établissement du christianisme, M. Naigeon, qui ne voit en eux

---

(1) M. Naigeon leur associe Clarke, Ditton et Cudworth, dont il parle avec le même mépris.

que *des sophistes plus ou moins habiles et de grands diseurs d'inutiles fadaises*, assure qu'ils n'auraient fait que reproduire, *à la honte de la raison humaine, les ergoteries et les vaines subtilités de la secte de Mégare, et des Scolastiques, autre espèce de fous encore plus tristes.*

(Discours préliminaire du premier tome de *la Philosophie ancienne et moderne* dans l'*Encyclopédie méthodique*, pages iv et v).

Cette pernicieuse influence du christianisme sur le cerveau paraît, à M. Naigeon, si incontestable, qu'il ne cesse d'en citer des exemples. *Toutes les fois*, dit-il, *que Bacon parle du christianisme, l'homme de génie disparaît, et l'on ne voit plus qu'un vieil enfant qui répète, avec une confiance aveugle, les contes absurdes dont sa nourrice l'a bercé. L'étude de la philosophie avance et mûrit la raison ; celle de la religion la recule, l'obscurcit, et reporte bientôt l'homme fait et du sens le plus droit à l'état d'enfance et d'imbécillité* (1).

(Même tome, page 340, *article* Bacon).

D'après les principes de M. Naigeon, il n'est

---

(1) On peut remarquer ici une petite contradiction de l'auteur. Il ne connaissait, avait-il dit, qu'un seul grand homme (et c'était Pascal), dont le christianisme eût paralysé tout-à-coup le génie ; et voilà qu'il en dit autant de Bacon.

pas surprenant qu'il ait conçu, et de la religion chrétienne, et de toute autre religion, une idée si défavorable. Selon lui, Campanella, que quelques personnes avaient mal-à-propos soupçonné d'athéisme, *n'avait pas assez d'étoffe pour être athée ; car il ne faut pas croire*, dit-il, *que tout le monde puisse se mettre au niveau de cette opinion, c'est au contraire celle d'un très-petit nombre d'hommes ; au lieu que la superstition, étant à la portée de tous les esprits, doit, par cela même, être très-commune. En effet, pour avoir ce qu'on appèle de la religion, il ne faut ni instruction, ni lumières, ni raisonnement; il suffit d'être paresseux, ignorant et crédule, et tous les hommes le sont plus ou moins : mais, pour être athée comme Hobbes, Spinosa, Bayle, Dumarsais, Helvétius, Diderot*(1)*, et quelques*

---

(1) Nous nous garderons bien d'imiter la licence hardie de M. Naigeon, et de faire l'injure à tous ceux dont il parle ici de les regarder sur sa parole comme autant d'athées; mais il nous est démontré que Bayle ne l'était pas. Nous nous contenterons d'en donner pour preuve et de répéter ici par convenance ce passage si remarquable, que nous avons cité à son article, et dans lequel ce grand homme s'explique avec tant de franchise sur la vanité et le danger d'une certaine philosophie :

« Il n'y a personne, dit-il, qui, en se servant de sa rai-
» son, n'ait besoin de l'assistance de Dieu ; car, sans
» cela, c'est un guide qui s'égare ; et l'on peut comparer
» la philosophie à ces poudres si corrosives, qu'après

autres, il faut avoir beaucoup observé, beaucoup réfléchi; il faut joindre, à des connaissances très-étendues dans plusieurs sciences difficiles, une certaine force de tête, qui n'est au fond, comme je l'ai prouvé ailleurs, que celle de tout le système organique.

(Même tome, *article* Campanella, page 607).

La prédilection marquée de M. Naigeon pour tous ceux qui ont eu le mérite de s'élever à ce haut degré de philosophie, va même jusqu'à lui faire perdre tout sang-froid lorsqu'il s'agit de les venger. Voyez, à *l'article* Vanini, avec quelle éloquence il foudroie l'historien Gramond qui, en parlant de ce philosophe, l'avait accusé, sinon d'avoir abjuré son athéisme, du moins de l'avoir dissimulé devant ses juges. *D'où le sais-tu, s'écrie M. Naigeon ? Qui te l'a dit, bête féroce que tu es ?*

Mais, tout ce que nous venons de citer ne donnerait qu'une idée fort incomplète de la philosophie transcendante de M. Naigeon ; et, pour le connaître tout entier, il faut lire, dans la même

---

» avoir consumé les chairs mortes d'une plaie, elles rongeraient la chair vive, carieraient les os et perceraient jusqu'aux moelles. » La philosophie réfute d'abord les erreurs ; mais si on ne l'arrête point la, elle attaque les vérités ; et quand on la laisse faire a sa fantaisie, elle va si loin qu'elle ne sait plus ou elle est, et ne trouve plus ou s'asseoir.

Encyclopédie méthodique, tome 3, *de la Philosophie ancienne et moderne*, page 259, le magnifique éloge qu'il a consacré à la mémoire du curé Meslier. C'est là que sa philosophie se manifeste dans tout son éclat, et qu'il donne le noble exemple d'une hardiesse de pensée qui n'est retenue par aucun frein, et qui ose tout dire parce qu'elle ose tout braver.

« Tout ce que je pourrais extraire, dit-il, du » testament *de ce digne prêtre*, ne serait ni » aussi instructif ni d'une utilité aussi générale » que la conclusion ou les dernières lignes de » l'ouvrage ». *Elles ne présentent pas seulement un des résultats les plus importants qu'on puisse tirer de l'étude de la philosophie ; c'est encore, sous tous les rapports, le vœu d'un vrai philosophe, et qui a bien connu le seul moyen de tarir partout, en un moment, la source de la plupart des maux qui affligent depuis si long-temps l'espèce humaine.* « Je voudrais, dit-il, et ce sera » le dernier comme le plus ardent de mes souhaits, » je voudrais que le dernier des rois fût étranglé » avec les boyaux du dernier prêtre ». *On écrira dix mille ans, si l'on veut, sur ce sujet*, continue M. Naigeon, *mais on ne produira jamais une pensée plus profonde, plus fortement conçue, et dont le tour et l'expression ayent plus de vivacité, de précision et d'énergie.*

M. Naigeon écrivait ces choses étranges, et

en méditait de nouvelles du même genre à peu près dans le même temps où M. de Laharpe essayait de foudroyer cette philosophie anti-chrétienne qu'il avait solennellement abjurée. Ce contraste donna lieu à une petite pièce peu connue, intitulée *les Deux Missionnaires*, dont nous n'approuvons pas la double malignité, mais dont le sel est très-piquant. Nous doutons qu'elle ait été imprimée ; la voici :

Or, connaissez-vous en France
Certain couple sauvageon,
Prisant peu la tolérance,
Messieurs Laharpe et Naigeon.

Entre eux il s'élève un schisme,
L'un étant grave docteur,
Ferré sur le catéchisme,
L'autre athée inquisiteur.

Tous deux braillent comme pies ;
Déistes ne sont leurs saints ;
Laharpe les nomme impies,
Naigeon les dit capucins.

A ces oracles suprêmes,
Bonnes gens, soyez soumis ;
Nul n'aura d'esprit qu'eux-mêmes,
Ils n'ont point d'autres amis.

Leur éloquence modeste
Amollit les cœurs de fer :
Laharpe a le feu céleste,
Et Naigeon le feu d'enfer.

Partout ces deux Prométhées
Vont créant mortels nouveaux ;
Laharpe fait les athées,
Et Naigeon fait les dévots.

On eût souhaité à M. de Laharpe une conversion plus humaine et plus douce; on souhaiterait à M. Naigeon un athéisme plus mitigé.

NAUDÉ (Gabriel), né à Paris en 1600, mort en 1655. Nous avons dit, à *l'article* Caveirac, qu'en effet il s'est trouvé un Français capable d'être ouvertement l'apologiste de la Saint-Barthélemi. C'est ce même Naudé qui ose s'exprimer ainsi dans son livre intitulé *Considérations politiques sur les coups d'État* :

« Certes, pour moi, encore que la Saint-Bar-
» thélemi soit à cette heure également condamnée
» par les protestants et par les catholiques, et
» que M. de Thou ait rapporté l'opinion que son
» père et lui en avaient, par ces vers de Stace,

Occidat illa dies ævo, neu postera credant
Sæcula. Nos certè taceamus, et obruta multâ
Nocte tegi propriæ patiamur crimina gentis.

» je ne craindrai point toutefois de dire que ce
» fut une action très-juste..... C'est une grande
» lâcheté, ce me semble, à tant d'historiens
» français, d'avoir abandonné la cause du roi
» Charles IX, et de n'avoir montré le juste sujet
» qu'il avait eu de se défaire de l'amiral et de
» ses complices..... Il convenait d'imiter les chi-
» rurgiens experts qui, pendant que la veine est
» ouverte, tirent du sang jusqu'aux défaillances,

» pour nettoyer les corps cacochymes de leurs
» mauvaises humeurs ».

Il répond à ceux pour qui cette journée sanglante est un objet d'horreur, « que les habi-
» tants de Césarée tuèrent quatre-vingt mille juifs
» en un jour ; qu'il en mourut un million deux
» cent quarante mille en sept ans dans la Judée ;
» que César se vante, dans Pline, d'avoir fait
» mourir un million cent quatre-vingt-douze mille
» hommes en ses guerres étrangères, et Pom-
» pée encore davantage ; que Quintus Fabius
» envoya en l'autre monde des colonies de cent
» mille Gaulois, Caïus Marius de deux cent mille
» Cimbres, Charles Martel de trois cent mille
» Teutons ; que deux mille chevaliers romains
» et trois cents sénateurs furent immolés à la pas-
» sion du triumvirat, quatre légions entières à
» celle de Sylla, quarante mille Romains à celle
» de Mithridate ; que Sempronius Gracchus ruina
» trois cents villes en Espagne, et les Espagnols
» toutes celles du Nouveau-Monde avec plus de
» sept ou huit millions d'habitants. » Et de cette
longue énumération d'attentats, cet orateur du
meurtre conclut « que la Saint-Barthélemi ayant
» été la plus nécessaire et la plus juste de ces
» proscriptions, il y a de quoi s'étonner qu'elle
» n'ait pas été plus grande ».

Il ajoute, avec une barbarie absurde, que si

cette action, si légitime et si raisonnable, a été généralement décriée, « c'est qu'elle ne fut faite
» qu'à demi ; au lieu que si l'on eût fait main-
» basse sur tous les hérétiques, il n'en resterait
» maintenant aucun, au moins en France, pour
» la blâmer ».

Voilà l'homme que les philosophes auraient dû livrer à l'exécration publique, et non pas l'abbé de Caveirac, dont nous avons prouvé l'innocence. Mais dans ce même livre *sur les Coups d'État*, Naudé se montre assez ouvertement le précurseur de la nouvelle philosophie, comme on peut en juger par ces phrases très-hardies pour son temps. « Nous voyons que tous les an-
» ciens législateurs, voulant autoriser, affermir
» et bien fonder leurs lois, n'ont point eu de
» meilleur moyen de le faire, qu'en publiant et
» faisant croire, avec toute l'industrie possible,
» qu'ils les avaient reçues de quelques divinités ;
» Zoroastre d'Oromasis, Trismégiste de Mer-
» cure, Zamolxis de Vesta, Charondas de Sa-
» turne, Minos de Jupiter, Lycurgue d'Apollon,
» Draco et Solon de Minerve, Numa de la nym-
» phe Égérie, Mahomet de l'ange Gabriel ; et
» Moïse, le plus sage de tous, nous décrit en
» l'Exode comme il reçut la sienne immédiate-
» ment de Dieu ». Quelques lignes après, il loue Cardan d'avoir conseillé aux princes de s'appuyer de la religion, « comme firent autrefois, dit-il,

» et très-heureusement, David, Numa et Ves-
» pasien ».

Moïse et David, placés aussi légèrement parmi les politiques qui se sont fait de la religion un appui purement humain, indiquent assez quelle était la façon de penser de Naudé; et sans doute c'est ce qui lui a fait trouver grâce aux yeux de nos philosophes pour son apologie de la Saint-Barthélemi. Leur silence à son égard, et les injures qu'ils ont dites à l'abbé de Caveirac, sont du moins une preuve qu'ils ne se font pas un scrupule de varier leur poids et leur mesure au gré de leurs passions.

NICOLE (Pierre), né à Chartres en 1625, mort à Paris en 1695. L'un des meilleurs esprits du siècle de Louis XIV, et l'un des plus estimables écrivains de Port-Royal. Il est principalement connu par ses *Essais de Morale*, ouvrage utile et plein de solidité et de raison. C'est le caractère dominant des écrits de cet auteur; mais, comme il s'adresse rarement à l'imagination, comme il s'attache plus aux preuves qu'à l'agrément, son style, quoique très-clair, très-pur, très-exact, fatigue un peu par sa monotonie; il paraît trop froid et trop didactique. On dévore les *Essais* de Montagne, malgré la vétusté de leur style; on quitte ceux de Nicole sans peine, et l'on y revient sans empressement. Rien ne prouve mieux que la raison, pour plaire, a besoin d'être assaisonnée de sel et de grâces, et d'une certaine dose d'imagination.

NIVERNOIS (Louis-Jules-Mancini, duc de) de l'Académie Française et de celle des Belles-Lettres, né à Paris en 1716, mort en 1798. Il eut des droits à ces deux Académies par un esprit très-brillant par lui-même, cultivé d'ailleurs avec soin, et embelli par les grâces du grand monde.

Quoique, peu d'années avant sa mort, il ait publié huit volumes de prose et de vers, dont on n'a jamais douté qu'il ne fût bien certainement l'auteur, ses talents étaient plutôt des talents de société fort aimables, que des talents faits pour donner un rang parmi les gens de lettres. Cependant le commerce qu'il entretint constamment avec nos écrivains les plus célèbres, sa passion pour les arts portée beaucoup plus loin qu'elle ne l'était ordinairement dans les personnes de sa naissance, la douceur de ses mœurs, l'agrément et la facilité de son caractère, durent lui concilier, et lui concilièrent en effet, non seulement l'estime de ses amis, mais l'estime publique dont il a joui pendant une vie très-longue, et qui ne fut troublée que dans les orages de la révolution, auxquels il eut le bonheur d'échapper.

De tous ses ouvrages de poésie, ses fables paraissaient être l'objet de sa prédilection; mais il avait précisément tout ce qui est inconciliable avec le naturel exquis réservé jusqu'à présent au seul Lafontaine. Trop de recherche, de finesse, et quelquefois d'afféterie, trop de ce bel esprit qui exclut souvent le bon esprit, et aucune naïveté, voilà ce qui rend pénible la lecture de ces fables. Quelques-unes d'elles ne sont pas moins ingénieuses que celles de La Motte; mais, comme les siennes, elles amènent bientôt l'ennui.

Dans un recueil de lettres de ce prétendu chevalier d'Éon, qui n'était bien réellement qu'une femme, quoique, en France, en Russie, en Angleterre, et même dans nos armées, elle eût réussi à se faire passer pour un homme, on trouve quelques lettres du duc de Nivernois à cette aventurière, dont apparemment il connaissait le sexe, et qu'il finit ordinairement par cette formule : *Je baise vos jolies petites oreilles.* Ce ton de mignardise et d'afféterie pouvait être excusable dans une lettre, mais on est affligé d'en retrouver quelque trace dans d'autres ouvrages de l'auteur. L'esprit de cour, qui se permettait quelquefois de pareilles fadeurs, cachait alors au duc de Nivernois combien elles y étaient déplacées.

Il a essayé de traduire en vers différents morceaux de Virgile, d'Horace, de Tibulle, d'Ovide, de l'Arioste, de Milton; mais il n'avait pas cet heureux mécanisme de versification dont

M. l'abbé de Lille s'est réservé le secret, et qui s'applique également à tout ce qu'il entreprend de traduire. Un homme du monde, quelque esprit qu'il ait (et il était difficile d'en avoir plus que le duc de Nivernois), ne s'élève jamais, dans les arts, au rang de ceux qui les cultivent par état, du moins n'en connaissons-nous en France aucun exemple : le livre du duc de la Rochefoucault, qui n'est qu'un recueil de pensées détachées, et rentrant toutes un peu les unes dans les autres, ne fait pas une exception.

Quelques jolies chansons, qui n'ont cependant ni le sel ni la verve des chansons de Collé, quelques romances, et surtout la pièce de vers intitulée *les Souvenirs, les Regrets et les Ressources d'un Octogénaire*, nous paraissent ce que le duc de Nivernois a fait de plus aimable en poésie. Il y a même du sentiment dans les vers qui terminent cette dernière pièce, et dans l'envoi que l'auteur adresse à l'amitié.

De ses ouvrages en prose, celui que nous avons toujours distingué, et qui nous a paru prouver le plus de goût, ce sont ses *Réflexions critiques sur le génie d'Horace, de Despréaux, et de J. B. Rousseau*. Malgré la contagion du mauvais exemple que commençaient à donner quelques gens de lettres, il rend, à Despréaux surtout et à Rousseau, une justice que l'on affecte aujourd'hui de leur refuser, même dans des poétiques ;

et c'est en quelque sorte associer son nom à celui de ces écrivains célèbres, que de sentir si vivement leurs beautés.

Le duc de Nivernois nous semble, à cet égard, d'autant plus digne d'éloges, qu'il avait à combattre, non seulement les préjugés de nos beaux esprits, mais encore un sentiment d'aversion pour le genre satirique qu'il ne dissimule pas, et qui tenait sans doute à l'aménité de son caractère. C'est apparemment par une suite de cette antipathie, qu'il appelait les épigrammes de Rousseau *des traits où l'esprit se pare des défauts du cœur.* Nous croyons ce jugement trop rigoureux ; nous croyons que le duc de Nivernois ne se rappelait point assez que ce grand poète, victime de la haine et de la persécution, n'a employé le ridicule qu'à se venger de l'injustice. Il oubliait que des épigrammes qui ne tombent que sur des productions littéraires, n'annoncent souvent que la gaîté de l'esprit, et non la dépravation du cœur, comme les libelles calomnieux ; qu'il y a toujours quelque mérite à venger le goût par une raillerie fine et ingénieuse ; et que même si quelque chose est capable de faire pardonner l'essor d'un méchant livre, c'est le bon mot dont il a fourni l'occasion.

Le mérite des *Réflexions* du duc de Nivernois ne se borne pas à l'analyse fine et raisonnée qu'il y fait de ces trois poètes ; il traduit Horace, sinon en poète, du moins avec assez de grâce, comme on peut en juger par ce morceau tiré de la seizième Ode du livre III :

> Un clair ruisseau, de petits bois,
> Une fraîche et tendre prairie,
> Me font un trésor que les rois
> Ne pourraient voir qu'avec envie.
> Je préfère l'obscurité
> Qui suit la médiocrité,
> A l'éclat qui suit la puissance :
> Le riche est au sein des plaisirs
> Moins heureux par la jouissance,
> Que malheureux par ses désirs.
>
> Je n'ai point ces riches habits
> Qu'avec orgueil Plutus étale ;
> Ni vins rares, ni mets exquis
> Ne couvrent ma table frugale ;
> Mais dans ma douce pauvreté,
> De la dure nécessité
> J'ignore l'affligeante peine.
> Je jouis d'un destin heureux :
> Et n'ai-je pas toujours Mécène,
> Si je voulais former des vœux ?

Le talent de la poésie pouvait être regardé comme héréditaire dans la maison de l'auteur. On a retenu les vers satiriques et pleins d'énergie que fit son aïeul contre le fameux abbé de Rancé, réformateur de la Trappe. Il est à regretter seulement que des séductions de société ayent égaré le duc de Nevers dans le parti opposé à Despréaux et à Racine, et que, par un sentiment de faiblesse pour madame Deshoulières, il se soit abaissé jusqu'à protéger Pradon.

NOGARET (Félix), né à Versailles en 1740, et qu'il ne faut pas confondre avec un volumineux compilateur nommé *Nougaret*, qui n'a rien produit que de très-médiocre, et dont nous ne révélons qu'à regret l'obscure existence.

M. Nogaret, connu par des Contes joyeux, par quelques Odes vraiment anacréontiques, et par beaucoup d'autres ouvrages d'une singularité quelquefois bizarre, mais originale, et que cette originalité même distingue avantageusement des écrits vulgaires, joint aux agréments de son esprit des mœurs très-douces et très-aimables.

Quoiqu'il n'ait travaillé que rarement dans le genre sérieux, on s'aperçoit, même dans ses ouvrages badins, qu'il a fait de très-bonnes études ; et parmi nos écrivains à hautes prétentions, nous en connaissons peu à qui les meilleurs poètes de l'antiquité soient plus familiers. Il en est encore moins d'aussi bien versés que lui dans l'Histoire naturelle, dont il s'est occupé avec une attention plus suivie qu'on ne pourrait le présumer, d'après le genre d'ouvrages auquel il s'est le plus constamment adonné. Ce goût pour l'Histoire naturelle et pour les connaissances qui y conduisent, le rendit agréable à MM. de Buffon et de Montucla, et lui valut encore l'amitié du Nestor des Naturalistes, le respectable Adanson (1). Il eut

---

(1) M. Adanson, vrai philosophe, et par conséquent digne

aussi des relations avec Voltaire, et ces liaisons honorables sont des témoignages de la justice qu'on rendait à son amour pour les arts et à la gaîté piquante de son esprit.

Il a traduit, ou, pour mieux dire, il a recomposé à sa manière cet Aristenète grec, qui n'était plus guère connu que de nos hellénistes, et dont nous avait un peu dégoûtés la mauvaise traduction qu'en a donnée Le Sage. C'est lui enfin qui l'a ressuscité en l'embellissant. Il s'est procuré, par cette imitation ingénieuse, des lecteurs de tous les âges. La jeunesse aime tout ce qui respire le plaisir ; l'âge mûr, tout ce qui réveille des sensations voluptueuses ; la vieillesse même retrouve dans cet ouvrage des souvenirs agréables, et on serait tenté d'appliquer à l'auteur ces vers de J. B. Rousseau, en substituant son nom à celui de Marot :

De Prométhée hommes sont émanés,
Et de *Félix* joyeux contes sont nés.

Mais de durs pédants, qui se croyent obligés par état d'aboyer contre la volupté en se pardonnant la débauche, lui ont fait de ces amusements une espèce de crime ; et l'indignation qu'ils nous

___

à tous égards de l'estime publique, vient d'achever sa longue carrière, et a laissé des regrets à tous ceux qui l'ont connu.

firent éprouver, nous dicta ces vers que nous lui adressâmes :

> Que ces riants tableaux, peut-être un peu trop nus,
> Dérobés par ta muse aux boudoirs de Vénus;
> Que ta prose et tes vers tour à tour me séduisent !
> Je les lis et relis, en dépit des cagots :
> Mais ne sois pas choqué si cagots en médisent,
> Car tu sais que, toujours, ce fut l'instinct des sots
> De se venger ainsi de ceux qui les méprisent.

M. de Parny, sans doute par le même sentiment, lui adressa aussi cette jolie pièce :

> Le véritable Aristenète
> Esquissa de maigres tableaux;
> Vos heureux et libres pinceaux
> Achèvent son œuvre imparfaite.
> On assure qu'aux sombres bords
> Il profite de cette aubaine;
> Car d'un auteur l'ombre un peu vaine
> Cherche encor l'encens chez les morts.
> Et votre Grec, je le parie,
> Sur vos dons gardant le secret,
> D'un air modeste s'approprie
> Les compliments que l'on vous fait.

Nous nous félicitons d'avoir pensé comme M. de Parny, dont le suffrage plus flatteur que le nôtre a dû consoler l'auteur des injures de l'hypocrisie.

Différents morceaux d'Horace et d'Ovide, heureusement traduits par M. Nogaret, et surtout une épître *sur la Lumière*, qu'il a composée récemment, et qui lui fait beaucoup d'honneur, prouvent que son talent ne se bornait pas aux contes facétieux et aux tableaux érotiques.

O.

OLIVET (l'abbé Joseph-Thoulier d') de l'Académie Française, né à Salins en 1682, mort à Paris en 1768. L'un des meilleurs et des plus fameux grammairiens de ce siècle, et l'un des écrivains qui se sont opposés le plus constamment aux ravages du néologisme et du mauvais goût.

Ses remarques sur les tragédies de Racine prouvent qu'on peut connaître parfaitement la langue, et ignorer quelquefois les priviléges de la poésie. Il est le premier qui ait remarqué et déterminé notre prosodie française. Il a traduit plusieurs ouvrages de Cicéron, et il était digne de les traduire.

Il est rare que les poètes soient mieux disposés en faveur des grammairiens que des géomètres. C'est ce que prouve l'épigramme suivante de Piron, contre l'abbé d'Olivet ; mais on sent bien que ce n'est pas sur une plaisanterie qu'on doit juger d'un homme de mérite :

> Ci gît maître Jobelin,
> Suppôt du pays latin,
> Juré peseur de diphtongue,

Rigoureux au dernier point
Sur la virgule et le point,
La syllabe brève et longue,
Sur l'accent grave et l'aigu,
Sur le tiret-contigu,
L'*u* voyelle et l'*u* consonne.
Ce charme qui l'enflamma
Fut sa passion mignonne;
Son huile il y consomma ;
Du reste, il n'aima personne,
Personne aussi ne l'aima.

ORLÉANS (Pierre-Joseph d'), jésuite, né à Bourges en 1641, mort en 1698. Son *Histoire des révolutions d'Angleterre*, très-intéressante par le choix du sujet, serait un modèle en son genre, si l'auteur s'était arrêté au règne de Henri VIII. Depuis cette époque, son état ne lui a plus permis d'être impartial ; et c'est une nouvelle preuve que l'histoire ne doit pas être écrite par un homme qui ait des préjugés de corps à ménager. Le Père d'Orléans a travaillé avec moins de succès aux *Révolutions d'Espagne*. Ce n'est pas que la narration n'en soit très-agréable ; mais l'Espagne a été moins féconde que l'Angleterre en grandes révolutions, et par conséquent le sujet était moins heureux et moins riche. Le Père d'Orléans a publié aussi les Vies de plusieurs Jésuites, celle du Père Coton, entre autres. On imagine bien que ce n'est point par de pareils ouvrages qu'il faudrait juger de son talent pour l'histoire. L'inconvénient de ces Vies d'hommes obscurs et faits pour l'être, qui n'ont dû qu'à de petites intrigues une célébrité passagère, capable d'intéresser tout au plus la société dont ils étaient membres, c'est de surcharger les bibliothèques d'une foule de livres inutiles. Cette vicieuse abondance deviendra tôt ou tard plus funeste qu'on ne le croit à la Littérature. Elle fait regretter le temps où l'on n'imprimait point, et où rien n'était conservé que ce qui méritait de l'être.

P.

PALISSOT (Charles), né à Nancy en 1730, auteur de la comédie des *Philosophes*, de quelques autres pièces de théâtre, et du poëme de la *Dunciade*. Ses amis prétendent qu'en lisant ses ouvrages, on s'aperçoit qu'il a fait une étude assez heureuse d'Aristophane, de Lucien, de Molière, de Boileau, et en général des bons modèles. Mais ses ennemis assurent que c'est un homme sans foi, sans probité, sans religion, sans mœurs, une âme sombre et dévorée de fiel, un banqueroutier, un voleur, un ingrat, un fourbe, un traître, un méchant, un flatteur, un envieux, un calomniateur, un hypocrite, un scélérat, etc., etc., etc. (1); et ils en donnent pour

---

(1) Quelques amateurs ont conservé tous ces libelles;

preuves sa comédie des *Philosophes*, représentée de l'aveu du Gouvernement en 1760, et son poème de la *Dunciade*, dans lequel, témérairement et malicieusement, il a osé se moquer des vers ou de la prose de plusieurs beaux esprits infiniment utiles à l'État et au bon ordre de l'univers.

Nous ne savons trop dans quelle classe de démonstration il faut placer ce genre de preuves. Le plus sûr, à notre avis, serait d'en faire des articles de foi, si l'on ne craignait d'en dégoûter les philosophes.

Au reste, la nature ayant épuisé son pouvoir à forger un monstre moral tel que P***, il est de la plus grande probabilité qu'elle en a fait en même temps un monstre physique. C'est pourquoi nous assurons avec un degré de certitude qui approche de l'évidence, que cet auteur, selon toutes les lois de l'analogie, est infailliblement louche, borgne, bossu, boiteux ; qu'il a d'ailleurs des griffes de tigre, des défenses de sanglier, des ailes de chauve-souris, la physionomie d'un oiseau de proie ; et qu'on doit lui trouver à l'extrémité du coccis, une queue de singe, qui dénote

---

ils y ont joint les gravures diffamatoires et les chansons des rues que les philosophes payaient et faisaient chanter : ce qui forme une collection très-piquante, et, comme on peut s'en douter, pleine de goût.

visiblement son origine infernale : *ce qu'il fallait démontrer* (1).

Anecdotes curieuses sur la personne et sur quelques ouvrages de l'auteur.

La comédie des *Philosophes*, comme l'a supposé la calomnie la plus maladroite, n'était pas dirigée contre la philosophie. Les premières lignes de la préface, et plusieurs vers de la

---

(1) Cet article, qui n'était au fond qu'un précis fidèle des emportements que la vengeance philosophique se permit contre l'auteur, parut de ce ton de plaisanterie originale que les Anglais caractérisent par le mot *humour*, qui n'a pas d'équivalent dans notre langue, et dont personne, chez eux, n'a donné plus d'exemples que le célèbre Swift. C'est ce qui nous a déterminés à le conserver : mais, sur notre invitation, l'Auteur a bien voulu nous adresser une notice plus sérieuse, dans laquelle il rend compte, avec la plus exacte vérité, des motifs qui l'engagèrent à composer cette fameuse comédie, *dont la maladresse de ses ennemis n'a pas moins contribué*, dit-il, *à perpétuer le souvenir que l'ouvrage même, auquel il faut bien accorder quelque mérite, mais qui eût demandé la main de Molière*. Telle est la réponse qu'il nous fait en nous envoyant sa notice : c'est en abrégé l'histoire de la pièce, celle des suites qu'elle eut, et dont les traces subsistent encore après plus de quarante ans. Elle révèle des faits ignorés, et ne pouvait être placée plus convenablement qu'ici. (*Note des Éditeurs.*)

pièce même le prouvent assez. Mais parmi ceux qui profanaient le nom de *philosophe* en se l'arrogeant exclusivement, j'avais de violents ennemis dont la haine s'était manifestée quelques années auparavant; et mon intention, je l'avoue, était à la fois d'humilier leur orgueil et de faire connaître tout le danger de leurs principes.

Diderot était celui que j'avais principalement en vue. Rousseau, de Genève, qu'on m'a tant accusé d'avoir mis en scène, était au contraire loué dans la pièce, et le peu de raillerie que je m'étais permis sur quelques-uns de ses paradoxes était alors d'autant plus excusable, qu'il n'avait fait encore ni *Émile*, ni *la Nouvelle-Héloïse*, ni *le Contrat Social*, en un mot aucun des ouvrages qui lui ont acquis depuis une réputation brillante; mais à laquelle il se mêla un peu d'enthousiasme, et qui, mise par le temps à sa juste valeur, déclinera nécessairement de quelques degrés. Il est pour elle une épreuve redoutable qu'elle n'a point encore subie; et c'est le moment où cet écrivain célèbre, mais trop souvent en contradiction avec lui-même, sera jugé d'après cette mesure invariable et sans appel, fixée par Boileau :

<blockquote>Rien n'est beau que le vrai.</blockquote>

Quoi qu'il en soit, Voltaire qui ne l'aimait pas, et d'Alembert surtout, à qui sa réputation naissante causait déjà de l'ombrage, se divertirent à lui appliquer le personnage de la pièce qui, sous le nom de *Crispin*, ne désignait évidemment qu'un valet-secrétaire, que le hasard pourrait avoir placé auprès de Rousseau, et qui, en faisant l'éloge de ce philosophe, se vante en effet de lui avoir servi de copiste. Enfin, quoique dans la préface de l'ouvrage je me fusse appuyé de l'autorité de Rousseau lui-même, qui n'était pas moins que moi l'ennemi déclaré des imposteurs de philosophie (1), la malignité de Voltaire prévalut, et l'on feignit de croire que, sous le manteau de Crispin, c'était bien réellement le philosophe de Genève que j'avais représenté marchant à quatre pattes, et qu'en m'applaudissant, tout Paris était devenu mon complice.

Quand on supposerait l'accusation aussi vraie qu'elle est absurde et fausse, il eût encore été ridicule de m'en faire un crime, comme j'osai le dire à Chaumette, lorsque, dans un réquisitoire équivalent à un arrêt de mort, ce magistrat de ce qu'on nommait alors la commune de Paris, m'accusa devant elle d'*anti-civisme*, parce que,

---

(1) Cela est si vrai, que si l'on rendait au théâtre cette pièce qui aurait tant de droits d'y reparaître, j'exigerais que ces vers y fussent ajoutés à la place que j'indiquerais :

Rousseau, désabusé de leur perfide accueil,
De sa mâle éloquence écrasa leur orgueil.

trente ans avant qu'il ne fût question en France du mot de *civisme*, je m'étais permis le sacrilége de faire marcher à quatre pattes, en plein théâtre, le philosophe par excellence, l'immortel Rousseau.

Que Rousseau soit un homme divin, ou même un dieu (répondis-je à cet énergumène), je suis loin de m'opposer à cette apothéose : mais, je vous le demande, *serait-ce une raison de lui sacrifier des victimes humaines ?*

Quel que fût l'esprit de vertige dont alors la commune de Paris paraissait frappée, cette réponse, non moins mesurée que courageuse, trouva grâce devant elle, et désarma Chaumette lui-même : ce qui pourtant n'empêcha pas que cette scène de démence ne se renouvelât quelque temps après pour m'écarter de l'Institut. Cette compagnie, lorsque j'étais allé me réfugier à Mantes contre la proscription qui menaçait les ci-devant nobles, m'avait fait l'honneur, sans aucune sollicitation de ma part, et même à mon insu, de me choisir pour un de ses associés, et ne voulut plus m'adopter pour un de ses membres quand je fus de retour à Paris : espèce de contradiction très-plaisante, mais fondée encore sur la vieille histoire du philosophe à quatre pattes, oubliée apparemment, ou méprisée, comme elle devait l'être, quand l'Institut m'avait honoré de son premier choix, mais dont on eut soin de réveiller le souvenir avec fureur, pour épargner à quelques prétendus philosophes la douleur de m'avoir pour collègue.

J'étais, je l'avoue, indigné depuis long-temps des maximes licencieuses et subversives de toute morale, répandues dans une foule d'écrits qu'on nommait *philosophiques*, et qui me semblaient menacer l'avenir de la France de quelque orage sinistre. On dira peut-être que c'était voir de loin ; mais l'expérience a prouvé si j'avais bien ou mal vu. L'idée de livrer cette licence au ridicule du théâtre s'était déjà plus d'une fois offerte à ma pensée, lorsqu'une cause, légère en apparence, acheva de me déterminer ; et ce n'est pas la seule petite cause qui ait amené de grands résultats.

Diderot fit, contre moi et contre deux femmes du premier rang, à qui j'avais les plus grandes obligations, deux mauvaises Satires en prose, ornées d'une épigraphe latine d'une impudence cynique. Cette injure ajoutée aux mouvements d'indignation qui se réveillaient chez moi à chaque nouvelle scène de scandale que donnaient nos prétendus sages, me fit prendre enfin mon parti, et la comédie *des Philosophes* fut bientôt achevée. Mais, en soumettant cette pièce au public, c'était à la fois m'imposer la loi la plus sévère de respecter les bienséances, et de n'opposer à mes ennemis que les armes d'une plaisanterie autorisée de tout temps au théâtre, et non celles dont l'usage leur était devenu si familier dans leurs libelles.

La pièce parut donc; et non seulement la secte en masse, mais les individus se regardèrent tous comme personnellement outragés. Ceux d'entre eux qu'un sentiment de curiosité, qu'ils n'avaient pu vaincre, attirait au spectacle, se comparaient eux-mêmes à ces criminels qui, avant de subir leur sort, montaient à l'hôtel-de-ville; et c'est à d'Alembert qu'appartient l'honneur de cette comparaison. La maladresse avec laquelle ils parurent tous se reconnaître dans les traits les plus piquants de l'ouvrage, acheva de prouver au public que je les avais peints très-ressemblants; et lorsqu'ensuite ils feignirent de ne voir dans la pièce qu'un outrage fait à la philosophie, et que, par une maladresse plus grande, ils n'employèrent pour la venger que les injures les plus grossières et les calomnies les plus atroces, Paris, complétement désabusé, ne vit plus en eux que de méprisables charlatans.

Le duc de Choiseul, alarmé de l'esprit de cette secte, dont il entrevoyait aussi tout le danger, avait été un des plus ardents protecteurs de la pièce. Lui-même l'avait lue à la favorite (1),

―――――――――

(1) La marquise de Pompadour.

sans laquelle rien ne se décidait à Versailles, et avait donné l'ordre au vieux Crébillon, alors censeur du théâtre, de n'y rien supprimer.

Tous les papiers du temps ont attesté le succès de cette comédie, jouée d'abord trois jours de suite (ce qui était sans exemple) avec une affluence qui se renouvela constamment aux représentations suivantes. Les prétendus philosophes poussèrent les hauts cris, et, qui le croirait? parvinrent, à force d'intrigues, à réconcilier leur parti avec le duc de Choiseul, qui avait à la fois de la grandeur et de la faiblesse. Il méditait, à cette époque même, l'expulsion des jésuites et l'anéantissement de leur société; et on lui fit craindre d'avoir en même temps pour ennemis les soi-disant philosophes et les soi-disant jésuites.

La secte représentée par Voltaire, qui n'aurait pas dû se confondre avec sa livrée, comme je le lui ai dit à lui-même, et par l'archevêque de Toulouse, Brienne, qui était aux ordres de d'Alembert, traita avec le duc de Choiseul de puissance à puissance; et le principal article du traité fut que la comédie *des Philosophes*, malgré son brillant succès, et toute la faveur du dauphin, fils de Louis XV, qui aimait l'ouvrage et l'auteur, ne serait pas représentée à la cour, qu'elle cesserait même de l'être à Paris, et qu'à l'avenir enfin le théâtre me serait fermé.

En conséquence la comédie *du Satirique* ou de *l'Homme dangereux*, qui avait pensé être jouée en fraude du traité, parce qu'on la croyait faite contre moi, mais dont je finis par être soupçonné, grâce à l'indiscrétion de quelques comédiens qui crurent y reconnaître mon style, fut défendue le jour même où sa première représentation était affichée ; et l'argent des loges, qui toutes avaient été retenues trois semaines d'avance, fut restitué au public.

La même défense eut lieu pour la comédie *des Courtisanes*, sous prétexte de l'indécence du sujet, quoiqu'elle eût été lue chez M. de Maurepas, en présence de sa femme, de madame la maréchale de Mouchy, dont on connaissait la délicatesse morale, de M. l'abbé de Radonvilliers, de M. l'archevêque de Bourges, et de mademoiselle de Pontchartrain. Tous parurent étonnés que j'eusse pu mettre autant de décence dans un sujet qui en promettait si peu ; tous m'en firent des compliments : mais le prétexte de l'indécence avait été suggéré ; il était évidemment faux, car je n'ai pas fait de pièce d'une utilité morale plus sensible. Le seul personnage du philosophe Sophanès, qui avait plus d'un modèle connu, fut le motif secret de la défense.

Ces deux pièces furent enfin jouées ; mais lorsque l'une et l'autre avaient eu plusieurs éditions, et par conséquent n'avaient plus l'attrait de la nouveauté ; cependant elles occupèrent la nouvelle salle du Théâtre Français (1) qui venait de s'ouvrir au faubourg Saint-Germain, pendant toute une saison. Molé fut admirable dans le personnage de l'Homme dangereux, et mademoiselle Contat n'a jamais été plus applaudie que dans celui de Rosalie : rôle où elle développa, pour la première fois, tout le charme de ses talents dsns la comédie *des Courtisanes*.

Ce double succès dut me consoler sans doute ; mais on ne peut se faire une idée du découragement absolu que tant de persécutions m'avaient causé. Elles me forcèrent d'abandonner, pendant près de vingt ans, une carrière que j'aimais, et dans laquelle j'aurais pu me promettre quelque gloire ; si elle ne m'eût pas été si long-temps et si impitoyablement fermée. Cette vengeance n'était pas plus de la philosophie que les injures dont on m'avait accablé dans un déluge de libelles, mais elle était très-digne des tartuffes de morale que j'avais démasqués, et qui ne rougirent pas de se montrer plus violents que les tartuffes de religion ne l'avaient été du temps de Molière.

---

(1) La salle qui s'est appelée depuis l'Odéon, et qu'un incendie a détruite en partie : c'était la plus belle salle de spectacle de Paris, et elle méritait d'être réparée.

Ce précis, que je me devais à moi-même, dont la plupart des faits étaient connus, et dont le public est à portée de juger l'exacte vérité, appartient incontestablement à l'histoire de la littérature, et, sous ce rapport, il devait entrer dans ces Mémoires. Il prouve que, malgré les dégoûts dont on n'a cessé de m'abreuver, ma carrière dramatique n'a pas été, à beaucoup près, sans éclat, quoique, par une intention maligne et basse, certaines gens affectent de répéter tous les jours que depuis *la Métromanie* et *le Méchant* (que personne n'estime plus que moi), la Muse comique est constamment demeurée veuve. Hélas ! personne encore ne reconnaît plus que moi que depuis Molière il ne lui est resté que de bien faibles appuis ; cependant, parmi ceux qui, dans le siècle qui vient de finir, ont fait de temps en temps quelque apparition chez elle, peut-être n'étais-je pas fait pour être passé si légèrement sous silence. Ces Messieurs se flatteraient-ils donc de faire oublier jusqu'à mon existence ? La comédie *des Philosophes*, ou même *la Dunciade* pourraient leur en inspirer le désir ; mais auraient-ils donc cru si facile d'anéantir des ouvrages qui ont fait un peu plus de bruit que les leurs, des faits aussi connus que ceux que je viens de citer, l'opinion publique enfin, et tous les répertoires du temps ? C'est à quoi leur malveillance ne parviendra jamais ; et ce qui les irrite le plus, c'est qu'ils n'en peuvent douter.

Je sais combien, par sa fidélité même, ce précis va préparer de matière à la gaîté de certains journalistes ; il faut que tout le monde vive : mais les vrais juges des arts, c'est-à-dire ceux qui savent les juger avec impartialité, auront plus d'indulgence. Ils n'ignorent pas qu'il y a beaucoup plus d'orgueil dans une modestie de parade qui n'en impose à personne, que dans la franchise avec laquelle un homme qui en a bien acheté le droit par soixante années de travaux, peut parler de lui-même une fois en sa vie.

Ce même précis prouve d'ailleurs le peu de liberté dont jouissaient les gens de lettres dans l'ancien régime, et ne contribuera pas à le faire regretter ; mais ce que je désire principalement que l'on y remarque, c'est l'esprit intolérant et persécuteur d'une secte qui ne cessait de prêcher la tolérance.

PANNARD (CHARLES-FRANÇOIS), né aux environs de Chartres en 1699, mort en 1760. Chansonnier agréable, et dont il est resté quelques Vaudevilles excellents. Les noms de Blot, de Marigny, de Collé, de Pannard, etc., etc., rappèleront toujours le bon temps de la gaîté française.

PARNY (N. le chevalier DE), poète aimable et plein de grâces, qui a fait beaucoup de vers faciles, naturels, voluptueux, comme on en faisait dans le bon temps, et qui n'est jamais tombé dans cette afféterie, ce persifflage, ce jargon tant reproché à M. Dorat et à ses élèves. Nous disons ses élèves; car M. Dorat, comme nous l'avons déjà observé, a eu l'honneur de faire secte, et de fonder parmi nous une espèce d'école.

Chapelle, Chaulieu, la Fare ont de nos jours encore quelques imitateurs qui forment du moins une école de goût. Messieurs Léonard, Bertin, et surtout M. de Parny, se sont distingués avec plus ou moins d'éclat sur leurs traces, et nous rappèlent souvent leur délicatesse, leur facilité, leur abandon, enfin le ton de bonne compagnie qui les caractérise.

Nous n'assignerons pas à chacun de ces Messieurs, comme on l'a fait dans le *Mercure*, les noms de Tibulle, de Catulle, de Properce; nos yeux ne sont ni assez pénétrants ni assez exercés pour classer ainsi les talents, et pour saisir des traits de comparaison où nous n'en voyons aucune à faire. Ce Tibulle, entre autres, qu'Horace appelait le censeur de ses vers; ce Tibulle, modèle d'un goût exquis, à qui l'on donnait le nom de *culte Tibulle*, nom qui dans notre langue ne pourrait s'appliquer mieux qu'à Racine, aurait lieu d'être un peu surpris de se voir si fréquemment comparé à tant de monde. Ceux qui distribuaient ainsi les réputations dans les journaux, nous permettront de leur faire observer qu'il ne faut jamais abuser des comparaisons.

M. de Parny a été moins heureux lorsqu'il a voulu passer la mesure de son talent, et tenter des ouvrages qui demandaient plus d'haleine. Nous n'en citerons pour exemple que son Poème des *Rose-croix*, où l'on retrouve bien à la vérité, dans quelques détails, son heureux talent pour les vers, mais dont il est à la fois très-difficile d'achever la lecture, et même de deviner le sujet à travers le désordre et la confusion qui en font une espèce d'énigme. Nous avouons à regret que ce Poème a porté quelque atteinte à la réputation de M. de Parny ; mais il conservera celle qu'il a fondée sur de meilleurs titres, et c'en est assez pour sa gloire.

PARSEVAL DE GRANDMAISON (FRANÇOIS-AUGUSTE), né à . . . . .

Lorsque, après un siècle de gloire, qu'on regardera toujours comme l'âge d'or de notre littérature, toutes les formes de style avouées du bon goût et de la raison commencent à s'épuiser, la manie d'innover, pour paraître original, ne tarde pas à s'établir. Alors le style devient maniéré ou violent, et même convulsif ; le néologisme s'introduit, et la langue se dénature en perdant ce caractère de simplicité noble, et de vérité qui en faisait tout le charme. Alors une précision sèche, ou, ce qui est plus vicieux encore, l'affectation et l'enflure prènent la place du gracieux et du naturel, et le dégoût des bons modèles achève de ramener tous les arts à la barbarie. La perfection de Racine est regardée comme une élégance froide qui ne lui permet pas de s'élever au sublime ; on accuse Boileau, le poète de la raison, et le législateur du goût, de manquer de philosophie ; le sel de Molière ne paraît plus assez fin ; la Henriade, dit-on, avait été beaucoup trop admirée à sa naissance, quoique dénuée de chaleur ; et la prose même, *si elle ne brûle pas le papier*, n'est plus que la langue du peuple.

Au milieu de cette anarchie, quelques bons esprits, peu remarqués d'abord, mais fidèles au bon sens et à l'ancien goût, conservent avec soin ces formes élégantes et pures où rien n'est excessif, et où l'art se cache sous ce beau naturel dont l'idée même avait disparu, et leur style est accusé de pâleur. Telles sont les réflexions que nous a fait naître la lecture d'un ouvrage intitulé *Les Amours épiques*, auquel on ne peut donner le nom de poème, mais où l'inspiration qui caractérise les vrais poètes se manifeste souvent, et prouve un talent peu commun. L'auteur, M. Parseval, a réuni dans ce singulier ouvrage les divers épisodes que les plus célèbres poètes épiques ont consacrés à l'amour, et a tâché de les enchaîner entre eux de manière à en former un ensemble régulier ; mais le lien qui les enchaîne nous a paru trop mince et d'une invention trop médiocre pour qu'il puisse en résulter ce que M. Parseval a regardé comme un ensemble. Les sujets resteront divisés, mais l'exécution lui fait honneur. Il ne traduit pas servilement, il imite avec un succès qui n'est pas toujours égal : car peut-on se flatter d'atteindre, sans descendre souvent, au sublime d'Homère et à la perfection de Virgile ? Mais on voit du moins qu'il a fait une étude heureuse de ces grands modèles, et que, s'il n'est donné à personne de s'en approprier toutes les beautés, M. Parseval en est vivement pénétré, et, dans plusieurs détails, parvient à s'en emparer en vrai poète.

Il nous paraît lutter avec plus d'égalité et un bonheur plus soutenu contre les poètes modernes; et le tableau charmant des *Amours d'Adam et d'Eve*, pour n'en citer qu'un exemple, est, si nous l'osons dire, supérieur à celui de Milton même. Ce morceau est enchanteur ; il y règne un charme de volupté d'autant plus piquant, que cette volupté est embellie par la pudeur et par l'innocence. Lui seul justifierait les éloges que nous donnons à l'auteur, et qu'il doit à l'impression profonde que fit sur nous, dès sa première édition, cet ouvrage qu'il a bien perfectionné dans la seconde. Nous l'invitons à revenir avec une attention plus sévère encore sur ce même ouvrage qui forme un tout d'environ six mille vers, et par conséquent d'une importance assez grande pour en faire le principal appui de sa réputation. La manière dont il a su l'épurer et l'embellir dans sa nouvelle édition, nous assure qu'il profitera d'un petit nombre de critiques judicieuses qu'on en a faites, mais qui n'ont pas affaibli l'idée avantageuse qu'une lecture réfléchie nous en a donnée.

Que, jeune encore, il respecte dans Voltaire, malgré les imperfections de la *Henriade*, le sceptre de l'épopée française, et qu'il ne croye pas avoir caractérisé ce grand homme dans ces deux vers trop au-dessous de leur sujet :

> Et le brillant Voltaire, au mobile talent,
> Trop léger quelquefois, toujours étincelant.

Qu'il pardonne enfin ces conseils à l'intérêt qu'il nous inspire.

A l'exemple des anciens, l'auteur a, pour ainsi dire, daté son ouvrage par ces vers heureux qui indiquent la brillante époque où il l'a commencé :

> Ainsi je répétais, vers l'été de mes jours,
> Des poètes fameux les chants remplis d'amours (1).

---

(1) Les lecteurs remarqueront aussi bien que nous,

Tandis qu'aux bords du Nil, le héros de la France,
Des Mamelucks altiers foudroyait la puissance,
Apprivoisait l'orgueil de ce fleuve indompté,
Et préparait au loin son immortalité.
Que dis-je? à ses travaux j'associai moi-même
Mon nom qui se parait de sa gloire suprême ;
Dans mon timide vol il daigna m'enhardir ;
A mes premiers accents je le vis applaudir.
Hélas ! pourquoi faut-il que ma muse éphémère
Ne puisse à cet Achille offrir un autre Homère ?
Je dirais ses exploits ; et mon rapide essor.....
Mais d'Icare tombé craignons le triste sort.
Qu'un autre ose vanter... en des vers dignes d'elles,
D'Arcole et de Lodi les palmes immortelles ;
Qu'il ose, par le feu d'un prophétique vers,
Foudroyer Albion et lui ravir les mers ;
Moi, du jeune héros que chérit la victoire,
En d'informes essais défigurant la gloire,
A peine ai-je esquissé ses plus faibles rayons ;
J'hésite, je m'effraye, et brise mes crayons.

PASCAL (BLAISE), né à Clermont en Auvergne en 1623, mort à Paris en 1662. L'un des plus

dans ces vers , quelques négligences qui n'échapperont pas à l'auteur lui-même, lorsqu'il mettra la dernière main à son ouvrage ; *les chants remplis d'amours* sont une expression faible et prosaïque. L'Égypte a été subjuguée trop souvent pour que le mot *indompté* puisse s'appliquer au Nil ; mais en général le ton de ces vers est très-noble; ils rappellent d'ailleurs de glorieux souvenirs qui se lient à l'état de splendeur où la France est aujourd'hui portée, et qu'aucun Français n'eût osé prévoir. M. Parseval ; en les consacrant dans son poème, acquittait, pour ainsi dire, une dette nationale envers le jeune héros qui commençait alors une carrière semée depuis de tant de merveilles.

illustres écrivains du siècle de Louis XIV. On sait qu'à l'âge de douze ans, par la seule force de son génie, il parvint à découvrir sans maître, et à démontrer les trente-deux premières propositions d'Euclide. Ce prodige s'est à peu près renouvelé depuis dans MM. de l'Hopital et Clairaut. Ce qu'il y a de plus surprenant, c'est que Pascal, quoique né avec une vocation si décidée pour la géométrie, fut en même temps un très-bel esprit et un homme de génie. Il ne se trompa, en matière de goût, que sur la seule poésie, dont, malgré ses rares talents, il ne se formait aucune idée. A la vérité, il mourut avant que les satires de Boileau, les tragédies de Racine, et les chef-d'œuvres de Molière et de La Fontaine eussent paru : ce qui le rend infiniment plus excusable que ceux de nos philosophes modernes qui se sont exposés de nos jours à déraisonner sur la poésie, faute de la connaître.

Un prodige de Pascal, plus grand que celui de quelques propositions de mathématiques devinées à douze ans, c'est l'excellent ouvrage des *Lettres Provinciales*, modèle à la fois de la plaisanterie la plus délicate et de l'éloquence la plus véhémente ; écrit avec tant de pureté, qu'on doit attribuer au seul Pascal l'honneur d'avoir fixé la langue, surtout si l'on considère que ces *Lettres* sont de l'année 1656, et antérieures de huit ans à la première tragédie de Racine.

Ces fameuses Lettres subsisteront toujours, quoique, dans le moment où nous écrivons, l'ordre des Jésuites paraisse éteint. Les esprits superficiels, qui n'y verraient qu'un vaudeville du temps, se tromperaient d'autant plus, qu'un chef-d'œuvre d'éloquence est de tous les âges. Pascal ne s'arrêta pas, dans son sujet, aux faibles nuances dont se serait contenté un écrivain qui n'eût été qu'ingénieux. Mais ayant saisi en homme de génie tous les traits qui devaient imprimer un caractère de vie à son tableau, il a immortalisé ce qui n'eût été que passager sans lui; et, dans les révolutions du temps, les Jésuites peut-être seront moins connus par eux-mêmes que par les Provinciales. C'est ainsi qu'Eschine nous est encore présent dans la belle harangue que prononça Démosthène contre lui, et que les sophistes d'Athènes sont, pour ainsi dire, encore sous nos yeux dans l'excellente comédie *des Nuées*.

Les Pensées de Pascal sur la religion, quoique le mérite en soit inégal, renferment de grandes beautés; mais il y aurait de la mauvaise foi à les juger toutes à la rigueur, attendu qu'elles sont moins un ouvrage fini, que le projet d'un ouvrage.

Pascal ne fut point de l'Académie Française.

PASTORET (N. DE), de l'Académie des Inscriptions, né à Marseille en 1756. Il est peu de bons esprits qui, dans leur première jeunesse, n'ayent voulu s'essayer dans l'art des vers. Nous en avons vu de M. Pastoret, qui annonçaient les plus heureuses dispositions; mais sans doute il a cru la poésie inconciliable avec les fonctions sérieuses de la magistrature. Né pour honorer l'état quelconque qu'il eût embrassé, et honorant le sien en effet, il n'a pu cependant (et nous l'en félicitons) lui faire le sacrifice entier de sa passion pour les Lettres. Très-jeune encore, il avait enrichi déjà les Mémoires de son académie de plusieurs dissertations savantes. L'ouvrage qu'il a intitulé *De Zoroastre, Confucius et Mahomet comparés comme sectaires, legislateurs et moralistes*, et qui a remporté le prix de l'Académie des Inscriptions, est, sous ces rapports, un ouvrage très-estimable.

On a de lui, sous le titre *Des Lois pénales*, un écrit publié peu de temps après, et qui ne lui fait pas moins d'honneur. Cet ouvrage, dans lequel l'auteur nous paraît avoir approfondi ce que Bécaria n'a fait qu'effleurer dans son traité des *Délits et des Peines*, mérite, de la part de ceux que le gouvernement a chargés de nous donner un Code criminel, une attention particulière.

Nous avons moins suivi la carrière politique de M. Pastoret, que les commencements de sa carrière littéraire, qui nous avaient vivement intéressés; mais on assure qu'il a porté dans les affaires publiques le même esprit de sagesse et de maturité qui nous a paru caractériser ses ouvrages. Telle est du moins l'opinion générale qu'il a donnée de lui, et que nous en avions conçue nous-mêmes.

PATU (Claude-Pierre), né à Paris en 1726, mort en 1757. La mort prématurée de ce jeune homme estimable doit être regardée comme un malheur pour la littérature. Il avait cultivé, par l'étude approfondie de plusieurs langues, les heureuses dispositions que la nature lui avait données ; et personne n'était plus capable que lui de se faire une réputation brillante, soit par sa prose, soit par ses vers.

Sa comédie *des Adieux du Goût* fut très-accueillie du public, et le méritait par les heureux détails dont elle est remplie. Il publia, deux ans après, une traduction élégante et fidèle de plusieurs petites pièces du théâtre anglais, et entre autres du célèbre opéra du *Gueux*. Ce recueil a fourni à M. Sédaine un de ses meilleurs ouvrages, et à M. Collé l'idée de la pièce intéressante qu'il a donnée sous le titre de la *Partie de chasse de Henri IV*.

Plein de ce noble enthousiasme qu'inspire, surtout aux jeunes gens, un homme de génie, M. Patu fit avec nous, en 1755, le voyage de Genève, pour y rendre à M. de Voltaire l'hom-

mage que lui devaient tous les gens de lettres.
Nous avons sous les yeux plusieurs témoignages
des sentiments dont l'honorait cet illustre écrivain, et de l'opinion avantageuse qu'il avait de
ses talents. M. Patu joignait en effet à un esprit
supérieur les principes et l'amour du bon goût;
et, sans doute, il eût retardé la décadence dont
notre littérature était déjà menacée. Il avait vu
avec douleur les commencements de cette secte
impérieuse et hautaine, qui, sous le masque de la
philosophie, prétendait exclusivement à la considération, se croyait la dispensatrice de la gloire,
et se proposait enfin d'asservir la république des
lettres aux caprices de ses prosélytes. Il semblait
prévoir leur audace, leur jalousie, leur manége,
leur intolérance : aussi nous écrivait-il alors, dans
la juste indignation qu'il en ressentait : *Initium sa-
pientiæ, timor philosophorum.*

PAVILLON (ÉTIENNE), de l'Académie Française, né à Paris en 1632, mort 1705. Il y a de
la délicatesse et du naturel dans ses petites poésies, qui lui donnèrent une réputation assez bien
acquise encore pour son temps; mais un poète,
qui n'aurait aujourd'hui que de pareils titres de
célébrité, ne serait guère connu que par le Mercure, s'il n'était pas très-riche, et s'il n'avait
pas une bonne table. Le règne des Bouquets, des
Madrigaux, des Épithalames, est à peu près

passé comme celui des Triolets et des Ballades. Les *Fantaisies* passeront à leur tour.

PÉLOUX DE CLAIRFONTAINE (Pierre-André), né à Paris en 1727. *Voyez*, à son sujet, notre article LUCE DE LANCIVAL. Ajoutez seulement qu'il a fait une seconde tragédie, intitulée *Busiris*, qui n'a été ni imprimée ni représentée, mais dont sa famille a le manuscrit.

PELLEGRIN (l'abbé Simon-Joseph), né à Marseille en 1663, mort à Paris en 1745. La pauvreté le rendit ridicule. Un comédien osa le jouer en plein théâtre, et railler uniquement sa misère, sans que le public se soit soulevé contre cette indécence inhumaine. L'abbé Pellegrin, homme doux, simple, modeste et honnête, avait le malheur de travailler pour vivre, et pour faire subsister une famille nombreuse, à laquelle il sacrifiait souvent son propre nécessaire. Ses vertus ne le sauvèrent pas du mépris ; cependant on ne doit pas oublier qu'il a fait la tragédie de *Pélopée*, ouvrage qui ferait beaucoup d'honneur à ceux de nos modernes qui affichent le plus de prétentions ; l'opéra de *Jephté*, supérieur à cette tragédie, et la comédie *du Nouveau-Monde*.

PELLISSON (Paul), né à Beziers en 1624, mort à Versailles en 1673. Ce ne sont ni ses vers

galants, ni ses ouvrages de controverse, ni son
Histoire de l'Académie Française, trop défigurée
par des noms obscurs, ni enfin son Histoire de
la Conquête de la Franche-Comté, quoique très-
bien écrite, qui lui assureront une réputation
immortelle ; mais c'est le courage et l'éloquence
qu'il déploya, du fond de la Bastille, en faveur
de Fouquet, malheureux et prisonnier comme
lui. Les Mémoires qu'il fit pour la défense de
cet illustre infortuné, sont du genre des beaux
plaidoyers de Cicéron, comme l'a judicieuse-
ment observé Voltaire, et ne méritent pas moins
de célébrité.

Pellisson était né protestant ; et si l'on en croit
les écrivains de cette communion, il crut devoir
faire aux bienfaits de Louis XIV le sacrifice d'une
religion que ce prince n'aimait pas, et qu'il était
résolu de proscrire. Mais, est-ce donc l'intrépide défenseur de Fouquet, à qui l'on pourrait
supposer une pareille politique ? Peut-être don-
na-t-il lieu à ces conjectures malignes, par l'espèce de passion qu'il témoigna pour le rôle de
convertisseur, dans le temps de la révocation de
l'édit de Nantes, et surtout par le malheur qu'il
eut de mourir sans sacrements ; malheur attesté
par l'épigramme suivante :

> Ne jugeons jamais d'une vie
> Que son flambeau ne soit éteint ;
> Pellisson est mort en impie,
> Et La Fontaine comme un saint.

Mais les épigrammes ne prouvent rien ; et nous répétons encore qu'il n'est pas vraisemblable que le même homme qui avait annoncé un si grand caractère dans la défense de Fouquet, eût été capable des ménagements politiques que lui prête la malignité. Il est vrai que, dans le cœur humain, les contradictions se concilient, et que souvent les extrêmes se touchent.

PERRAULT (Charles), de l'Académie Française, né en 1626, mort en 1703. Il a contribué à l'établissement de l'Académie des Inscriptions et Belles-lettres, sous la protection de Colbert. Il a fait pour les enfants de petits contes pleins de naturel, qui plaisent d'autant plus à cet âge, qu'ils ne sont ni philosophiques ni moraux. Mais il ne devait pas mettre en vers ennuyeux celui de *Peau-d'Ane*, et partir de là surtout, pour écrire contre Homère et Virgile. Il n'entendait certainement pas le premier de ces poètes : aussi Boileau, dans la dispute qu'il eut avec Perrault sur Homère, n'eut besoin, pour triompher, que de relever les bévues continuelles de son adversaire. C'est dans un poème sur le siècle de Louis-le-Grand, publié en 1687, que l'auteur de *Peau-d'Ane* entreprit, pour la première fois, de rabaisser l'auteur de l'Iliade. Ce poème commençait ainsi :

> La docte antiquité fut toujours vénérable ;
> Je ne la trouve pas cependant adorable.

L'homme qui écrivait de ce style n'était pas né pour sentir les beautés d'Homère.

Perrault a eu pour partisans les philosophes Fontenelle, Terrasson, La Motte et Boindin; mais son paradoxe eut pour ennemis le grand Condé, Boileau, Racine et tous les gens de goût. C'est un préjugé bien fâcheux contre l'opinion favorable au parti des modernes, qu'elle ait toujours été méprisée par les seuls hommes qui fussent capables de balancer la gloire des anciens : cependant cette opinion bizarre est encore favorisée de nos jours par l'orgueil philosophique.

On a lu avec surprise, à l'article *Encyclopédie* du Dictionnaire encyclopédique, qu'aucun homme de lettres du siècle de Louis XIV (que Diderot, auteur de cet article, appelle le siècle pusillanime du goût) n'eût été digne de fournir à cette fameuse compilation une page qu'on daignât lire aujourd'hui. Il n'en excepte que Perrault, et les philosophes dont nous venons de parler.

L'auteur de cette singulière assertion a-t-il donc pu la hasarder sérieusement, surtout dans le même article où nous avons vu qu'il avait fait une peinture si fidèle de la monstrueuse difformité de cette même compilation (1) ? Quoi ! Corneille n'aurait pas été digne de fournir sur la tragédie, Molière sur la comédie, Boileau sur la poétique,

_____

(1) *Voyez* l'article DIDEROT.

La Fontaine sur la fable, Rousseau sur l'ode, La Bruyère sur les mœurs, Bossuet sur l'éloquence, une page que l'on daignât lire aujourd'hui! Et cette gloire, refusée à de si grands hommes, aurait été précisément réservée aux auteurs des *Bijoux indiscrets*, d'*Annette et Lubin*, de *Grigri*, de la *Vision*, et à la foule de nos compilateurs philosophes!

Risum teneatis, amici.

Nous avouons que, dans cet immense Alphabet des connaissances humaines, en vingt volumes *in-folio*, il se trouve un fragment de Montesquieu, des articles de Voltaire, de d'Alembert, de Rousseau, et de quelques autres hommes célèbres, ainsi que plusieurs morceaux fournis par des artistes éclairés. Mais pourquoi cent auteurs du premier mérite ont-ils mieux aimé tenir au siècle pusillanime du goût, que de coopérer à ce grand dictionnaire?

Pourquoi a-t-on annoncé comme le plus beau monument du siècle, comme un monument de génie, une masse indigeste à laquelle tant d'écrivains distingués n'ont pas même daigné fournir un article?

Pourquoi assujettir au ridicule désordre d'une nomenclature alphabétique toutes les sciences et tous les arts, de manière que, par la multitude de renvois qu'entraîne nécessairement cette méthode, ou plutôt ce défaut de méthode, il faut parcourir les vingt énormes volumes pour savoir précisément comment se fait une aiguille ?

Pourquoi s'être flatté d'avoir donné la description fidèle de tous les arts, pour avoir semé çà et là quelques notices imparfaites et superficielles, tandis que l'Académie des Sciences, si respectable à toute l'Europe, s'occupe, depuis environ un siècle, à donner cette même description dans un ordre bien plus convenable, et qu'elle n'a pu remplir encore à cet égard qu'une faible partie de ses engagements ?

Pourquoi tant de larcins déguisés sous le nom d'articles ? pourquoi tant de paradoxes dangereux sous le nom de vérités utiles ? pourquoi tant d'erreurs de géographie, d'histoire, de morale, de goût, qui dupent à chaque moment la confiance ou la curiosité du lecteur ? pourquoi tant d'impertinences érigées en préceptes, surtout en matière de littérature ? pourquoi, comme Voltaire en convient lui-même, tant de déclamations puériles et de lieux communs insipides ?...(1). Mais les pourquoi ne finiraient jamais.

PETIT-RADEL (Louis-Charles), né à Paris en 1757.

Dans notre édition précédente, nous avions

---

(1) Voltaire, *Siècle de Louis XIV.*

annoncé les savantes conjectures de M. Radel, fondées sur les découvertes qu'il a faites en Italie de plusieurs monuments d'architecture militaire, dont la construction irrégulière et bizarre remonte évidemment à des siècles plus éloignés que celle de tous les monuments connus. Cette construction qui appartient exclusivement à ces édifices, et que les anciens ont caractérisée sous les noms d'ouvrages, de murs, de remparts des Cyclopes, semble prouver l'existence d'un peuple fort antérieur, non seulement aux Étrusques, mais à toutes les nations qui, dans l'opinion vulgaire, ont habité primitivement l'Italie.

L'Institut de France, à qui M. Radel fit part de ses découvertes, était le seul juge capable d'en apprécier le mérite ; et, d'après différents Mémoires que cette compagnie savante jugea dignes de son attention, l'auteur fut appelé lui-même au rang de ses juges. Cette distinction, qu'il était loin d'espérer, et l'avantage qu'il eut de se concilier si promptement les suffrages des anciens membres de l'Académie des Inscriptions, annonçaient déjà l'estime qu'on y faisait de ces découvertes, et présageaient le jugement favorable que cette Académie vient d'en porter dans le rapport qu'elle en a fait à Sa Majesté Impériale ; rapport dont nous joignons ici l'extrait :

« M. Petit-Radel a le premier conçu l'idée de faire
» distinguer, dans les diverses constructions ou

» plutôt substructions des murs antiques, quelles
» sont les parties anciennement ruinées qu'on doit
» regarder comme appartenant aux époques des
» fondations primitives de ces villes. Partant
» du principe que des constructions, faites dans
» des systèmes absolument opposés et exclusifs,
» doivent appartenir à des colonies différentes,
» il montre que ces ruines formées de blocs en
» polyèdres irréguliers et sans ciment, attribuées
» jusqu'alors par tous les antiquaires, soit aux
» Romains, soit même aux Goths et aux Sar-
» rasins, sont les mêmes constructions Cyclo-
» péennes qui ont été décrites par les écrivains
» grecs, et dont l'origine remonte incontesta-
» blement à la plus haute antiquité : d'où il
» conclut que, ces constructions étant sem-
» blables et dans les assises inférieures des murs
» des plus anciennes villes de la Grèce et dans
» celles des murs des plus anciennes bourgades
» de l'Italie, il doit s'ensuivre que plusieurs de
» ces monuments furent l'ouvrage des antiques
» dynasties auxquelles les anciennes traditions,
» recueillies par Denis d'Halicarnasse, attribuent
» la civilisation primitive de ces contrées. Sans
» prononcer sur le degré de certitude des opi-
» nions proposées par l'auteur, nous disons
» qu'on ne peut les taxer d'être fondées sur des
» suppositions gratuites, et que la manière dont
» il envisage l'ensemble de l'histoire des temps
» héroïques s'accorde très-bien avec ce que

» nous en connaissions déjà, et avec les nou-
» veaux points de vue qu'il présente, à l'aide
» d'une critique ingénieuse dont il ne doit les
» élémens à aucun auteur ancien ni moderne. »

Appuyées sur des preuves très-fortes (comme l'examen sévère que nous en avons fait nous en a convaincus), les opinions de M. Radel sortent de la classe des conjectures où nous les avions d'abord placées, et deviènent des découvertes d'autant plus précieuses, qu'elles nous promettent une introduction toute nouvelle à l'ancienne histoire de l'Italie et de la Grèce. Leur importance prend même chaque jour, si nous l'osons dire, un caractère plus solennel par le mouvement de curiosité qu'elles excitent en Europe. Déjà l'Angleterre, l'Allemagne, et Rome elle-même, commencent à s'occuper de cette route ignorée jusqu'ici, et que M. Radel vient d'ouvrir. On va même jusqu'à publier, avant lui, des ouvrages qui pourraient lui faire disputer ses découvertes, si les journaux français et étrangers n'eussent pas, en les annonçant, fixé leur date de manière à prévenir tous les doutes.

Autant les recherches des antiquaires méritent peu d'attention, lorsqu'elles ne portent que sur des objets d'une curiosité vaine, et dont il ne peut naître aucun résultat, autant elles nous paraissent respectables lorsqu'elles tendent à agrandir la science et à donner une nouvelle face à l'histoire du monde.

Nous nous souvenons d'avoir écrit, dans notre jeunesse, une Histoire des premiers siècles de Rome, quelques années après que M. de Pouilly eut répandu sur ces premiers siècles le scepticisme de ses paradoxes. Ils ont été renouvelés depuis dans un ouvrage, d'ailleurs très-estimable, de M. Lévesque, ouvrage dont nous avons oublié de parler à son article, et qui n'a rien changé à notre opinion sur le degré de certitude que méritent ces faits historiques. On peut voir, dans le Discours préliminaire de notre histoire de ces premiers siècles, combien nous étions loin de partager le pyrrhonisme de M. de Pouilly, dont le savant abbé Sallier nous paraît avoir démontré l'exagération, et que nous persistons à regarder comme insoutenable. Nous aimions, dans nos premières années, ce genre d'études ; et, quoique parvenus au déclin de notre carrière, nous avouons que nous serions très-flattés de voir la réalité historique des anciens rois de la Grèce mieux établie encore que celle des premiers rois de Rome, par les découvertes d'un écrivain qui nous intéresse à plus d'un titre (1).

---

(1) M. Petit-Radel, nommé Conservateur de la Bibliothèque Mazarine par Sa Majesté Impériale qui a bien voulu nous en confier l'administration, est à la fois notre collègue et notre beau-frère. Il appartient à une famille respectable qui compte encore parmi ses membres un architecte célèbre et un savant médecin, et à laquelle nous nous sommes alliés en épousant leur sœur.

Indépendamment du nouveau jour que M. Radel se propose de répandre sur l'Histoire dans un ouvrage déjà fort avancé, et qui a dû lui coûter de longs travaux, il a rédigé, dans le style lapidaire des anciens, les fastes du héros de la France; composition unique en son genre, et dont les journalistes n'ont point parlé apparemment par le peu d'habitude qu'ils ont de ce style : mais, dans le rapport de l'Institut que nous avons cité, et sans doute d'après le jugement qu'en a porté le Varron (1) de Rome moderne, ces inscriptions ont été jugées dignes du bon siècle.

L'auteur a préféré avec raison, et par le conseil du magistrat éclairé qui préside au département de la Seine, la langue latine qui est encore la langue universelle de l'Europe, à notre propre langue embarrassée d'articles qui ne lui permettent ni la même énergie ni la même précision. Les inscriptions de l'histoire sont moins faites pour le peuple que pour les hommes instruits; cette raison seule nous paraîtrait prépondérante en faveur de la préférence que mérite la langue latine. Nous savons que c'était l'opinion du célèbre Mirabeau, et qu'elle devait par conséquent être adoptée par un magistrat qui s'honore d'avoir été son ami, et qui méritait d'en être aimé.

---

(1) M. Visconti.

PICARD (Louis-Benoit), né à Paris en 1769. Il était, comme Molière, à la tête d'une troupe de comédiens qu'il alimentait de ses ouvrages. Que ce rapprochement n'effarouche pas, nous ne comparons que les situations et non les talents. Mais s'il reste à Paris un théâtre où l'on ait encore le plaisir de rire de bon cœur et à bon titre, et qui ait conservé quelque trace de l'esprit et de la gaîté de l'ancien temps, nous ne balançons pas à citer celui de Picard. Il y a non seulement d'heureuses saillies, mais des scènes fort agréables dans la plupart de ses pièces. Il en est quelques-unes, telles que le *Collatéral*, les *Conjectures*, la *Petite Ville*, qui avaient fait juger qu'en certaines parties (ce qui ne serait pas de nos jours un faible mérite) l'auteur pourrait rivaliser avec Dancourt. Mais il en est d'autres d'un genre et d'un ton plus élevés, dans lesquelles même il entre quelques intentions philosophiques, l'*Entrée dans le monde*, par exemple, et les *Marionnettes*, malgré la singularité du titre, qui prouvent, à ce qu'il nous semble, qu'en abusant un peu moins de son excessive fécondité, en mettant plus de soin et de sévérité dans la composition et dans le style de ses pièces, et surtout en se réduisant à la prose, l'auteur pourrait s'élever jusqu'à la vraie comédie. C'est à quoi nous l'invitons, s'il veut remplir la vocation qu'il nous paraît avoir reçue de la nature.

Au talent facile dont il a donné tant de preuves, il joignait le mérite d'être sur la scène un acteur d'une vérité d'autant plus piquante, qu'il ne la déshonorait par aucune charge.

PIEYRE (N.), né à Nîmes. Sa comédie de l'*École des Pères*, nous paraît un ouvrage plein de mérite. Ce n'est point, à la vérité, une comédie dans le genre de Molière ; mais depuis les meilleures pièces de la Chaussée, c'est ce que nous avons vu de plus estimable dans ce genre moral. Peut-être, comme elle est envers, désirerait-on qu'elle fût écrite avec plus de verve, mais elle ne peut l'être du moins avec plus de raison. Nul abus d'esprit, nulle affectation dans le style, une morale pure et sévère, telle qu'elle est indispensable au théâtre, mais sans aucune exagération ; ce qui nous semble très-digne d'éloge.

Dans quelques-uns de ces mauvais ouvrages, auxquels on a donné le nom de drames, et qui ont éteint la bonne comédie, on a vu des têtes ridiculement exaltées nous accabler de leurs déclamations philosophiques. M. Pieyre n'a rien de commun avec ces prédicateurs énergumènes ; il se tient dans ce juste milieu qui caractérise une tête saine et bien organisée. Son personnage de père nous a paru aussi bien tracé qu'il pût l'être, et depuis long-temps on n'avait vu sur la scène française un ouvrage plus complétement estimable.

Tous ceux qui ont vu cette comédie dans sa nouveauté, regretteront long-temps la figure charmante et l'ingénuité noble de mademoiselle Olivier dans le personnage de Rosalie. Cette jeune actrice, qui réunissait la décence aux grâces, fut enlevée aux vœux du public, par une mort prématurée, à l'époque même du succès de l'École des Pères.

Depuis cette comédie, M. Pieyre a fait imprimer *la Maison de l'Oncle*, en cinq actes et en vers, dans laquelle on ne retrouve aucune trace du talent que l'auteur paraissait annoncer dans son premier ouvrage. Il est donc vrai que le mérite d'un premier essai n'est pas toujours un sûr garant de l'avenir d'un jeune écrivain, et qu'il faut se défier des espérances trop légèrement conçues. *Voyez* l'article COLLIN-D'HARLEVILLE.

PIRON (ALEXIS), né à Dijon en 1689, mort à Paris en 1773. *La Métromanie*, quelques épigrammes excellentes, et un petit nombre de pièces fugitives dans lesquelles il a montré un esprit original et un vrai talent, sont ses titres de gloire, et ce qui portera son nom à la postérité. Tout cela formerait à peine un volume ; et des éditeurs indiscrets ont publié les œuvres de ce poète en sept gros tomes qui sont restés chez les libraires.

Ce n'est pas qu'à la rigueur on ne pût admettre encore dans ce recueil la tragédie de *Gustave*, qui s'est maintenue au théâtre, non par le style, mais par la force des situations, et celle de *Cortès* (1), en faveur d'une très-belle scène, défigurée cependant quelquefois par des vers bizarres. Que l'on y eût joint encore, si on le voulait, la comédie des *Fils Ingrats*, que nous avons vu remettre sans aucun succès, le tout n'eût formé que deux petits volumes, d'un mérite très-inégal; mais c'en était bien assez pour des éditeurs jaloux de sa gloire.

Nous sommes sévères à regret, mais on nous pardonnera cette sévérité si l'on pense que, pendant la vie de Piron, on l'opposa souvent à Voltaire, comme un rival qui le surpassait en génie,

---

(1) Dans cette tragédie de *Cortès*, Piron eut la maladresse de vouloir faire porter sur les conquérants espagnols l'intérêt de sa pièce, en avilissant les malheureux Mexicains. Voltaire s'était bien gardé de faire une pareille faute en traitant le sujet d'*Alzire*. Piron, d'ailleurs, en dégradant le caractère de Montézume, jusqu'au point de le rendre méprisable, n'a pas, à beaucoup près, relevé celui de Cortès : il en a fait une espèce de chevalier errant, qui n'a cherché un nouveau monde, et ne s'est signalé par des exploits inouis, que pour plaire à une froide Elvire à laquelle on ne prend aucun intérêt. L'auteur n'a pas senti que cet amour ne pouvait que dégrader Cortès lui-même. Son héroïsme n'est plus que le délire d'une passion extravagante; et l'on ne voit plus en lui qu'un brigand d'Europe, excité par un sentiment romanesque à la destruction de tout un peuple.

et que Piron lui-même eut la maladresse de laisser entrevoir qu'il le croyait.

Cet écrivain a toujours été reconnu pour un homme d'un talent original et de beaucoup d'esprit. Nous-mêmes nous avons cru caractériser assez heureusement sa Métromanie par ce vers :

> Chef-d'œuvre où l'art s'approcha du génie.

Nous croyons qu'il n'a fait que s'en approcher, parce qu'en effet presque tous les caractères de cette comédie si piquante, et si vivement dialoguée, ne sont pas dans la nature. Où trouverait-on, excepté dans les Visionnaires de Desmarets, un fou de l'espèce de Francaleu, un homme qui a la manie de faire des vers et qui convient lui-même que la rime et la raison n'y sont pas trop exactes, un homme qui s'accroche aux passants pour trouver, dit-il, un auditeur bénévole ou non, dût-il ronfler debout ? où trouverait-on une servante qui s'exprimât aussi poétiquement et avec autant de verve que Lisette, un valet, non moins poète, et familiarisé avec le style figuré, au point de dire, en parlant de son maître :

> Je réponds de sa barque en dépit de Neptune ?

Nous nous rappelons d'avoir été, dans notre jeunesse, un des plus passionnés admirateurs de la Métromanie. L'extrême difficulté que l'auteur avait dû vaincre, pour remplir cinq actes avec un sujet qui semblait offrir si peu de matière, était surtout ce qui nous frappait : mais alors nous n'avions point assez médité l'art de Molière, et nous n'avions pas assez présent le sujet beaucoup plus ingrat des Femmes savantes, dont il a fait une de ses meilleures comédies. Elle ne pouvait devenir ce qu'elle est que dans les mains d'un aussi grand maître ; et ce qui la rend vraiment étonnante, c'est que Molière ne trouve ses ressources que dans son génie. Quelque stérile que paraisse son sujet, il s'y renferme uniquement, il en tire toutes ses situations et tous les traits comiques dont il sait l'enrichir. L'abondance de Piron n'est au contraire qu'un effort d'esprit ; la plupart des situations de la Métromanie pourraient s'appliquer à toute autre pièce ; à quelques égards enfin cette charmante comédie n'est qu'un prestige. Cependant elle est si riche en détails heureux, elle étincèle de traits si piquants, on y trouve tant de scènes ingénieusement amenées, que, malgré ses fautes, elle passera toujours pour un des plus brillants ouvrages de ce siècle, et qui suffirait seul à la gloire de Piron.

Telle est, dans l'opinion publique, la prépondérance d'un seul ouvrage de génie sur une foule d'écrits estimables d'ailleurs, mais relégués dans la classe des productions communes. Dès qu'une fois une nation est enrichie de plusieurs chef-d'œuvres, tout écrivain qui ne se sera point élevé sensiblement au dessus de son siècle, ne peut plus

espérer que des succès médiocres. Il faut ou se
frayer des routes nouvelles, ou du moins ajouter quelque degré de perfection à des genres
déjà connus, pour laisser de soi un long souvenir. Mais comment se flatter d'y réussir, lorsque
tous les genres semblent épuisés ? C'est là précisément le triomphe de la difficulté vaincue.

Il est vrai qu'alors un seul ouvrage d'un grand
caractère peut immortaliser son auteur. Nous
voyons que cet honneur n'est pas toujours acheté
par de gros volumes. Anacréon, avec quelques
odes charmantes, mais d'un genre original, qui
conserve encore le nom du poète; Tibulle et
Catulle, avec un petit nombre de vers heureux;
Chapelle, peut-être, avec son seul *Voyage*; Piron, avec sa *Métromanie*, perceront plus loin
dans l'avenir, que beaucoup d'auteurs plus féconds, à qui cependant on ne pourrait refuser,
sans injustice, un rang distingué parmi les beaux
esprits de leur temps.

Si l'on est jaloux de prévenir en quelque sorte
les jugements futurs, et de se former par avance
quelque idée de ce petit nombre d'ouvrages privilégiés qu'on voit encore paraître à la suite d'un
siècle de gloire, et qui porteront infailliblement
à la postérité les noms de leurs auteurs, il ne faut
qu'interroger les passions mêmes des artistes ou
des gens de lettres. Toute production contre
laquelle ils se seront soulevés avec le plus de

fureur, qui aura le plus essuyé de contradictions, et qui peut-être aura exposé son auteur aux persécutions les plus vives de l'autorité surprise, ou de la calomnie, sera, d'après ces excès mêmes, celle dont le mérite aura été le plus senti, et à laquelle on rendra le plus de justice, lorsque l'esprit de parti aura fait place à la raison. Il faut, au contraire, se méfier beaucoup de tous ces ouvrages qui, ne produisant qu'une sensation commune, et n'humiliant personne, sont également accueillis de tout le monde, et n'inspirent à ceux qui les lisent, qu'une dédaigneuse bienveillance : affront que n'a jamais essuyé aucun chef-d'œuvre. Ces réflexions, que nous avions placées ailleurs (1), s'appliquent ici très-naturellement : on sait que Piron fut persécuté, et qu'il ne fut point de l'Académie Française.

POINSINET (Antoine-Henri), né à Fontainebleau en 1735, mort en 1769. Il ne manquait pas de ce luxe d'esprit qui s'exhale quelquefois en saillies piquantes, mais il était absolument dénué de jugement. Si l'on excepte l'opéra d'*Ernelinde*, que Philidor honora de sa musique, et la petite comédie du *Cercle*, dans laquelle il nous déroba deux scènes d'une comé-

---

(1) A la tête de l'Éloge de Rameau, dans le Nécrologe des hommes célèbres de France, année 1764.

die du même titre, imprimée douze ans avant la sienne, il n'a fait que des bouffonneries dont l'extravagance était annoncée jusque dans les noms qu'il leur donnait. C'est de lui que nous avons dit dans la déroute de l'armée de la Sottise :

> L'œil étonné cherche en vain Poinsinet,
> Il fut dissous par un coup de sifflet.

Ses aventures seraient bien plus plaisantes que tout ce qu'il a fait, si elles étaient écrites avec l'esprit de gaîté qui animait dans le temps ceux qui s'amusaient de ses ridicules. Son vrai caractère était une folie portée au plus haut degré de l'invraisemblance.

PRADON (Nicolas), né à Rouen, mort à Paris en 1698. Les ennemis de Racine se servirent de ce mauvais poète pour chagriner ce grand homme, et Pradon ne rougit pas de se prêter à leurs cabales. Sa tragédie de Phèdre n'est connue que par l'honneur qu'elle eut d'être opposée un moment au chef-d'œuvre de Racine. Jamais peut-être l'esprit de parti n'avait produit de scène plus absurde.

Pradon ressemblait assez à quelques-uns de nos poètes tragiques modernes : dénué de connaissances et d'études, versificateur trivial, et d'une fécondité malheureuse, mais plein d'orgueil, et surtout d'animosité contre la satire, il eut la bêtise de croire que Boileau avait voulu faire un jeu de mots, en disant du poème de Saint-Amand :

<small>Le Moïse commence à moisir par les bords.</small>

Pradon le lui reprocha très-amèrement: « Moïse » et Moisir (s'écrie ce judicieux critique), quelle » petite antithèse pour un si grand poète »! Fréron n'était pas plus content de lui-même quand il croyait avoir découvert quelque inexactitude dans une phrase ou dans un vers de Voltaire.

Il ne faut pas cependant que nos jeunes auteurs se persuadent trop aisément qu'ils sont en droit de parler de Pradon avec irrévérence, ni de se donner mutuellement son nom dans leurs épigrammes : car enfin ce poète est auteur d'une tragédie de *Tamerlan*, qui s'est soutenue au théâtre pendant plusieurs années, et de celle de *Régulus*, que l'on jouait encore avec quelque succès, au commencement de l'autre siècle. Il a fait d'ailleurs ces jolis vers :

<small>Vous n'écrivez que pour écrire,
C'est pour vous un amusement ;
Moi qui vous aime tendrement,
Je n'écris que pour vous le dire.</small>

PREVOT D'EXILES (l'abbé ANTOINE-FRANÇOIS), né à Hesdin en Artois en 1697, mort en 1763. Écrivain très-fecond, qui a enrichi notre littérature d'un nouveau genre de romans. On connaîtra mieux leur mérite, lorsqu'on aura donné une idée de ceux qui avaient eu le plus de faveur avant qu'il fît paraître les siens (1).

Le goût des aventures extraordinaires avait prévalu long-temps dans ces sortes d'ouvrages. Nous n'avions pas un poëme épique, et la nation était inondée d'une foule de romans assujettis à quelques règles de l'Épopée, dans lesquels des héros imaginaires, se disputant par leurs faits d'armes les plus belles princesses du monde, recevaient enfin au douzième tome le prix de leur persévérance. Tout était merveilleux dans ces romans, excepté le style. D'ailleurs, nulle vérité dans les sentiments, nulle vraisemblance dans les caractères, moins encore dans les mœurs ; et, pour comble de ridicule, c'était de l'imagination en prose. Les Italiens, plus raisonnables que nous, avaient du moins senti que ces grandes fictions, où domine le merveilleux, ne pouvaient être souffertes qu'autant qu'elles étaient embellies par le vrai langage de l'imagination, qui ne peut être que la poésie.

A ces romans énormes, succédèrent les nouvelles galantes, dans le goût espagnol. Alors le merveilleux fut remplacé par l'intrigue, et l'imagination par l'esprit ; mais ce changement n'en

---

(1) Ceci est encore emprunté du Nécrologe de 1764, dans l'article Prévôt, dont nous nous étions chargés.

produisit aucun à l'avantage de l'art. La lecture de ces nouvelles devint plus pénible qu'amusante. On se lassa de suivre des fictions, peu intéressantes par elles-mêmes, dans un dédale de nœuds difficiles à débrouiller ; et le vrai manquant toujours dans les caractères et dans les mœurs, il fallut enfin recourir à la simplicité et au naturel, qui semblent ne plaire aux hommes qu'à mesure qu'ils ont pris plus de peine pour s'en écarter.

Le roman de la princesse de Clèves, intéressant uniquement par le développement d'une passion vive, ouvrit les yeux de la nation, et fit voir que l'on ne devait point chercher les moyens de réussir ailleurs que dans la nature. Cependant il faut avouer que la révolution parut se faire un peu trop aux dépens de l'imagination. L'élégance du style n'empêcha point que l'on ne trouvât quelque froideur dans des romans absolument dénués d'intrigue et de merveilleux. Il eût suffi, sans doute, de le prodiguer moins ; mais tel est le caractère de l'esprit humain, qu'il semble toujours se porter vers les extrêmes.

L'inconstance française ne tarda pas à introduire un nouveau genre, que le goût de frivolité et la dépravation des mœurs n'ont soutenu que trop long-temps, au préjudice de notre gloire. On regarda comme inutile de peindre des caractères, lorsque la nation commençait à perdre le sien. La licence, devenue générale, et laissant à peine subsister de faibles égards pour les bienséances, les sentiments délicats disparurent. Un triste persifflage, composé de mots à la mode (1), empruntés du jargon de nos petites maîtresses, jargon plus insensé que celui des *Précieuses*, quelques aventures scandaleuses arrivées dans ces lieux de plaisirs, appelés *Petites-Maisons*, et racontées avec plus de légèreté que de décence, formèrent une nouvelle classe de romans, inintelligibles d'abord pour la province, avant qu'elle eût adopté les vices de la capitale, et qui ne paraîtront à la postérité (s'ils y parviènent) que des archives de démence. On ne peut nier que quelques-unes de ces bagatelles ne fussent écrites avec assez d'élégance ; mais elles accoutumèrent l'étranger à faire peu de cas d'une nation annoncée, par tant d'ouvrages, comme un modèle de frivolité et de ridicule.

On doit excepter de cette foule de romans celui de *Gilblas*, que beaucoup de gens préfèrent aujourd'hui à *Don Quichotte* même, qui n'est qu'une satire très-ingénieuse du goût particulier qu'avaient les Espagnols pour les livres de

---

(1) On a voulu caractériser ici les singes de M. de Crébillon, tels que l'auteur d'*Angola*, par exemple, l'abbé de Voisenon, et quelques autres écrivains dont, comme nous l'avons dit ailleurs, la licence n'est rachetée par aucune grâce.

chevalerie ; tandis que *Gilblas* est la peinture la plus fidèle, la plus naïve, et la plus piquante des différents ridicules attachés à l'espèce humaine.

D'après ce coup-d'œil rapide jeté sur les romans, on conçoit assez pourquoi ce genre d'ouvrages ne s'est concilié que rarement les suffrages des bons esprits. Toute lecture inutile devient bientôt insipide : aussi les jeunes gens seuls et les femmes lisent encore, avec quelque avidité, l'espèce de romans que nous venons de caractériser.

Mais il en est de plus estimables, dans lesquels presque toutes les conditions du genre dramatique sont remplies, où les mouvements du cœur sont développés avec art, où les passions s'expriment dans le langage qui leur est propre ; enfin, où l'on trouve des caractères vrais, et qui ne se démentent point, des mœurs prises dans la nature, et des sentiments qui nous affectent d'autant plus, que nous les eussions éprouvés nous-mêmes dans les circonstances où les personnages de ces romans sont placés. Dans ces ouvrages, comme dans nos pièces de théâtre, le vice doit toujours être puni, la vertu toujours récompensée. C'est en ce genre, surtout, que se distingua l'abbé Prevôt, qui ne paraît avoir été surpassé que par le célèbre Richardson.

Le grand nombre de caractères, également

vrais et bien soutenus, qui sont peints dans le *Cléveland*, prouvent à la fois la connaissance profonde que l'abbé Prevôt avait des hommes, et l'heureuse fécondité de son imagination. Le début de ce roman, dans la caverne de Rumney-hole, est une des scènes les plus attachantes dont nous ayions l'idée. Il n'est pas de lecteur qui n'ait versé des larmes sur le sort de l'infortunée Fanny, qu'un excès de sensibilité précipite dans des malheurs si cruels : l'épisode de l'île Sainte-Hélène, le caractère de Gélin, mêlé d'audace et d'artifice ; l'influence de ce caractère sur tous les événements que l'auteur a prodigués dans sa fable avec une richesse qui étonne ; tous ces détails d'un bel ouvrage sembleraient suffire pour assurer au nom de l'abbé Prevôt une réputation durable. On avoue néanmoins que ce roman gagnerait à être réduit, et que l'auteur s'y est trop livré à la passion du merveilleux. Le voyage de Cléveland chez les Abaquis en est un exemple, aussi bien que la manière peu vraisemblable dont le même Cléveland retrouve madame Lallin, après l'avoir vu brûler vive par les Roüintons.

Les longueurs, les négligences, les aventures incroyables qui déparent un peu les romans de cet écrivain, viènent de la précipitation mercenaire avec laquelle il eut le malheur de travailler toute sa vie. Il s'était loué, pour ainsi dire, à un libraire ; et l'on sent assez que, dans une pareille situation, le plus rare talent doit tomber souvent dans la médiocrité. Avec une meilleure fortune, l'auteur dont nous parlons aurait eu le loisir de perfectionner ses ouvrages, ses plans seraient devenus plus réguliers, ses personnages plus vrais, son style infiniment plus soigné.

On lui eût pardonné d'avoir peint avec maladresse les mœurs de la bonne compagnie qu'il n'avait jamais connue. Élevé dès sa plus tendre jeunesse dans un cloître, dont il sortait à peine, il n'avait pu deviner ni le ton du monde ni celui des bienséances. Mais on regrette qu'avec un mérite aussi distingué que le sien, et les ressources d'une imagination très-brillante, sa réputation n'ait pas acquis tout ce que ses talents donnaient lieu d'espérer.

Le chef-d'œuvre de l'abbé Prevôt, c'est, de l'aveu de tous les gens de goût, l'Histoire intéressante du chevalier des Grieux et de Manon l'Escaut. Qu'un jeune libertin et une fille née seulement pour le plaisir et pour l'amour, parviènent à trouver grâce devant les âmes les plus honnêtes ; que la peinture naïve de leur passion produise l'intérêt le plus vif ; qu'enfin le tableau des malheurs qu'ils éprouvent et qu'ils ont mérités, arrache des larmes au lecteur le plus austère ; et que, par cette impression-là même, il soit éclairé sur le germe des faiblesses, renfermé, sans qu'il le soupçonnât, dans son propre cœur, c'est assurément le triomphe de l'art, et ce qui peut donner la plus haute idée du talent de l'abbé Prevôt : aussi, dans ce singulier ouvrage, l'expression des sentiments est-elle quelquefois brûlante. Il fallait que cet auteur eût éprouvé lui-même, avec bien de la force, tout l'empire des passions, pour avoir su les peindre avec tant d'énergie et de chaleur.

Outre ses romans, l'abbé Prevôt a donné une Histoire générale des Voyages, en seize tomes *in-*4°.; plusieurs histoires particulières; plusieurs traductions de l'anglais : enfin, on a de cet écrivain laborieux et facile plus de cent volumes.

Q.

QUINAULT (PHILIPPE), de l'Académie Française, né à Paris en 1635, mort en 1688. Quoiqu'on se plaise aujourd'hui à venger la mémoire de ce poète des satires de Despréaux, ceux qui le réduisent au seul mémoire de ses opéras ne lui rendent pas encore une justice entière. Ses tragédies sont, à la vérité, faibles et romanesques ; mais il faut observer qu'elles avaient toutes précédé l'*Andromaque* de Racine, que le style en est naturel, assez pur pour le temps, et qu'enfin nous avons vu de nos jours reparaître l'*Astrate*, non sans quelque succès. Boileau, que l'habitude des grands modèles et la sévérité de son goût avait élevé à des idées de perfection bien supérieures, eut raison cependant d'être rigoureux envers ses productions molles et négligées, dont la réussite eût perdu le théâtre.

La comédie de *la Mère Coquette* est encore une de nos plus agréables comédies d'intrigue : elle eût suffi seule pour assurer à Quinault une réputation distinguée, surtout si l'on réfléchit combien alors les bons modèles étaient rares.

Ces observations ne peuvent qu'ajouter à la gloire de cet auteur, qui d'ailleurs est suffisamment établie par ses belles tragédies lyriques. Il semble que ce poète était né pour donner à un grand roi des fêtes nobles et majestueuses. Personne, en effet, n'a su lier, avec plus d'art que ce poète, des divertissements agréables et variés à des sujets intéressans ; personne n'a porté plus loin cette molle délicatesse, cette douce mélodie de style, qui semble appeler le chant; personne enfin n'a si bien connu la quantité précise du sentiment qui convenait à ce genre, dont il a été le créateur et le modèle.

Mais que les détracteurs de Boileau ne se hâtent pas de triompher. On ne doit pas dissimuler qu'il y a dans le genre de l'opéra un vice radical, qui a suffi pour indisposer contre lui les meilleurs esprits, tels que Boileau, Racine, La Fontaine, La Bruyère, etc. Tous ces grands hommes, qui avaient bien acquis le droit d'être difficiles, ne pouvaient tolérer que l'on mît au rang des chef-d'œuvres, des poèmes ordinairement dépourvus de vraisemblance, libres des trois unités, et dans lesquels presque toutes les règles de l'art sont nécessairement violées. Ce spectacle, si pompeux, si varié, ne présentait souvent à leurs yeux qu'un magnifique ennui. Et, sans être taxé de trop de rigueur, on peut dire, de l'aveu du goût, que le meilleur des opéras ne sera jamais un excellent ouvrage. Nous croyons cependant que ce spectacle, où, comme l'a dit Voltaire,

> . . . Les beaux vers, la danse, la musique,
> L'art de tromper les yeux par les couleurs,
> L'art plus touchant de séduire les cœurs,
> De cent plaisirs font un plaisir unique,

est très-convenable pour de grandes fêtes, et qu'il est même susceptible de beautés particulières, dont aucun écrivain n'a mieux senti que Quinault toutes les espèces différentes. Mais, nous le répétons, il ne faut pas s'étonner que Boileau, si exact, si sévère dans ses productions, et qu'une étude continuelle des anciens avait accoutumé à leur caractère de beautés mâles et nerveuses, ne put se familiariser avec une poésie étrangère au style figuré, et presque toujours dénuée d'images. D'après cette manière de penser, que lui donnait le sentiment de sa propre force, il avait de la peine à regarder

Quinault comme un grand poète, et en cela il était conséquent. En effet, on ne peut guère désavouer que, lorsqu'on vient de lire les vers excellents de Boileau et ceux de l'inimitable Racine, on ne soit tenté de juger Quinault avec rigueur. Ce dernier pourtant a su très-souvent exprimer avec grâce des sentiments naturels et délicats. Assurément c'est posséder une partie du secret des poètes : mais c'est être encore fort loin de Racine ; et il n'est pas de lecteur qui ne souffre à descendre de Phèdre à Armide.

Nous ne nous sommes permis ces observations que pour faire sentir à quelques écrivains de nos jours, qu'une décision un peu sévère de Despréaux ne suffit pas pour affaiblir la vénération qui lui est due comme au législateur du goût.

R.

RABELAIS (François), né à Chinon en 1483, mort en 1573. Cordelier d'abord, ensuite bénédictin, puis médecin, puis curé de Meudon, etc. Écrivain d'un caractère vraiment original, dans lequel on ne sait ce qui doit le plus étonner, ou de la raison profonde qui perce à travers le délire de son imagination bizarre, ou de l'excessive folie sous laquelle il semble avoir pris plaisir de masquer sa raison.

Quiconque n'est pas instruit des mœurs, des

usages, des ridicules, et même de l'histoire du temps où vivait Rabelais, sera nécessairement tenté de rejeter avec dégoût son *Pantagruel*, comme un tissu d'extravagances ; mais plus on est éclairé sur ces différents objets, plus ce même ouvrage paraîtra d'une singularité piquante, et plus on apercevra que ce n'était pas sans motif que La Fontaine, Molière, Rousseau, et tant d'autres excellents esprits, avaient pour Rabelais la plus grande estime. Il a fourni à tous les auteurs, à Racine (1) lui-même, et à Voltaire (2), de très-bonnes plaisanteries ; et on pourrait, à quelques égards, appliquer à son livre ce que Boileau disait des ouvrages d'Homère.

C'est avoir profité que de savoir s'y plaire.

On ne peut disconvenir pourtant que ce bizarre ouvrage ne contiène aussi un très-grand nombre de mauvaises bouffonneries, dans lesquelles on se flatterait en vain de découvrir aucun sel, aucun à-propos, peut-être même aucun sens. La gaîté de Rabelais ressemble à l'ivresse, et cette ivresse n'est pas toujours celle d'un homme de bonne compagnie. Cependant personne ne paraît avoir porté aussi loin que cet auteur le génie de la raillerie, celui de la satire, et cet art singulier de mêler toujours le ridicule

---

(1) Dans la comédie des *Plaideurs*.
(2) Dans son *Pauvre Diable*, et ailleurs.

au sérieux, et le sérieux au ridicule. Sous les nuages mêmes dont il s'enveloppe, on démêle l'érudition la plus surprenante. Il savait tout, s'est moqué de tout; et, dans le siècle où l'on alluma le plus de bûchers, et où Marot, moins licencieux que lui, fut obligé de sortir de France, il échappa à la persécution par l'enjoûment de son caractère, et par les excès d'imagination et de folie qu'il eut l'adresse d'accumuler dans son incroyable ouvrage.

On a appelé le célèbre Swift, le Rabelais de l'Angleterre; et ces deux écrivains avaient en effet des traits de ressemblance. Tous deux ont un caractère également satirique et moqueur. L'avantage paraîtrait même du côté de Swift, si, dans les ouvrages de ce dernier, on ne consultait que la raison, le goût et les bienséances. Mais il n'était pas universel comme Rabelais, et il ne savait pas, comme lui, presque toutes les langues ancienes et modernes. Swift a vécu d'ailleurs dans un siècle où le goût s'était infiniment perfectionné : il est donc moins original, moins étonnant que Rabelais, qui lui a servi de modèle; et si l'on voulait se faire une idée précise du génie de cet homme rare, ce ne serait point assez de le mettre en parallèle avec Aristophane et Lucien, quoiqu'il participât cependant beaucoup au caractère de l'un et de l'autre.

On trouve dans les *Amusements sérieux et*

comiques de Dufresny quelques imitations très-heureuses du style, et même de l'esprit de Rabelais.

RACAN (Honorat de Beuil, marquis de), né en Touraine en 1589, mort à Paris en 1670. Ami de Malherbe, et le meilleur de ses élèves, quoiqu'il ne l'ait point égalé, du moins dans le genre lyrique. On trouve de très-belles strophes dans quelques-unes de ses odes; mais c'est dans le genre pastoral qu'il s'est principalement distingué. On sait encore par cœur plusieurs morceaux de ses Bergeries, celui, entre autres, qui commence par ces vers:

> Heureux qui vit en paix du lait de ses brebis,
> Et qui de leur toison voit filer ses habits, etc.

RACINE (Jean), de l'Académie Française, né à la Ferté-Milon en 1639, mort en 1699. On ne s'étendra point sur le mérite de ce grand homme, le plus pur, le plus élégant, le plus harmonieux, le plus tendre, le plus éloquent de tous nos poètes. En lisant ses vers, on croit sentir que, sous le règne d'Auguste, il eût été Virgile, comme en lisant ceux de Virgile, on est persuadé que dans le siècle de Louis XIV il eût été Racine. Le choix heureux de leurs expressions, la continuité de leur élégance et leur délicieuse harmonie, sont cause de l'égale difficulté qu'on éprouve à les bien traduire. Les étrangers reconnaissent cette difficulté à l'égard de Racine, comme nous la sentons à l'égard du poète romain.

Il semble que l'admiration s'accroisse encore pour Racine, lorsqu'on pense au succès avec lequel son génie était capable de se plier à tous les genres. Qui reconnaîtrait en effet le sublime auteur d'*Athalie* dans l'agréable comédie des *Plaideurs* ? et qui croirait que le même homme eût, avant Rousseau, égalé Marot dans l'épigramme ? Au reste, ce dernier genre n'est pas le seul dans lequel Rousseau ait été devancé par Racine. On n'a point assez observé que les chœurs d'Esther et d'Athalie, lui assurent encore la prééminence dans le genre lyrique. Quinault connaissait les grâces ; Rousseau savait s'élever jusqu'au sublime : mais les chœurs de Racine réunissent aux charmes du sentiment et à la majesté de nos livres saints, une poésie vraiment divine. Ils ont plus que de l'intérêt ; ils respirent cette onction douce et tendre dont Racine avait trouvé la source dans son cœur, et qui, étant moins un secret de l'art qu'un don de la nature, peut à peine être définie, et ne saurait être imitée.

Mais sa gloire ne se bornait pas à la seule poésie. Il eût eu la même supériorité dans la prose. On peut en juger par ses *Discours à l'Académie*, où se trouve un magnifique éloge du grand Corneille ; par ses *Lettres* à l'auteur des *Hérésies imaginaires*, dignes d'entrer en comparaison avec les meilleures *Provinciales* ; et enfin par son *Abrégé de l'Histoire de Port-Royal*, que le savant abbé d'Olivet appelait un chef-d'œuvre ; et véritablement c'en est un, auquel il n'a manqué qu'un sujet plus intéressant.

C'est surtout par ses admirables tragédies que Racine s'est acquis une gloire immortelle. Notre respect pour l'antiquité, qui n'est ni aveugle ni superstitieux, ne nous empêche pas de reconnaître que les Grecs n'ont rien à leur opposer : mais c'est à l'école des Sophocle et des Euripide que Racine apprit à les surpasser.

Molière eut l'honneur de l'encourager le premier, et de prévoir dans les productions encore informes de sa jeunesse l'avenir brillant que lui promettait son génie. La critique sévère de Boileau, dont il fut l'ami jusqu'à la mort, acheva de perfectionner les dons heureux qu'il tenait de la nature. On sait que Racine se glorifiait de l'avoir pour maître, et il devait cette tendresse au grand homme qui l'avait consolé souvent des injustices du public et des fureurs de l'envie.

RACINE (Louis), de l'Académie des Belles-Lettres, né à Paris en 1692, mort en 1764. Fils de l'illustre auteur dont nous venons de parler, et digne de cet honneur par son beau poème de *la Religion*, que Jean-Baptiste Rousseau regardait comme un des ouvrages les plus estimables de notre langue.

Peu d'écrivains ont mieux connu que Louis Racine l'heureux mécanisme des bons vers et la justesse de l'expression. Ce mérite ne brille pas dans son poëme seulement, mais encore dans quelques autres de ses écrits, qui ne sont pas moins dignes de sa réputation.

Il a publié la *Vie* et quelques *Lettres* de son père, avec des *Remarques* sur ses tragédies. De quelque sentiment dont il dût être pénétré pour la mémoire de ce grand homme, il n'a trouvé que des lecteurs aussi jaloux que lui-même de l'admirer. On lui sait gré de sentir toute la dignité de son nom, et de le faire valoir avec une noble confiance.

Louis Racine, comme nous l'avons dit ailleurs, joignait à ses rares talents une modestie qui en augmentait encore le prix. On sait qu'il s'était fait peindre les OEuvres de son père à la main, et le regard fixé sur ce vers de Phèdre :

> Et moi, fils inconnu d'un si glorieux père.

Il faut ajouter Louis Racine au grand nombre d'hommes illustres qui n'ont point été de l'Académie Française, malgré tous les droits que son nom et ses ouvrages lui donnaient à cette distinction. C'est ce qui avait, dit-on, fait naître à l'abbé Trublet l'idée d'un nouveau chapitre qu'il se proposait d'ajouter à ses *Essais de Morale*, intitulé : *Du danger d'avilir les honneurs, en les refusant aux personnes qui les méritent, et en les prodiguant à celles qui ne les méritent pas.*

RAYNAL (l'abbé Guillaume-Thomas), né à Saint-Geniez en 1711, mort en 1796. On avait oublié ses *Histoires du Parlement d'Angleterre et du Stathoudérat*, écrites d'un style peu convenable au genre, chargées d'ornements déplacés, d'ostentation d'esprit et d'antithèses, lorsqu'il parut sous son nom, sans que jamais il l'ait désavouée, une *Histoire philosophique et politique des établissements et du commerce des Européens dans les deux Indes*. Cette Histoire ne pouvait manquer d'intéresser les nations par l'importance de son objet et par l'attrait de la nouveauté.

Quoiqu'on y trouve des erreurs, des contradictions même, comme l'auteur pouvait avoir été trompé, et que d'ailleurs il n'est pas d'historiens à qui l'on ne puisse reprocher quelques inexactitudes, la réputation de l'ouvrage n'en eût pas souffert; mais ce qu'on ne lui pardonna point, ce sont les déclamations audacieuses qu'on y trouve partout, et dans lesquelles ni les principes moraux qui sont la sauvegarde des États, ni les États eux-mêmes, ne sont respectés. En attaquant le fanatisme, l'auteur, loin d'en paraître exempt, semble avoir eu l'intention d'en inspirer à ses lecteurs ; et ces déclamations perpétuelles fatiguent d'autant plus, qu'elles ne sont évidemment qu'un placage appliqué sans art, et qui rompt à chaque moment le fil de l'histoire.

Il semble étonnant qu'un homme voué par état à la religion, se soit permis contre elle plus d'emportement que ses ennemis les plus déclarés. Nous ne parlons pas en théologiens, nous ne parlons que d'après les bienséances adoptées par les gens du monde. Ajoutons que la saine critique suffisait seule pour détourner l'auteur de cette affectation qui a gâté son ouvrage, surtout dans les dernières éditions, où ces déclamations emphatiques sont bien plus prodiguées que dans la première, et se trouvent réunies à des espèces d'hymnes dithyrambiques et extatiques sur les plaisirs des sens : autre scandale qui n'est ni moins déplacé ni moins surprenant.

Nous aimons à croire, et nous croyons en effet, que l'auteur n'a péché que par faiblesse. Il a permis à des têtes exaltées, qui semblaient avoir acquis le privilége de disposer des réputations, d'altérer son Histoire par ces additions étrangères. Ce qui nous confirmerait dans cette persuasion, c'est que l'ouvrage paraît non seulement de plusieurs mains, mais que l'on y trouve des pages entières transcrites d'après d'autres ouvrages, sans que rien les distingue du texte (1). Nous croyons savoir d'ailleurs, que, même dans les parties irréprochables de son livre, l'abbé Raynal s'est associé quelques coopérateurs, et qu'entre autres la partie très-intéressante de la traite des Nègres lui a été fournie par M. de Pechméja. Il ne serait peut-être pas très-difficile d'en trouver la preuve.

Dans ses dernières années, à la vue des calamités que l'esprit révolutionnaire avait entraînées dans sa malheureuse patrie, l'abbé Raynal parut se repentir des opinions dangereuses qu'il avait semées, ou permis que l'on semât dans son livre. Nous lui avons nous-mêmes entendu dire qu'il fallait bien se garder de prendre à la lettre les conceptions de la philosophie; qu'il en était dont l'imagination pouvait être plus ou moins séduite, et qui n'en étaient pas moins impossibles à réaliser. Mais

---

(1) Pour n'en citer qu'un seul exemple, *voyez* la Préface de la quatrième édition de *l'Homme moral*, faite à Paris en 1784, chez *Debure* l'aîné, libraire. M. Lévesque, auteur de cet ouvrage, y démontre qu'à l'exception de quelques légers changements de mots, des pages entières de ce livre se trouvent dans l'*Histoire philosophique et politique*, sans que rien les annonce comme des citations.

N. B. Que la première édition de *l'Homme moral* parut en 1775, et que les passages dont il s'agit n'ont été insérés que dans la dernière édition de l'*Histoire philosophique*, faite en 1780.

dans ce livre même où il s'est donné tant de licence, on trouve ces paroles remarquables, et qui auraient pu servir d'antidote aux principes anarchiques qu'on a fait circuler avec tant d'imprudence dans les assemblées populaires, et qui ont causé tant de ravages : « La chimère de l'é-
» galité est la plus dangereuse de toutes dans une
» société policée. Prêcher ce système au peuple,
» ce n'est pas lui rappeler ses droits; c'est l'in-
» viter au meurtre et au pillage; c'est déchaîner
» des animaux domestiques, et les changer en
» bêtes féroces. »

RAYNOUARD (N.) . . . .
Son début dans la carrière dramatique n'est pas, comme nous l'avions nous-mêmes pensé d'après l'opinion commune, la tragédie *des Templiers*. Il existait de lui un *Caton d'Utique*, imprimé à cette époque où la France, si cruellement opprimée par des brigands obscurs qu'elle s'était donné pour maîtres, portait à l'excès le délire de sa prétendue liberté, et n'applaudissait que des maximes démagogiques. Le *Caton* de M. Raynouard ne fit pas cependant alors une grande fortune, et il en reste à peine aujourd'hui un faible souvenir. Cette pièce en effet était loin d'annoncer l'homme qui devait, peu d'années après, obtenir sur la scène un succès très-brillant, et mérité à bien des égards. Le talent poétique

manquait absolument à la tragédie *de Caton*, et il s'annonce du moins par intervalles dans celle *des Templiers*, quoiqu'en général le style en soit médiocre et dénué de couleur. Mais l'importance d'un fait très-intéressant par lui-même, et à qui rien ne ressemble dans l'histoire, éleva sans doute le talent du poète fort au dessus de ce que semblait promettre son premier essai. Ce n'est pas que, dans *les Templiers*, les personnages de Philippe-le-Bel, de Jeanne de Navarre, du chancelier Nogaret, et du connétable, n'ayent paru très-insipides : mais le caractère du grand-maître, Jacques de Molay, est très-noblement soutenu ; et l'idée seule d'avoir fait du jeune Marigny, à l'insu de son père, un chevalier du Temple, pénétré d'amour et de respect pour son ordre, dont son père est le plus implacable ennemi, nous paraît une invention fort heureuse, et qui devait assurer le succès de la pièce. On y trouve d'ailleurs, dans une scène entre Jacques de Molay et le jeune Marigny, un trait que la situation rend presque sublime, et qui a été parfaitement rendu par Saint-Prix, chargé du rôle du grand-maître. Enfin la pièce est terminée par un récit plein de chaleur : ainsi, malgré tous ses défauts, l'ouvrage n'est pas d'une main vulgaire.

La médiocrité du style peut n'être pas sans remède, si M. Raynouard, qui paraît n'admirer que faiblement Racine, en comparaison de Corneille, veut cependant étudier un peu l'harmonie savante et le coloris brillant du premier de ces poètes. Corneille sans doute a mérité l'admiration de son siècle et du nôtre ; mais, comme l'a très-bien dit M. de Laharpe, un auteur médiocre le choisira toujours pour maître de préférence à Racine, parce qu'il est bien plus aisé d'imiter son incorrection et les nombreux défauts qui tiènent à l'âge où il a vécu, que la perfection désespérante de son rival. Racine n'est pas d'ailleurs, comme l'a dit M. Raynouard dans son Discours académique, uniquement recommandable par la manière dont il a traité les passions tendres. Plusieurs scènes de *Mithridate*; le personnage entier d'Acomat dans la tragédie de *Bajazet*; *Britannicus*, un de ses plus beaux ouvrages, prouvent qu'au moins il pouvait balancer Corneille, et, par son chef-d'œuvre d'*Athalie*, nous croyons qu'il l'a surpassé.

Nous parlons du Discours académique de M. Raynouard, à qui, en effet, l'Académie a ouvert ses portes pour la seule tragédie *des Templiers*, tandis qu'elles restèrent fermées à Voltaire, après la *Henriade*, *OEdipe*, *Brutus*, *Zaïre*, *Alzire*, *la Mort de César*, *Mahomet*, *Mérope*, etc., etc. Voilà ce que produisent la différence des temps et la décadence trop sensible des arts. Pour peu qu'elle continue, l'Académie finira par se donner des membres qui n'auront eu que le mérite de se taire, et ce n'est pas ce qu'elle aura fait de plus maladroit.

REGNARD (Jean-François), né à Paris en 1647, mort en 1709. Le second de nos poètes comiques, dans l'opinion commune, mais placé à une distance presque infinie de Molière, quoiqu'il soit supérieur à la plupart de ceux qu'on regarde comme les successeurs de ce grand homme. On trouve chez lui plus que chez eux cette force comique si précieuse, et dont les exemples deviènent plus rares de jour en jour sur notre scène. L'enjoûment, la plaisanterie, la gaîté dominent principalement dans ses ouvrages: mais dans la comédie du *Joueur*, il s'est élevé au-dessus de lui-même ; et s'il a défiguré cette pièce par les rôles très-inutiles et très-déplacés de la Comtesse et du Marquis, il en a peint le principal caractère comme il devait l'être. Cependant, aujourd'hui que toutes les bornes des arts sont confondues, on a osé dire, à l'occasion de je ne sais quel drame anglais transplanté sur notre scène, que Regnard n'avait qu'indiqué le sujet, et que le traducteur de la pièce anglaise l'avait rempli. Ce n'est pas un des moins absurdes jugements que le mauvais goût ait portés dans ce siècle, et rien ne serait plus facile à prouver. Le drame de Béverley ne nous présente qu'un furieux qui doit avoir peu de modèles, même en Angleterre, et que son caractère forcené conduirait infailliblement à Tyburn : la comédie de Regnard est, au contraire, la vraie peinture d'un Joueur tel que nos mœurs pouvaient en admettre la représentation. On voit dans le lointain, et pour ainsi dire dans la perspective théâtrale, qu'ayant commencé par être dupe, il pourrait finir par être fripon. C'est là que le poète doit l'abandonner. Si l'horoscope d'un pareil joueur vient à se remplir, il n'appartiendra plus à la scène, mais aux tribunaux. Il suffit, pour la correction que la comédie peut se proposer, qu'on l'ait représenté perdant sa maîtresse, déshérité et voisin des plus grands malheurs. Le personnage de *Tout-à-bas* est placé, par le génie même, pour faire entrevoir à des spectateurs délicats jusqu'où la passion du jeu peut conduire ; et c'en est assez pour des Français. En un mot, la manie du *Joueur* de Regnard n'est qu'un vice que Thalie peut réprimer par le ridicule ; et la frénésie monstrueuse de Béverley devient un crime que les lois seules doivent arrêter par la crainte des supplices. Ces observations peuvent s'étendre à la plupart de ces autres drames d'un genre horrible et sombre, dont on a dérobé les sujets à la Tournelle pour en infecter notre théâtre.

Peut-être nous objectera-t-on que le but des spectacles étant de donner aux hommes de grandes leçons, ce serait une inconséquence que d'en exclure les tragédies bourgeoises, infiniment plus rapprochées de nos mœurs, et par conséquent plus utiles que les tragédies bornées uniquement à la classe des princes. Cette observation spécieuse, et si souvent alléguée, n'a pu prévaloir encore sur la répugnance des gens de goût pour ces drames atroces. Essayons de prouver (dussions-nous franchir un peu nos limites) que les motifs de cette répugnance sont fondés sur la raison même.

Que Sixte V, pour parvenir au pontificat; que Cromwel, pour monter au trône, se permètent tous les crimes de la politique et de l'ambition, ces crimes se concilient cependant avec une sorte d'élévation de sentiments qui en diminue l'horreur. Ils conservent quelque chose d'imposant par la grandeur même des objets dont ces ambitieux sont occupés : aussi de pareils personnages ont-ils précisément le caractère qui convient à la dignité de la scène. Mais que, dans un rang inférieur, un bourgeois, pour supplanter son égal dans un petit emploi subalterne, ou même, si l'on veut, pour s'élever à une place de haute finance, se permète des crimes à peu près semblables, on ne voit plus que l'histoire abominable et dégoûtante d'un scélérat obscur, réservé pour la Grève, et qu'un spectacle atroce, indigne de la curiosité des honnêtes gens. Voilà ce que feignent de ne pas entendre les partisans de ces drames monstrueux dont on s'obstine à déshonorer le théâtre.

Qu'on nous représente Caton s'immolant lui-même pour ne pas survivre à la liberté de sa patrie, il ne peut en résulter aucun danger pour la société; la situation de Caton est si différente de celle où se trouvent les spectateurs; ce grand homme est si supérieur à notre vulgaire de la cour et de la ville, qu'assurément il ne viendra dans la pensée à personne d'attenter à sa vie pour imiter le héros d'Utique : mais qu'on nous présente un homme de notre sphère, se livrant aux mêmes excès de désespoir pour des maux que nous sommes tous dans l'habitude d'éprouver, alors vous verrez naître une foule de suicides; cette fureur se répandra dans les conditions les plus communes, et les mœurs de vos citoyens, de douces qu'elles étaient, pourront devenir féroces et cruelles. Nous osons dire que cet inconvénient, auquel peut-être on n'a point assez réfléchi, eût déjà mérité l'attention du gouvernement.

En voilà sans doute beaucoup trop sur une révolution que Regnard eût été bien éloigné de prévoir. Tant que nous conserverons le caractère français, il est à croire que le genre triste et sombre ne prévaudra pas sur la gaîté pleine de sel et de grâces de ce poëte comique. Personne n'a écrit avec plus de verve et de saillie, et n'a fait un usage plus heureux du ridicule. On peut lui reprocher seulement de n'avoir observé que très-peu de caractères, de jouer trop souvent sur le mot, et d'allier quelquefois la mauvaise à la bonne plaisanterie.

Toutes ses pièces d'intrigue, dans lesquelles il faut placer le *Légataire* au premier rang, sont dialoguées de la manière la plus vive, la plus naturelle, la plus piquante. Nous ne connaissons rien de plus gai que le *Retour imprévu*. Enfin, quoique Regnard n'ait pas embelli les *Ménechmes* de Plaute autant que Molière avait embelli les sujets de *l'Avare* et d'*Amphytrion*, puisés dans la même source, il aura joui de l'honneur d'être cité long-temps immédiatement après ce grand homme. Il est possible, à la vérité, qu'il ne garde pas toujours ce même rang, parce qu'il n'a pas réuni au mérite de la gaîté les vues d'un observateur profond, et parce qu'il est trop peu philosophe pour un poète comique ; mais il n'en conservera pas moins une réputation très-distinguée.

Despréaux, à qui il était réservé d'être l'ami de tous les vrais talents, connut le prix de ceux de Regnard, qui lui dédia ses *Ménechmes*.

Les libraires, au lieu de grossir le recueil de ses OEuvres de quelques Satires assez froides, et dont on n'est pas certain qu'il soit l'auteur, auraient dû y ajouter les scènes ingénieuses et piquantes que Regnard avait données à l'ancien Théâtre Italien. Ce spectacle, aujourd'hui déshonoré par des farces si absurdes, méritait alors d'occuper des hommes célèbres. La liberté et la plaisanterie hardie qui y régnaient peuvent nous retracer quelque idée de la comédie antique et du genre d'Aristophane. Boileau appelait ce théâtre *un grenier à sel*, quoique lui-même, à l'occasion de sa *Satire des femmes*, n'y eût pas été ménagé ; et Racine voulait y faire représenter sa comédie des *Plaideurs*.

Une singularité digne d'attention dans la vie de Regnard, c'est qu'après avoir été long-temps esclave à Alger, il voyagea successivement dans toute l'Europe, et fut le premier Français qui alla jusqu'en Laponie. Ayant remonté le fleuve Torno, et pénétré jusqu'à la mer Glaciale, il grava sur un rocher ces vers heureux :

Gallia nos genuit ; vidit nos Africa ; Gangem
Hausimus, Europamque oculis lustravimus omnem.
Casibus et variis acti, terrâque marique,
Hic tandem stetimus, nobis ubi defuit orbis.

Regnard ne fut point de l'Académie Française.

REGNIER (Mathurin), né à Chartres en 1573, mort en 1613. Le précurseur de Boileau dans le genre satirique, qui lui a fait une très-grande réputation. Il eut, comme ce dernier, l'avantage de voir beaucoup de ses vers devenir proverbes en naissant. Quoique son style ait vieilli, c'est encore, en son genre, un des meilleurs modèles que l'on puisse étudier. Il est plein de sens, d'énergie, de vigueur; et Boileau, qui jugeait si bien de la convenance des styles, ne put y ajouter que de la correction et de l'élégance; mais le poète moderne a d'ailleurs plus de gaîté, de finesse, de grâces, des tours plus variés, des railleries plus délicates, en un mot un sel plus attique, et surtout infiniment plus d'égard pour les bienséances.

Nous pensons, à la vérité, qu'il y aurait dans ce siècle un excès de rigueur à vouloir assujettir l'imagination de nos poètes à des lois trop austères, et à traiter de cyniques des peintures enjouées, telles que notre La Fontaine a pu s'en permettre d'après l'Arioste, et d'après la plupart des écrivains les plus généralement estimés chez les nations voisines. Pourquoi nous donnerions-nous des entraves que des peuples plus religieux, plus sévères que nous, ne se sont point données? Loin de nous tout soupçon de vouloir encourager la licence : mais il nous semble que de tout temps une convention générale a permis à la poésie des libertés qu'elle interdit rigoureusement à la prose. La raison de cette différence est sensible. Tout ce qui est facile sans être agréable ne suppose aucun talent, et ne mérite par conséquent aucune indulgence : or, quoi de plus facile et de plus capable de révolter les esprits délicats, que de braver la décence dans une langue qui est celle de tout le monde ! Telle est sans doute la cause secrète du mépris public pour quelques ouvrages licencieux, comme *les Bijoux indiscrets*, par exemple, tandis que l'Arioste, La Fontaine, et le petit nombre d'écrivains qui leur ressemblent, sont le charme des connaisseurs. C'est que la poésie s'adresse plus à l'imagination qu'aux sens, et qu'elle porte, si on l'ose dire, sa gaze avec elle. Les difficultés qu'elle est forcée de vaincre, le joug de la rime qu'elle doit porter sans gêne, en s'imposant toujours la nécessité du mot propre, le langage figuré qu'elle emploie, enfin la réunion des talents qu'elle suppose, sollicitent, en faveur du poète, l'indulgence de tous ceux qui, par leur état, ne sont point condamnés à l'hypocrisie. Que l'expression soit chaste, et jamais, aux yeux des gens du monde, l'écrivain n'aura péché contre les bienséances. Ce n'est donc pas pour les libertés qu'il a pu se permettre, que nous reprochons à Regnier d'avoir donné un mauvais exemple; c'est au contraire parce que, sans ménagement pour ses lecteurs, il les a conduits dans des lieux de débauche ; c'est que, dans le style le plus familier, il a peint des objets crapuleux, dégoûtants même pour quiconque a conservé quelque pudeur ; c'est qu'enfin il n'est qu'ordurier dans quelques-unes de ses Satires, et qu'au lieu d'un coloris avoué des Muses, il n'a employé que des crayons grossiers dont la licence n'est rachetée par aucune grâce.

RESNEL (l'abbé Jean-François du), de l'Académie Française et de celle des Inscriptions, né à Rouen en 1692, mort à Paris en 1761. Il a le premier traduit en vers l'*Essai sur l'Homme*, et l'*Essai sur la critique* de Pope, et ces deux traductions sont très-agréables. Nous savons que Voltaire, ami particulier de l'abbé du Resnel, l'avait fort encouragé à exercer ses talents sur ces deux ouvrages, et qu'il citait souvent avec complaisance le traducteur, quoiqu'il entendît très-bien l'original.

En effet, il est impossible de ne pas reconnaître dans l'abbé du Resnel un talent très-heureux pour la poésie didactique : on trouve chez lui sans doute, comme chez tous les traducteurs connus, des morceaux de choix qu'il a travaillés de préférence ; mais on voit partout un homme parfaitement instruit des deux langues, et qui les possédait avec goût.

On lui a reproché de n'être pas toujours fidèle ; c'est peut-être un défaut inévitable dans les traductions en vers ; mais il eût été juste de remarquer qu'il a prêté quelquefois de la noblesse et des grâces à son modèle.

Nous finissions cet article, lorsqu'on nous a fait lire la traduction en vers de l'*Essai sur l'Homme*, par M. Fontanes. En général, elle prouve beaucoup de talent, et nous convenons qu'elle est plus fidèle que celle de son prédécesseur : elle est aussi plus précise, plus nerveuse; mais elle nous semble plus sèche, plus martelée, plus tendue; et, sans vouloir donner notre goût pour loi, nous lui préférons celle de l'abbé du Resnel. *Voyez* l'article Fontanes.

RETZ (Jean-François-Paul de Gondi, Cardinal de), né en 1613; mort à Paris en 1679. C'est peut-être l'homme le plus propre à établir la différence du caractère français au génie anglais. Né contemporain du fameux Olivier Cromwel, aussi ambitieux, aussi factieux que lui, mais, avec beaucoup plus d'esprit, infiniment moins profond et moins raisonné dans ses vues, il fit de la guerre civile une espèce de tracasserie, une affaire de vanité plus que de combinaison, et n'employa de grands moyens que pour de petites choses : personnage plus inquiet, plus turbulent que dangereux, et, si on l'ose dire, plus fantastique que réel. Ses *Mémoires* sont écrits d'un style imposant, quoiqu'inégal, et ils immortaliseront la ridicule guerre de la Fronde, à peu

près comme Boileau a immortalisé son *Lutrin.*
Le plus bel éloge du cardinal de Retz est d'avoir
su mourir en philosophe, après avoir vécu dans
les convulsions de l'intrigue.

RISTEAU (Marie-Sophie), veuve de
M. J. P. Cottin, né en 1773, morte à Paris
en 1807.

Nous réparons ici, sous le nom qu'elle portait étant fille, l'oubli que nous avions fait, et que nous nous reprochons, de cette femme justement célèbre, que la mort vient de nous enlever.

Quoique le genre des romans nous soit peu familier, nous avons lu avec trop de plaisir tous ceux de madame Cottin, pour ne pas rendre à sa mémoire tous les honneurs qui lui sont dus.

Malvina, Amélie Mansfield, Mathilde, ou *Mémoires tirés de l'histoire des Croisades,* sont des ouvrages charmants, et qui nous paraissent placer madame Cottin fort au-dessus de madame de Genlis, malgré son inépuisable fécondité :

> On sait depuis long-temps que sa fertile plume
> Peut, tous les mois, sans peine, enfanter un volume.

Mais cet avantage, qui lui est commun avec le bienheureux Scudéri, ne peut pas balancer le mérite réel des ouvrages que nous venons de citer, et qui sont trop connus de tous nos lecteurs, pour ne pas nous dispenser d'en faire l'analyse.

Madame de Genlis a certainement été lue, et mérite de l'être par la facilité, l'élégance et la pureté de son style qui est du bon temps ; mais nous doutons qu'on soit tenté de la relire, non seulement parce qu'elle a trop abusé de sa plume, mais parce que dans la foule de ses productions il en est un assez grand nombre qu'elle aurait dû sacrifier pour sa gloire.

Nous avons relu, au contraire, et nous relirons plus d'une fois encore *Alvina*, *Amélie Mansfield*, et *Mathilde* qui respirent le plus vif et le plus tendre intérêt. La sensibilité, souvent exquise, de leur auteur, la chaleur élégante de son style annonçaient un talent très-supérieur au vain mérite d'une élégance froide qui n'est pas toujours incompatible avec l'ennui.

Aux trois romans dont nous avons donné les titres, nous pourrions ajouter *Claire d'Albe*, et *Élisabeth*, ou *les Exilés de Sibérie*, qui contiennent aussi d'heureux détails, mais qui sont loin de la perfection des premiers.

Madame Cottin était protestante ; et la morale religieuse qu'elle a placée sans affectation dans ses ouvrages, nous paraît encore préférable à l'ostentation du zèle de madame de Genlis, qui lui a fait donner si plaisamment par Chénier le nom de *Genlis la sainte*.

RIVAROL (N.), né à ..... en 1734, enlevé aux lettres, à Berlin, par une mort prématurée, en 1801.

L'édition complète de ses *OEuvres*, qui vient de paraître, a réveillé sur lui l'attention publique; et de tous les journaux qui en ont rendu compte avec plus ou moins d'impartialité, celui qui a fait de l'auteur le portrait le plus fidèle, et qui nous a le mieux retracé ce qui restait de lui dans notre souvenir (car nous l'avons connu personnellement), c'est celui dont nous empruntons cet éloge, qui n'a rien d'exagéré.

« La nature avait prodigué tous ses dons à
» Rivarol; une taille élégante, la figure la plus
» aimable, un son de voix plein d'accent et de
» mélodie; une physionomie où la vivacité et la
» finesse n'excluaient pas la sensibilité; un esprit
» pénétrant, délicat, propre à tout; de la jus-
» tesse dans le goût, de la solidité dans le rai-
» sonnement, et le talent, la grâce, la séduc-
» tion de la parole portée jusqu'au prestige : tel
» était cet écrivain très-supérieur à ce que le
» vulgaire appèle un homme d'esprit. »

Voltaire, en le nommant *le Français par excellence*, l'avait caractérisé d'un seul trait; et cependant ces perfections mêmes, et surtout le charme de sa conversation enchanteresse, paraissent avoir été l'écueil de sa gloire, ou du moins la cause qui ne lui a pas permis de s'élever à la haute réputation que semblaient lui promettre tant de qualités si brillantes et si rarement réunies. Fier des succès qu'il était sûr d'obtenir dans les salons, il négligea la gloire plus durable des travaux du cabinet, et n'y donna que les moments trop rares qu'il savait quelquefois dérober à sa paresse. Lui-même ne rougissait pas d'avouer cette indolence épicurienne qui était en effet sa passion prédominante, et à laquelle on doit attribuer l'irrésolution continuelle et l'inconstance de son esprit. Flatté à l'excès de ses bonnes fortunes de conversation qui ne lui coûtaient aucun effort, il justifia cette maxime si vraie et si heureusement exprimée dans une des Odes du poète Le Brun :

> Ceux dont le présent est l'idole,
> Ne laissent point de souvenir ;
> Dans un succès vain et frivole,
> Ils ont usé leur avenir.

Il serait cependant trop injuste de penser que Rivarol ne laissera rien à la postérité.

Parmi les titres qui lui assurent l'honneur de se survivre, nous ne balançons pas à compter sa traduction de l'*Enfer* du Dante, que Buffon, qui se connaissait si bien en style, regardait comme une espèce de création dans notre langue. Cette traduction, qui n'est pas toujours exacte, et qui ne pouvait l'être, puisqu'en Italie même, le Dante a besoin d'être éclairci par des commentaires, prouve que Rivarol ne s'était pas borné à faire une étude très-approfondie de ce poëte bizarre, original et souvent sublime, mais qu'il le connaissait mieux, et qu'il en possédait plus parfaitement la langue qu'aucun de ceux qui avaient osé le devancer, et qu'il a laissés loin de lui.

Nous ajouterons à ce premier titre son *Discours sur l'universalité de la langue française*, couronné par l'Académie de Berlin, et dont on peut comparer, sinon le mérite, du moins le succès à celui du célèbre Discours du philosophe de Genève sur les arts et les sciences.

Nous y joindrons plusieurs *Lettres*, qui sont de véritables ouvrages sur différents objets de Politique, de Grammaire et de Métaphysique, toutes remarquables par un style qui n'est pas toujours exempt de recherche et de néologisme, mais par des aperçus vraiment profonds sur des matières qu'on eût jugées inaccessibles à sa brillante imagination. Cette profondeur de vue nous a souvent fait regretter qu'un homme envers qui la nature avait été si libérale, n'eût rempli qu'imparfaitement la vocation qui l'appelait au rang des écrivains du premier ordre. Parmi ces *Lettres*, il en est deux adressées à M. Necker, à l'occasion du livre qu'il venait de publier sur l'*Importance des opinions religieuses*. Dans la seconde de ces *Lettres*, où règne peut-être une philosophie trop hardie, on voit combien l'auteur, qui s'est montré depuis si redoutable à nos philosophes modernes, eût été supérieur à la plupart d'entre eux, si les malheurs de la révolution, à laquelle il n'est que trop vrai qu'ils ont contribué, ne lui eussent fait sentir tout le danger de cette licence du raisonnement, lorsqu'elle n'est réprimée par aucun frein.

A ces titres vraiment honorables on ne peut se dispenser d'ajouter le *Prospectus* d'un nouveau Dictionnaire français, qu'il se croyait capable d'entreprendre, en se faisant illusion sur son insurmontable paresse, et dans lequel il a tracé le plan parfaitement bien conçu de cet ouvrage important qui manque à la Nation, et que l'Académie, qui n'aurait eu rien de mieux à faire, a laissé si loin de ce qu'il devrait être.

Il joignit à ce *Prospectus* un *Discours sur la nature du langage*, plein d'idées lumineuses, mais où l'on désirerait moins de divagation et plus de méthode. Ce *Discours* est suivi d'une récapitulation, dont les cinquante ou soixante dernières pages nous paraissent dignes de la plus sérieuse attention. Persuadé, comme le plus sage des philosophes (1), qu'il est des limites que la philosophie ne doit jamais franchir pour ne pas devenir

---

(1) Bayle, voyez son article dans ces Mémoires, et son opinion si remarquable sur les dangers de la philosophie.

funeste, il ose lui prescrire le terme où elle doit s'arrêter; et ce qui doit surtout être médité par les bons esprits, il y prouve jusqu'à l'évidence, du moins à ce qu'il nous semble, combien les religions, quoique plus ou moins dégradées par un mélange impur d'idées superstitieuses, dont aucune d'elles n'est entièrement exempte, importent cependant à la stabilité des empires et au bonheur des nations.

C'est pourtant cet ouvrage, que nous regardons comme un de ceux qui ont fait le plus d'honneur à Rivarol, que madame de Genlis, dans le second volume des *Souvenirs de Félicie* (1), qualifie d'ouvrage détestable, et qui fut, dit-elle, si mal reçu des Allemands, que l'auteur ne l'acheva pas.

Le peu d'accueil que les Allemands auraient fait à cet ouvrage ne prouverait rien contre son mérite; mais madame de Genlis ne pouvait ignorer que si l'auteur ne l'acheva pas, c'est qu'il fut prévenu par la mort; et nous pensons que s'il

---

(1) Les *Souvenirs de Félicie*, ouvrage de Caillette, comme on l'eût appelé dans l'autre siècle. Le premier volume peut amuser quelques vieilles femmes, curieuses des anecdotes de leur temps, et à qui ces anecdotes rappellent qu'elles ont existé. Le second volume est du plus mortel ennui. Les romans de madame de Genlis (car il faut être juste) iront plus loin que ses *Souvenirs*.

vivait, elle en eût parlé avec plus de réserve. Elle n'aurait pas oublié que Rivarol savait se venger ; et, en l'outrageant ainsi après sa mort, elle n'a fait que rappeler assez maladroitement à tout le monde qu'il avait pris plus d'une fois la liberté de se moquer d'elle.

Au reste, l'esprit de madame de Genlis n'est pas fort heureux lorsqu'elle veut s'ériger en juge, ce qui lui arrive trop souvent ; et, dans ce même volume de ses *Souvenirs*, qui sont loin de valoir ceux de madame de Caylus, elle en donne une preuve très-plaisante. A l'exemple et dans la manière d'un certain journaliste très-décrié, elle y critique dix à douze vers du premier acte de *Zaïre*, parmi lesquels il en est un qu'elle dénature ; et, après ce tour de force, elle dit que *Zaïre* lui a toujours paru *une pièce extravagante d'un bout à l'autre*. Cependant, à deux pages de distance, elle avoue que le second acte est bien beau, et que, malgré beaucoup d'invraisemblances, *qu'elle ne prouve pas*, il règne un intérêt bien vif dans les trois derniers. On ne saurait mieux imiter son modèle. Notez qu'à l'égard de Voltaire, ainsi que nous l'avons remarqué à l'égard de Rivarol, madame de Genlis ne s'est permis ces espiègleries que lorsqu'elle était bien sûre de l'impunité.

Nous ne mettrons pas au rang des ouvrages qui honorent la mémoire de Rivarol quelques Satires ingénieuses, publiées dans sa jeunesse, entre autres son *Petit Dictionnaire des grands hommes*, où il voulut imiter le titre de nos *Petites Lettres sur de grands philosophes*, et qu'une seule épigramme, variée à l'infini, rendit très-piquant par la malignité de ses formes, mais dans lequel lui-même ne dut pas se pardonner deux ou trois injustices envers des hommes devenus depuis justement célèbres, et qu'il avait imprudemment attaqués. Cet ouvrage, plein de sel, devait nécessairement tomber par l'oubli même où sont tombés les noms bizarres, ridicules et grotesques des prétendus grands hommes qui les portaient. Quelques années ont suffi pour en éteindre complétement le souvenir. Si Boileau rendit la satire utile, et mérita le nom de *vengeur du goût*, ce ne fut pas en immolant quelques victimes obscures, telles que Magnon, Du Souhait, Corbin et La Morlière, mais en attaquant Chapelain qui avait usurpé une grande réputation, Scudéri qui avait osé critiquer le Cid, Pradon qui, soutenu par un duc de Nevers et par une cabale de courtisans, avait éclipsé, un moment, un des chef-d'œuvres de Racine. Les sots, vraiment dangereux, qui commandent la satire, et que, pour l'honneur des lettres, il est important de ne pas ménager, sont ceux qui ont une apparence de talent, un peu d'esprit et beaucoup de manége. Ce sont les noms de cette espèce d'écrivains qui ont fait survivre la Dunciade aux rumeurs qu'elle excita dans son origine.

Dans le dernier volume, qui sert de supplément à une compilation pleine d'ignorances et de fautes grossières, intitulée *Les Siècles littéraires de la France* (1), on trouve, sur la mort de Rivarol, une foule d'anecdotes fausses que nous sommes autorisés à démentir par le témoignage de M. Dampmartin, dont le nom est placé à son rang dans le premier volume de ces Mémoires. Voici ce que nous écrit à ce sujet cet homme respectable, entre les bras de qui Rivarol mourut à Berlin, et qui ne le perdit pas de vue dans ses derniers moments.

« Le samedi, 4 avril 1801, Rivarol se sentit

---

(1) Dans cette compilation faite par un libraire imbécille, on met au nombre de ceux qui furent décapités pendant la révolution le célèbre Moreau, mort en paix dans son lit, en 1803, comme nous l'avons dit à son article. On y parle d'un Boissy, connu par une Vie de Simonide; et l'on ignore que ce Boissy était le fils du poète comique, à qui l'on doit *le Français à Londres* et *les Dehors Trompeurs*. On y trouve le nom d'un écrivain, nommé Grandville, sans se douter que cet écrivain, mort très-jeune, était le frère du poète Le Brun. On y porte l'insolence du plagiat, jusqu'à copier mot à mot des pages entières, prises dans des ouvrages bien antérieurs à cette compilation, sans que ces pages y soient distinguées par des guillemets, et sans en nommer les auteurs.

» incommodé, et, le mardi suivant, ce qui
» n'avait paru qu'un simple malaise, prit un
» caractère très-grave. Le docteur Formey, fils
» du secrétaire de l'Académie de Berlin, fut
» appelé, et annonça une fluxion de poitrine
» bilieuse. Dès cet instant, la tendre amitié que
» j'avais pour le malade me fit un devoir de ne
» plus le quitter.

» Il souffrit avec une constance admirable des
» douleurs très-vives, et quelques moments de
» repos lui rendaient de la sérénité. *Mon ami,*
» me disait-il dans un de ces moments, *malgré*
» *les maux cruels que j'éprouve, je ne puis haïr*
» *ce lit où vous me voyez retenu, et qui a fait*
» *long-temps le charme de ma vie. C'est au lit*
» *que m'arrivaient, sans travail, mes idées les*
» *plus heureuses; l'esprit venait toujours m'y*
» *chercher, et je n'ai jamais couru après lui.*
» C'est dans un de ces moments de calme qu'il
» se permit ce jeu de mots en parlant à son mé-
» decin : *Ah! docteur Formey, je crains bien*
» *que vous ne me déformiez!*

» Le vendredi matin, son état parut donner
» quelque lueur d'espérance; mais le soir sa
» tête s'embarrassa, et le lendemain, huitième
» jour de la maladie, il ne lui restait d'autre
» signe d'existence qu'une respiration pénible et
» convulsive.

» Dès la veille, deux personnes d'une grande

» considération, qui lui étaient tendrement atta-
» chées, avaient cru devoir apposer des scellés
» sur ses manuscrits et sur ses effets les plus pré-
» cieux. Ce n'est pas que, dans sa douloureuse
» situation, il eût éprouvé le plus léger besoin :
» ainsi rien de plus faux que cette prétendue
» annonce qu'une princesse russe fit, dit-on,
» insérer dans les papiers publics, et par laquelle
» elle s'engageait à payer ses dettes. Cette an-
» nonce, peu décente, eût été d'autant moins
» convenable, que cette princesse elle-même
» et deux dames de sa société étaient alors
» redevables à Rivarol d'environ quarante louis
» pour des livres qu'il leur avait cédés. La mai-
» son de campagne où l'on prétend qu'il fut
» transporté; le seigneur prussien qui lui donna
» des preuves d'amitié si touchantes; les figues
» attiques et le nectar que, dans son délire, il
» demandait avec tant d'instance, sont autant de
» fables forgées à plaisir (1).

» Tant que sa maladie dura, le comte d'En-
» gestrum, envoyé de Suède; le major Gual-
» tiéri, mort depuis ambassadeur de Prusse à la
» cour d'Espagne, se conduisirent envers Rivarol
» avec autant de générosité que de délicatesse;

---

(1) Toutes ces fables sont rapportées dans la ridicule compilation dont nous parlons, et qui formerait à elle seule un volume de mensonges imprimés.

» et moi qu'il avait honoré constamment de sa
» confiance pendant son séjour à Berlin, je ne
» le quittai qu'au moment où le prêtre qui lui
» rendait, à l'agonie, d'inutiles services, me
» força de me retirer.

» Voilà, mon cher ami, le récit exact de la
» mort de cet homme célèbre, qui n'a peut-être
» pas atteint le haut degré de réputation auquel
» il aurait pu s'élever, mais qui a prouvé, comme
» vous le dites très-bien, par ce qu'il a fait, tout
» ce qu'il eût été capable de faire. Recevez les
» tendres assurances de mon ancienne et constante
» amitié. »

ROBÉ DE BEAUVESET (N.), né à Vendôme en 1725, mort en 1794. Nous avons dit, à l'article LE MIÈRE, que les vers de cet écrivain ressemblaient souvent à de la prose contournée avec effort, et à laquelle on aurait attaché des rimes comme par gageure ; sa poésie est cependant naturelle et mélodieuse, en comparaison de celle de Robé ; et nous ne concevons pas comment ce dernier a osé, dans une satire tudesque, lui reprocher son défaut d'harmonie. Les sons les plus durs, les plus bizarres, les plus discordants, ne donneraient qu'une faible idée du jargon barbare de ce prétendu poète, dont la muse d'ailleurs ne s'est guère exercée que sur des sujets immondes, et rendus plus immondes encore par sa manière de les traiter. On peut en juger par son *Débauché converti*, pièce aujourd'hui méprisée dans les lieux même où elle prit naissance. La confusion et le repentir avaient jeté l'auteur dans le parti des convulsionnaires, et achevé d'aliéner sa raison. Une de ses manies favorites était d'annoncer aux Petites-Maisons l'arrivée prochaine du prophète Élie.

ROCHEFORT (Guillaume), de l'Académie des Inscriptions, né à Lyon en 1731, mort en... La préface et les notes de sa traduction en vers de l'Iliade annonçaient un homme fortement pénétré des beautés d'Homère, et qui en avait fait une étude profonde. La traduction même, quoique très-éloignée de répondre à la majesté de l'original, méritait d'être encouragée. Il était en effet très-honorable pour M. de Rochefort d'avoir employé ses jeunes années à tenter une entreprise si vaste, et dans laquelle nous osons croire qu'il eût réussi, s'il n'eût regardé ce qu'il avait fait que comme un simple essai qui attendait de nouveaux soins, et peut-être le travail d'une partie de sa vie. Mais quelle gloire ne lui promettait pas un succès qui a été l'écueil de tant d'efforts ! Ce qui aurait dû l'exciter puissamment à prendre cette résolution courageuse, c'est que du moins il avait prouvé qu'une traduction de l'*Iliade* n'était pas impossible, comme

La Motte, incapable de la faire, avait voulu le persuader ; c'est qu'il avait rendu avec du naturel, de la sensibilité, de la grâce même, plusieurs morceaux qui ne demandaient que cette espèce de mérite ; c'est enfin parce qu'il s'était élevé quelquefois, dans des vers très-bien faits, à des beautés d'un ordre supérieur. Mais il eût fallu qu'il se défiât d'une facilité dangereuse, et qui dégénère trop fréquemment en mollesse ; qu'il tâchât d'égaler la précision de son original, et de donner à ses expressions plus d'énergie et de vigueur, sans blesser l'harmonie ; qu'il fût, en un mot, plus souvent poète. Et comment se contenter de faibles équivalents, de tours prosaïques et communs, d'images à demi-crayonnées, lorsqu'on était pénétré, comme lui, du sublime d'Homère ?

M. de Rochefort avait non seulement fini sa traduction de l'Iliade, mais il publia, quelques années après, celle de l'Odyssée. Ces deux grands ouvrages attestaient sa fécondité, mais justifiaient ce qu'il avait dit d'Homère dans son épigraphe : *Hunc qualem nequeo monstrare, sed sentio tantum.*

ROCHON DE CHABANNES (Marc-Antoine-Jacques), né en 1730, mort en 1800. Il a donné au Théâtre français la petite comédie d'*Heureusement,* d'après un petit conte de Marmontel, du même titre. Cette bagatelle réussit par le jeu plein de grâces de Molé. L'auteur donna depuis la *Matinée à la Mode*, ou *le Protecteur*, en un acte, en prose; il était d'un esprit bien pauvre d'avoir cru remplir en un acte le riche sujet du Protecteur.

Rochon fit représenter au même théâtre une pastorale mêlée de chants et de danses, intitulée *Hylas*. Cette pastorale, imitée de l'*Oracle* et des *Grâces* de Saint-Foix, n'avait pas même le mérite de la délicatesse du style. On fut étonné que la muse champêtre eût précisément fait choix du style graveleux. Ce fut apparemment pour s'égayer qu'un journaliste du temps, en rendant compte de cet ouvrage sans physionomie, accusa l'auteur d'avoir trop imité la manière d'Aristophane. Ce rapprochement étonna tout le monde; mais personne n'en dut être plus étonné que Rochon lui-même. Ce trait nous rappèle une bévue de Fréron, qui s'avisa de donner le nom d'Anacréon à Vadé.

Avant que d'essayer ses talents au Théâtre de la nation, Rochon avait débuté à la Comédie italienne par le *Deuil anglais*, et à l'Opéra comique par une pièce intitulée *Les Filles*. On ne peut, à l'occasion de ce dernier ouvrage, se dispenser de faire remarquer l'esprit moutonnier de ces auteurs qui courent après tous les vaudevilles du moment. Saint-Foix venait de donner à la comédie française une jolie bagatelle, dans le genre agréable qui lui était propre, intitulée *Les Hommes.* Elle eut du succès. Quelques jours après, parurent *les Femmes* au Théâtre italien, et ensuite *les Filles* à l'Opéra comique. On peut être sûr qu'à Paris un succès quelconque donne toujours lieu à une longue série de sottises.

Le même écrivain avait donné à l'Opéra *le Seigneur bienfaisant*, *Alcindor*, et *les Prétendus*; il eut par conséquent l'honneur d'être joué à tous les théâtres; mais, à force d'avoir été profané, cet honneur avait cessé d'être une distinction. Sedaine, avec des talents très-médiocres, le petit Poinsinet même y était parvenu; et, malgré cette singularité, aucun de ces messieurs ne laissera de souvenir.

ROGER (FRANÇOIS), né à Langres en 1776. Une petite pièce, en un acte, intitulée *Caroline ou le Tableau*, parut, il y a quelques années, sur la scène française, et nous inspira le désir d'en connaître l'auteur. On nous nomma M. Roger, en ajoutant (ce que l'ouvrage même nous avait fait présumer) que c'était un jeune homme qui donnait son premier essai. La pièce, dont la représentation nous avait plu, ne nous fit pas moins de plaisir à la lecture. De la gaîté, du naturel, un style pur, des vers faciles, tout semblait annoncer, dans cette bagatelle ingénieuse, un talent naissant que le public devait encourager, et qui se distinguerait un jour dans le genre de la comédie. Ces espérances ne se sont pas démenties. Une autre pièce, donnée depuis au même théâtre, sous le titre de *L'Avocat*, acheva de les confirmer, et prouva, dans le talent de l'auteur, un progrès sensible. Cette pièce, écrite en vers, comme la précédente, mais en trois actes, est du genre de la haute comédie ; le style en a la dignité, et les personnages y sont ce qu'ils doivent être d'après leurs caractères. Celui de l'*Avocat* est plein de noblesse, et parfaitement soutenu. La jeune Cécile est très-intéressante ; enfin l'ouvrage a obtenu un plein succès, et en promet à l'auteur de plus grands, si l'esprit des affaires auxquelles il est maintenant appelé, comme membre du Corps Législatif, ne le rend pas infidèle à sa vocation dramatique.

En qualité de membre de la commission d'instruction publique pour les lycées et pour les écoles secondaires, il s'était déjà livré à différents travaux utiles, d'autant plus estimables, qu'on doit les regarder comme un sacrifice fait à ses devoirs. En faveur des jeunes élèves, il a donné un choix fait avec goût, et proportionné à leur âge, des meilleures fables de La Fontaine, et un *Théâtre classique*, tous deux enrichis de notes où l'on ne trouve rien de superflu : mérite rare dans les ouvrages élémentaires, et qui n'en est que plus digne d'éloge.

Le *Théâtre classique* est composé de trois tragédies, *Esther*, *Athalie*, *Polyeucte*, et d'une seule comédie, le *Misantrope*. Nous eussions désiré qu'à ces tragédies M. Roger eût ajouté *Mérope*, qui n'eût pas fait moins d'honneur à son choix. Le nom de Voltaire s'allie si naturellement à ceux de Corneille et de Racine, qu'on ne s'attendait pas à le voir oublié. Ce grand poète d'ailleurs, en publiant sa *Mérope* avec cette épigraphe aussi juste qu'heureuse :

Hoc legite austeri, crimen amoris abest,

semblait avoir indiqué lui-même cette tragédie comme un ouvrage destiné à devenir classique.

Cette omission peut être réparée, et le sera sans doute dans une nouvelle édition. M. Roger sait trop combien la France s'honore du génie de Voltaire, pour ne pas nous savoir gré de cette remarque.

ROLLIN (CHARLES), né à Paris en 1661, mort en 1740. Ancien recteur de l'Université de Paris, auteur de l'*Histoire Ancienne*, du *Traité des Études*, etc.

Les jeunes gens ne puiseront jamais des leçons d'une morale plus saine et d'un goût plus épuré que dans les ouvrages de cet estimable écrivain. Formé lui-même sur les meilleurs modèles, il apprend à ne pas s'égarer, en préférant des routes de caprice à celles qui nous ont été tracées par les grands hommes de l'antiquité. Tant que ceux qui président à l'éducation publique ne donneront pas eux-mêmes à leurs élèves d'autre guide que M. Rollin, on ne doit pas craindre pour les beaux arts une entière décadence.

Nous n'avons pas toujours parlé de cet auteur respectable avec autant de justice. Entraînés un moment, dans notre jeunesse, par cet esprit de mode pour lequel nous avons depuis conçu tant de mépris, éblouis par quelques réputations plus brillantes que solides, nous avions dit, dans le Discours préliminaire d'une Histoire des premiers siècles de Rome, que M. Rollin avait peu de physionomie dans ses ouvrages. Il n'a point, sans doute, cette manière recherchée que chaque écrivain affecte aujourd'hui dans l'intention de paraître original, ou du moins singulier. Il n'a point altéré le génie de la langue, pour lui donner dans sa prose un faux air d'enthousiasme, qui serait réprouvé, même dans la poésie. Il ne se distingue ni par un ton dogmatique, tranchant ou sentencieux, ni par une affectation puérile d'expressions nouvelles et de tours bizarres, ni enfin par ce jargon qui commence à se produire dans tous les genres, et à défigurer tous les styles. Il est quelquefois un peu négligé, un peu diffus, mais toujours pur, toujours clair, toujours élégant, et ne s'écartant jamais de cette noble simplicité qui doit être le caractère de notre prose. Elle est devenue sauvage et barbare entre les mains de ceux qui ont voulu lui donner une sorte d'emphase et d'énergie outrée qu'elle ne comporte pas : c'est s'appauvrir que de s'enrichir ainsi. Tout ce qui s'éloigne en vers du style de Boileau et de Racine, tout ce qui ne se rapproche point en prose de celui de Pascal ou de Bossuet, sera toujours désavoué par le goût.

M. Rollin a principalement écrit pour les jeunes gens, et il a dû se proportionner à leur intelligence. On ne doit donc pas lui reprocher quelques réflexions qui paraissent un peu trop simples quand on est mûri par l'expérience. Il conservera toujours aux yeux de la postérité le caractère d'un écrivain sage, rempli de connaissances et de goût, et qui a fait passer jusque dans son style la douceur et l'aménité de ses mœurs. Ce caractère devient aujourd'hui d'autant plus remarquable, qu'il est plus rare d'en retrouver un exemple. Nous avons saisi avec empressement cette occasion de témoigner notre respect pour la mémoire de cet homme utile et justement célèbre.

RONSARD (Pierre de), né dans le Vendômois en 1525, mort en 1585. Poète français. Il eut de son vivant une si grande réputation, que mal écrire, c'était, selon un proverbe du temps, donner des soufflets à Ronsard. Il fut honoré des bienfaits et de la familiarité de plusieurs de nos rois. On a même conservé des vers que Charles IX lui adressa, et qui, à notre avis, sont d'une verve infiniment plus heureuse que les meilleurs vers de Ronsard. Cependant ce poète si célèbre avait pensé détruire le génie de notre langue, par la licence qu'il se donna d'y introduire une foule de mots purement grecs, qui rendent sa poésie presque toujours dure, bizarre et inintelligible. On peut en juger par cette épitaphe singulière, qu'il avait faite pour Marguerite de France et pour François Ier :

> Ah ! que je suis marri que la muse françoise
> Ne peut dire ces mots comme fait la grégeoise,
> Ocymore, Dyspome, Olygochronien !
> Certes, je les dirais du sang Valésien, etc.

Cette affectation ne venait que de son érudition vraiment singulière, et dont il semblait vouloir faire parade. Mais il prétendait encore enrichir la langue d'une autre manière, en y faisant entrer indifféremment toutes les espèces de dialectes qui étaient alors et qu'on voit de nos jours en usage en France. « Il ne faut se soucier, » disait-il, si les vocables sont Gascons, Poitevins, Normands, Manceaux, Lyonnais, ou » d'autres pays. » C'était entreprendre d'ériger le jargon de ces différentes provinces en autant de langues régulières ; mais il ne prenait pas garde que ces dialectes bizarres, sans règle, sans principes, sans caractère, ne pouvaient former qu'un assemblage barbare, une confusion anarchique, et qu'enfin, par cette bigarrure étrange, il eût converti la langue française elle-même en un pur jargon.

Ronsard avait d'ailleurs plusieurs des qualités qui font les grands poètes, une imagination vive, forte, hardie, de l'élévation dans l'esprit, et la connaissance des bonnes sources : mais son goût ne prit aucune supériorité sur son siècle, ou plutôt il manqua absolument de goût. Voulant tout régler, comme le dit Boileau, il brouilla tout, fit un art à sa mode,

> Et toutefois long-temps eut un heureux destin :
> Mais sa muse en français, parlant grec et latin,
> Vit, dans l'âge suivant, par un retour grotesque,
> Tomber de ses grands mots le faste pédantesque.

Ce fut, à ce que nous croyons, le premier de nos écrivains qui osa débuter dans la carrière de l'épopée, par son poème de *la Franciade*, qui est un de ses plus médiocres ouvrages. A l'exception du genre dramatique, il avait tenté tous les genres de poésie ; et l'universalité prétendue de ses talents augmenta encore sa réputation : mais cette universalité n'était qu'apparente, et la réalité de ce phénomène devait appartenir à notre siècle. Nous avons vu, dans Voltaire, l'homme universel qu'on avait cru voir faussement dans ces commencements informes de notre littérature.

ROSSET (Pierre Fulcran de), conseiller à la cour des aides de Montpellier, mort en 1788. On ne peut lui disputer le mérite d'avoir donné, par son poème de *l'Agriculture*, le premier exemple d'un poème français purement géorgique, et d'avoir prouvé non seulement que ce genre n'est pas incompatible avec notre langue, comme le supposait un aveugle préjugé, mais qu'elle pouvait souvent en surmonter les difficultés d'une manière très-heureuse. Il est avéré que cet ouvrage était fait long-temps avant la traduction des *Géorgiques de Virgile*, par M. l'abbé de Lille, et avant le poème des *Saisons* de M. de Saint-Lambert : il est donc certain que Rosset a eu la gloire de se distinguer le premier dans cette carrière ingrate, et de tracer une route nouvelle à nos muses.

Il manque à ce premier essai, qui ne doit pas être jugé à la rigueur, beaucoup de grâces dont le sujet était susceptible, des épisodes qui auraient permis au poète de se montrer, et qui auraient jeté plus d'agrément, de variété et de vie sur la sécheresse des détails agronomiques. Mais on y trouve fréquemment des morceaux très-bien faits, et qui annonçaient dans l'auteur des talents d'autant plus rares, qu'ils étaient accompagnés de la plus grande modestie. Nous ne pouvons nous refuser à la satisfaction d'en citer un exemple qui paraît avoir échappé à l'attention de tous les rédacteurs des papiers publics ; il s'agit de la nécessité de cultiver des pépinières :

> Que près de vos jardins, de riches pépinières (1)
> Leur assurent un jour des plantes héritières.
> Renaissants de leurs fruits, les arbres à vos yeux
> Semblent, *vivants encor, revivre dans ces lieux.*
> Bientôt le jeune plant, doux espoir de sa race,
> Succède à ses aïeux, croît et remplit leur place :
> Ainsi, près de ces murs (2), où nos fiers vétérans,
> Outragés par le fer, ou courbés sous les ans,
> Appelés au repos après de longs services,
> Portent de leurs exploits les nobles cicatrices,
> Louis vient d'élever un asyle nouveau (3),
> Heureuse pépinière, honorable berceau,
> Où, d'une tige antique et par l'âge flétrie,
> Croissent les rejetons, espoir de la patrie.

Cette comparaison nous paraît on ne peut pas plus heureuse ; et nous regardons à la fois comme très-singulier et très-injuste que l'homme estimable à qui l'on ne peut contester l'honneur d'avoir étendu les bornes de notre langue par un ouvrage qu'on n'avait pas encore tenté, n'ait pas été admis, comme il le désirait, à l'Académie

---

(1) Poème de *l'Agriculture*, chant III.
(2) Les Invalides.
(3) L'École Royale Militaire.

Française. L'âge très-avancé qu'il avait quand il publia son poème, était en sa faveur une recommandation de plus ; et l'Académie, trop indulgente envers de jeunes écrivains qui pouvaient attendre leur tour, n'aurait pas dû s'exposer à ne jamais compter parmi ses membres un vieillard qui avait tant de droits à ses suffrages.

Nous savons que les Académies n'existent plus, du moins sous cette dénomination ; mais, tant qu'il y aura des compagnies qui se croiront faites pour les remplacer, on ne peut trop les avertir que s'il est honteux pour elles de négliger une seule occasion d'enrichir leurs listes d'un nom fait pour les honorer, elles s'exposent à une ignominie bien plus grande, lorsqu'elles accueillent, avec trop de complaisance, de jeunes intrigans qui, n'ayant fait encore que des preuves de talents très-douteuses, n'en ont pas moins l'impudence de se mettre sur les rangs. Qu'en arrive-t-il ? Bientôt, par des ouvrages qui révèlent au grand jour toute leur médiocrité, ils devienent les objets de la risée publique ; et la compagnie savante, humiliée de les avoir pour membres, expie par un long mépris le ridicule de son choix.

ROTROU (JEAN), né à Dreux en 1609, mort dans la même ville en 1650. Il eut assez de mérite pour inspirer de l'estime au grand Corneille, et pour n'être pas jaloux d'un pareil rival. Il fut lui-même assez grand pour refuser au cardinal de Richelieu, dont il était pensionnaire, et qu'il était si dangereux de désobliger, de se joindre aux détracteurs du Cid. Ce trait, la tragédie de *Venceslas*, et l'intrépidité avec laquelle Rotrou remplit ses devoirs dans sa patrie affligée d'une maladie contagieuse, rendront sa mémoire éternellement recommandable. Il ne se croyait pas dispensé par ses talents de ce qu'il devait à son pays en qualité de citoyen; il avait pris une charge qui l'assujettissait à des fonctions pénibles, et qu'il conserva jusqu'à sa mort. On souhaiterait que nos poètes eussent le courage de l'imiter : ils éviteraient le reproche d'inutilité qu'on est toujours tenté de leur faire, surtout quand ils sont médiocres ; et s'ils ne pouvaient pas se dérober au ridicule, toujours armé contre les mauvais vers, ils pourraient du moins retrouver une aisance honnête, la considération, et quelquefois la gloire, dans l'exercice de leur état.

ROUSSEAU (Jean-Baptiste), né à Paris en 1669, mort en 1740. Aucun poète, depuis Malherbe, n'a soutenu avec plus d'éclat le genre de l'Ode. Ce genre appartient à la haute poésie, il exige de l'inspiration ; mais on doit faire observer à ceux qui ont trop exagéré la réputation de Rousseau, que l'ode n'est pourtant que le premier des petits poèmes, et qu'il ne faut l'assimiler ni à la tragédie ni à l'épopée : ce serait comparer une sonate au magnifique opéra d'*Alceste* (1).

Après l'ode et la cantate, qui n'est elle-même qu'une ode combinée de manière à être mise en chant, le genre où Rousseau s'est le plus distingué, c'est l'épigramme. Le tour, comme l'a dit Boileau, en est très-borné, mais il est glorieux d'exceller même dans de petits ouvrages ; et Rousseau, qui a fait plus d'épigrammes qu'aucun autre de nos poètes, conservera l'honneur d'en rester le modèle. Finesse, naïveté, sel attique, enjoûment, précision, énergie, voilà le mérite que suppose ce genre qui paraît si limité; et ce qui confirme qu'il est une gloire peu commune réservée même aux petites choses.

Rousseau s'est exercé dans l'allégorie, genre froid, et qui trouve peu de lecteurs. Il a fait aussi des épîtres très-inférieures à celles de Boileau, parce qu'elles sont remplies de recherche, de mots impropres amenés pour la richesse de la rime, et de figures bizarres et incohérentes. Cependant on sent toujours le poète dans les ouvrages même où Rousseau n'a point excellé, et l'on y trouve souvent des détails heureux où la raison est embellie par l'expression.

---

(1) Un des chef-d'œuvres du chevalier Gluck.

Ce poète, qui n'aimait point l'opéra, voulut se hasarder sur la scène lyrique, et ce fut sans succès : il n'avait point la mollesse du genre. Il s'était essayé avec quelque bonheur dans la comédie ; on ne peut nier du moins que son *Flatteur* ne fût un caractère bien tracé. La pièce réussit en prose, et méritait cet encouragement : mais il voulut la mettre en vers, et il la gâta. Le vers de Rousseau, trop exact, et quelquefois pénible, n'avait ni le naturel, ni la facilité, ni l'enjoûment, ni la grâce du vers comique.

Il résulte de ces observations que Rousseau, sans avoir réussi dans tous les genres qu'il a tentés, doit être mis, dans quelques-uns, au rang des modèles ; ce qui suppose un très-grand talent. S'il a rarement atteint au sublime de la pensée, il a souvent, dans ses belles odes, le sublime de l'expression. Personne n'a porté plus loin le mécanisme heureux des vers ; mais il semble qu'il n'était pas né pour les ouvrages qui exigent une grande fécondité d'idées et une vaste imagination, en un mot pour les ouvrages de longue haleine : aussi la réputation de Rousseau, pour avoir été trop exagérée, commence-t-elle à décroître un peu ; mais il en conservera toujours assez pour sa gloire.

Ce fut encore un de ces hommes que l'on se plaisait à élever pour abaisser Voltaire ; et sa mémoire, comme celle de beaucoup d'autres, a souffert de l'injustice du parallèle. Voltaire est de tous nos écrivains celui qui a embrassé le plus vaste horizon, et qui a le plus pensé. C'est ce que ces détracteurs aperçoivent enfin ; et quand le temps l'aura réduit à ses justes bornes, il étonnera encore l'imagination par le nombre et la richesse de ses idées.

Il en coûta cher à Rousseau pour s'être abandonné au caractère caustique qu'il avait reçu de la nature. Boileau n'avait eu que l'enjoûment de la satire ; Rousseau en eut le fiel, et il fut persécuté. L'esprit de cabale et d'intrigue s'était perfectionné chez les écrivains médiocres, et leur avait donné des moyens de nuire inconnus jusqu'alors à leurs prédécesseurs. Quelques-uns d'eux, pour venger leur amour-propre humilié par les satires de Rousseau, imaginèrent de forger sous son nom des couplets scandaleux qui avaient le double but, et de l'écarter de l'Académie, et de le rendre odieux à la société. Cette trame affreuse réussit, et Rousseau fut l'innocente victime de cette détestable invention.

Que ceux qui oseraient croire encore que ce poète fut l'auteur de ces couplets, interrogent leur propre cœur, et qu'ils pèsent la persévérance généreuse avec laquelle Rousseau se refusa constamment à tous les moyens honteux de rentrer dans sa patrie. Qu'ils lisent ce qu'il écrivait avec tant d'énergie au baron de Breteuil : « Vous

» savez quels sont mes sentiments, et que des
» grâces et des accommodements ne conviennent
» qu'à des fripons, et non à un honnête homme
» injustement opprimé. J'aimerais mieux être
» mort, que de sortir d'oppression par une honte
» qui serait irréparable.... J'aime bien la France,
» mais j'aime encore mieux mon honneur et la
» vérité. Quelque destinée que l'avenir me pré-
» pare, je dirai comme Philippe de Commines :
» Dieu m'afflige, il a ses raisons ; mais je pré-
» férerai toujours la condition d'être malheu-
» reux avec courage, à celle d'être heureux avec
» infamie. »

Que ces mêmes personnes, dont ici nous interrogeons le cœur, songent que Rousseau a tenu le même langage jusque dans ces moments terribles où l'homme, n'ayant plus rien à perdre, semble au-dessus de toute crainte et de tout déguisement ; qu'enfin ces mêmes personnes songent encore qu'un des plus irréconciliables ennemis de Rousseau, que Boindin, outragé lui-même dans les couplets, a protesté jusqu'à sa mort que Rousseau n'en était pas l'auteur ; et nous osons croire que nos lecteurs n'en seront pas moins persuadés que nous.

Ce qui nous confirme encore dans cette opinion, c'est que ces couplets, si malignement vantés, ne sont en effet qu'un tissu d'injures grossières, presque dénuées d'esprit, et qu'on y voit tout au plus une imitation maladroite de cette singulière richesse de rimes que Rousseau affectait quelquefois, et qu'il est si facile de contrefaire.

La cause qui a pu jeter si long-temps du pyrrhonisme sur cette malheureuse histoire, il faut l'avouer, c'est que Rousseau, intérieurement convaincu de son innocence, mais effrayé des suites de l'accusation répandue sourdement contre lui, eut l'imprudence de croire qu'il ne pouvait se laver du soupçon d'avoir fait les couplets, qu'en faisant connaître celui que, par un sentiment de persuasion intime, et des vraisemblances très-fortes, il avait lieu d'en regarder comme l'auteur. D'accusé il devint mal-à-propos accusateur ; il ne sentit point que les preuves légales lui manquaient ; et, dans l'impossibilité où il se trouva de les fournir, il fut justement condamné, moins comme auteur des couplets, que parce qu'il avait employé des moyens illégitimes pour les attribuer au plus violent de ses ennemis, et à l'homme qu'il soupçonnait le plus de les avoir faits.

Au reste, nous devons, à la gloire de Voltaire, reproduire ici ce témoignage de la justice qu'il rendit enfin à Rousseau après sa mort. Voici ce qu'il écrivit à M. de Ségui en 1743 :

« J'ai reçu, Monsieur, la lettre que vous
» m'avez fait l'honneur de m'écrire, avec votre
» projet de souscription pour les OEuvres du cé-
» lèbre poète dont vous étiez l'ami. Je me mets

« très-volontiers au rang des souscripteurs, quoi-
» que j'aye été malheureusement au rang de ses
» ennemis les plus déclarés. Je vous avouerai
» même que cette inimitié pesait beaucoup à mon
» cœur. J'ai toujours pensé, j'ai dit, j'ai écrit
» que les gens de lettres devraient être tous frères...
» Il semblait que la destinée, en me conduisant
» dans la ville où l'illustre et malheureux Rous-
» seau a fini ses jours, me ménageât une récon-
» ciliation avec lui. L'espèce de maladie dont il
» était accablé, m'a privé de cette consolation
» que nous avions tous deux également souhai-
» tée. L'amour de la paix l'eût emporté sur tous
» les sujets d'aigreur qu'on avait semés entre
» nous. Ses talents, ses malheurs, et ce que j'ai
» ouï dire ici de son caractère, ont banni de mon
» cœur tout ressentiment, et n'ont laissé mes
» yeux ouverts qu'à son mérite. »

Si Voltaire, en parlant de ce grand poète, s'est depuis exprimé d'une manière moins décente, et moins honorable pour lui-même, cette variation ne peut être regardée que comme une inconséquence qui ôte à son jugement sur Rousseau toute espèce d'autorité.

ROUSSEAU (Jean-Jacques), né à Genève en 1712, mort en 1778. C'est un des plus beaux génies de ce siècle, un homme d'un naturel peu vulgaire, n'aimant à ressembler à personne, et manifestant peut-être un peu trop une sorte de singularité, soit dans sa conduite, soit dans ses écrits, comme on n'a pas manqué de le lui reprocher. Mais, sans nous arrêter à ce qui n'est point du ressort de ces Mémoires, essayons d'apprécier cet auteur célèbre, en nous préservant à la fois d'une critique outrée et d'une admiration fanatique.

De tous nos écrivains modernes, il est assurément un de ceux qui pensent avec le plus de profondeur, dont les sentiments sont les plus mâles, les plus énergiques. La liberté, l'humanité, la patrie, la religion même, au moins la naturelle (exception rare en sa faveur) : voilà les grands objets qui ont allumé son enthousiasme, et qui font lire ses ouvrages avec tant de plaisir. On ne peut l'accuser, comme beaucoup d'autres, d'avoir souvent répété, avec une emphase étudiée, le mot imposant de *vertu*, plutôt que d'en avoir inspiré le sentiment. Quand il parle de nos devoirs, des principes essentiels à notre bonheur, du respect que l'homme se doit à lui-même, et qu'il doit à ses semblables, c'est avec une abondance, un charme, une force qui ne sauraient venir que du cœur. On voit qu'il s'est nourri de bonne heure de la lecture des anciens auteurs grecs et romains. Ces vertus républicaines qu'ils nous ont dépeintes, le ravissent, le transportent, et paraissent souvent l'inspirer. Si son respect pour elles n'allait pas quelquefois jusqu'à l'excès, nous avons presque dit jusqu'à l'idolâtrie, on partagerait plus volontiers ce noble enthousiasme de l'auteur : mais, dominé par son imagination trop ardente, et par on ne sait quelle manie de rabaisser ses contemporains, il ne voit jamais dans ceux-ci que des pygmées, et dans les autres que des géants, par lesquels il semble vouloir nous humilier, et peut-être nous décourager.

On ne peut nier que son Discours contre les Sciences, couronné par une savante académie, ne soit un chef-d'œuvre d'éloquence. Il n'a voulu (a-t-on souvent répété à cet égard comme à bien d'autres) que se jouer de sa plume et de ses lecteurs. Tel que certains sophistes de l'antiquité, il paraît se plaire à combattre toutes les opinions reçues, et à défendre les paradoxes les plus bizarres : mais nous croyons que souvent on a mal saisi sa pensée, et que souvent aussi la chaleur de la dispute l'a fait aller plus loin qu'il ne se l'était d'abord proposé.

Son *Discours sur les causes de l'Inégalité parmi les Hommes*, et *sur l'Origine des Sociétés*, a étonné, par la hardiesse, et, disons-le franchement, par la bizarrerie des idées. Il nous paraît que c'est pour avoir beaucoup trop élevé l'homme sauvage, et trop déprimé l'homme social, qu'il s'éloigne ainsi en double sens de la vérité. En général, son système à cet égard repose sur une base trop métaphysique, trop déliée. Quelquefois, si l'on ose le dire, il se plaît à tourner la pyramide sur la pointe, et à faire des prodiges de force pour la maintenir ainsi dans un violent équilibre. Mais, comme l'a dit Boileau : *rien n'est beau que le vrai.* L'admiration qu'on accorde à des tours de force, est fatigante, pénible, et bientôt épuisée.

Les idées de M. Rousseau sur la politique devaient avoir naturellement beaucoup d'adversaires. Cette matière est si délicate, si compliquée, elle réveille tant de préjugés, tant de passions opposées ; il est si difficile de saisir ce juste milieu, ce point presque imperceptible, qui sépare un extrême de l'autre ; les grands aiment si fort à dominer, les petits aiment si fort l'indépendance, que c'est principalement sur ces objets qu'il n'est guère de lecteurs assez exempts de tout motif secret de partialité, pour qu'on puisse prendre dans leurs jugements une entière confiance. Ce qui nous semble certain, c'est que M. Rousseau voit souvent les hommes trop en noir. Une santé délicate, un vif amour pour la vertu, une imagination forte et quelquefois sombre, une sensibilité exquise, mais exigeante et ombrageuse, quelques injustices, quelques persécutions qu'il a essuyées, tout cela, joint à l'orgueil du génie, lui a fait juger les hommes avec une excessive rigueur. Il a cru voir ce qu'ils devraient être; il s'est indigné de ce qu'ils sont, et souvent de ce qu'il les a crus. Il ne s'est pas toujours rappelé que les hommes, comme il l'a dit lui-même, étant plus faibles que méchans, l'indulgence est la première vertu du sage. Quoi qu'il en soit, rien n'est plus désolant que le tableau que fait M. Rousseau des horreurs de la société. On ne peut imaginer des couleurs plus sombres. Il ne tient pas à l'auteur que nous ne soyions persuadés que les hommes ne sont que des bêtes féroces, destinées à s'entre-déchirer mutuellement. C'est là de l'excès, sans doute. Avouons-le cependant; si ce tableau est infidèle, ce n'est guère que parce que le peintre ne présente que le côté sinistre, tandis qu'il laisse dans l'ombre le côté consolant et favorable.

Le roman d'*Héloïse* a fait beaucoup de bruit. On pourrait presque lui appliquer ce qu'on disait du *Cid*, que c'était un excellent ouvrage, dont on avait fait d'excellentes critiques. L'intrigue nous a paru mal conduite, l'ordonnance mauvaise. Les personnages sont trop uniformes, trop guindés, trop exagérés, quoique l'auteur ait voulu les représenter dans la belle nature. Le costume y est blessé sans cesse. C'est toujours M. Rousseau qui parle par la bouche de ses acteurs. Il a beau chercher à se mettre à leur place, à se plier à leur génie, à leur condition, à leur sexe, c'est un grand homme qui, bien qu'il se baisse, est souvent plus grand qu'il ne faut pour la vraisemblance. Quelle lettre, par exemple, que celle de Julie sur les duels et sur l'adultère ! quoi de plus admirable en un sens, et de plus déplacé dans un autre ! Le personnage de Saint-Preux, à quelques endroits près, est faible et peu intéressant. Celui de Volmar est violent, c'est-à-dire peu naturel, et par conséquent contraint. Celui de Julie, qui aime tant à disserter, est un assemblage de tendresse, de grandeur d'âme, de piété et de coquetterie. Cet ensemble, il faut l'avouer, est défectueux ; mais malheur à celui qui ne sentirait que les défauts ! malheur à celui que les beautés de détail, dont abonde ce charmant ouvrage, ne transportent et n'affectent pas délicieusement, et qui ne s'attendrit pas pour les vertus, dans les admirables peintures que l'auteur en a su tracer ! Quelle différence entre la froide galanterie de la plupart de nos romans, et l'amour si vivement ressenti et exprimé par M. Rousseau ! Quel intervalle immense entre le feu du sentiment et les glaces du bel esprit ! Quelle âme, quelle véhémence n'a-t-il point fallu pour exprimer, avec tant de chaleur et d'énergie, les divers mouvements des passions qui nous agitent !

On sait avec combien d'ardeur le public a accueilli le *Devin du Village*, pastorale remplie de grâces, et digne de l'âge d'or, s'il eût existé. Rien de plus intéressant, de plus délicat, de plus naïf que les paroles et la musique de cet opéra. On n'a l'idée ni d'un coloris plus frais, ni d'un meilleur ton de simplicité champêtre. Combien de fois n'a-t-on pas répété ces jolies chansons : *Tant qu'à mon Collin j'ai su plaire*, etc. *Je vais revoir ma charmante maîtresse*, etc. Voilà ce qui doit toujours charmer; voilà le langage qui va au cœur, parce qu'il en vient : langage bien préférable à ces petites bluettes frivoles, à ces pointes, en un mot à tous ces lieux communs doucereux et insipides, qui rendent nos chansons à la mode si puériles, si ridicules, si méprisables.

Quant au style et à la forme des ouvrages de M. Rousseau, on peut dire en général que cet auteur a une manière qui est toute à lui. Il paraît pourtant quelquefois, par une sorte de rudesse et d'âpreté affectée, mais énergique, tenir du goût de Montaigne, dont il est grand admirateur, et dont il a adopté et rajeuni plus d'opinions qu'on ne pense. Son style, d'ailleurs, se plie merveilleusement bien à tous les objets qu'il traite. Il est plus varié que celui de plusieurs écrivains célèbres, tour à tour nerveux, sublime, gracieux, délicat et pathétique. On n'a guère loué avec plus de finesse que M. Rousseau ; mais aussi l'on ne peut guère employer une ironie plus amère, et une satire plus piquante que la sienne. Quel nombre ! quelle cadence ! quelle harmonie dans ses périodes ! quelle marche aisée, noble et soutenue ! avec quelle véhémence, et, si nous osons le dire, quelle tyrannie ne subjugue-t-il pas ses lecteurs ! Le premier effet qu'il produit sur eux est infailliblement de les séduire, de les entraîner par la magie de son style. Ce n'est qu'après l'impression affaiblie, que la réflexion le combat quelquefois ; et, pour peu qu'elle s'éloigne, on revient encore à lui.

Mais ce qui nous paraît le distinguer principalement, c'est son caractère d'énergie. Quand il s'élève, ou contre le despotisme, ou contre les préjugés et les vices de son siècle, c'est Périclès qui frappe et qui renverse ; c'est Démosthène tonnant du haut de sa tribune. On voit qu'un sentiment profond et souvent amer le domine, et qu'il ne peut pardonner aux hommes les maux qu'ils se font à eux-mêmes. Si vous en exceptez quelques hyperboles, qui ordinairement appartiennent moins au fond qu'à la forme, sa morale est, à beaucoup d'égards, vraie, sublime, favorable aux opprimés, inexorable aux oppresseurs, très-fine, très-intéressante dans les détails. C'est ce qui paraît surtout dans son *Héloïse* : c'est là qu'on voit combien il connaît les replis les plus cachés du cœur humain ; et l'on peut lui appliquer en morale ce que disait Fon-

tenelle d'un célèbre naturaliste : « Il prend
» presque toujours la nature sur le fait. »

De tant d'auteurs qui ont tant écrit de choses
vagues et communes sur les femmes, qui ont fait
de leur fausseté, de leur dissimulation, de leurs
caprices, de la légèreté de leur caractère, des
petites ruses de leur amour-propre, tant de satires rebattues et souvent si peu réfléchies, il est
certainement celui qui a le mieux saisi et apprécié ce sexe, qui a le mieux trouvé dans les
différences naturelles la raison des différences
morales. Voyez là-dessus les premières pages du
quatrième volume d'*Émile*. Toute femme sincère ne pourra que se reconnaître au bien et au
mal qu'il dit de son sexe. Au reste, cet ouvrage
de M. Rousseau, sur l'éducation, renferme
aussi des beautés sans nombre, des vues perçantes et hardies ; mais on y découvre toujours
son secret penchant à s'éloigner de toutes les
pratiques reçues. Généralement parlant, son système paraît assez bien calqué sur celui de la nature ; et c'est peut-être la principale raison qui le
rend impraticable, quant à l'ensemble, dans l'état
actuel des choses. On peut suivre pourtant, avec
quelques modifications, la plupart des préceptes
qu'il nous y donne ; et l'auteur aura toujours le
mérite d'avoir réveillé les esprits de son siècle
sur ce grand objet de l'éducation.

N'oublions pas d'observer que la partie d'*Émile*

où l'on traite de la religion naturelle, est un des plus beaux morceaux de tout l'ouvrage. Il peut y avoir quelques écarts; mais les grands principes y sont développés avec une force, une noblesse digne de Bossuet. On a surtout admiré, dans la profession de foi du vicaire savoyard, un portrait de Jésus-Christ fait de main de maître. Heureux le peintre, si lui-même n'avait quelquefois défiguré ce portrait digne en quelque sorte de son modèle!

S'il peut nous être actuellement permis de relever quelques fautes dans le style de cet écrivain célèbre, nous remarquerons d'abord qu'à l'exemple d'Ovide, il ne sait pas toujours s'arrêter. Il tourmente sa pensée, en la présentant sous trop de faces. Il a des phrases parasites, qui, prises à part, sont toujours belles, harmonieuses, bien cadencées, qui paraissent même renforcer quelquefois la pensée de l'auteur, mais de manière pourtant que la dernière phrase toute seule produirait peut-être autant et plus d'effet, en frappant un coup plus simple et plus rapide. Il n'est pas exempt d'expressions négligées, il en a même de triviales; et c'est avec raison qu'on a remarqué celles-ci: « La » musique française ressemble à une vache qui » galope, ou à une oie grasse qui veut voler. » Dans son *Discours sur l'économie politique*, où il parle de la proportion équitable qu'on devrait

établir dans les impôts : « Un grand, dit-il, pré-
» tendra qu'eu égard à son rang, ce qui serait
» superflu pour un homme inférieur est néces-
» saire pour lui : mais c'est un mensonge (ajoute
» M. Rousseau) ; car un grand a deux jambes,
» ainsi qu'un bouvier, et n'a qu'un ventre non
» plus que lui. » Il est clair que, par ces tour-
nures abjectes, l'intention de l'auteur est d'avilir
les grandeurs de préjugé, et de rappeler nos
idées à l'égalité primitive ; mais peut-être man-
que-t-il ainsi doublement son but : premièrement
comme homme de goût, ensuite comme philosophe qui révolte trop, par sa manière, ceux
qu'il voudrait réformer. Le vice, heurté de front,
s'indigne et se roidit ; pris de biais, il temporise,
bat en retraite, et se rend quelquefois. Quoi qu'il
en soit, M. Rousseau sacrifie souvent la précision au nombre et au rhythme ; au lieu que M. de
Buffon, autre écrivain justement célèbre, sait
admirablement unir la précision avec l'harmonie.

Un autre défaut que nous avons entendu reprocher encore au style de cet homme éloquent,
c'est un peu de néologisme. Ce reproche n'est
peut-être pas tout-à-fait sans fondement. Il nous
semble cependant que c'est presque toujours si
heureusement et avec tant de raison et de grâces,
que cet auteur emploie des mots nouveaux, ou
qu'il donne à des mots reçus des acceptions nouvelles, que nous ne savons trop si l'on peut le

blâmer d'une hardiesse qui embellit et enrichit la langue. *Cur ego*, disait Horace, *si linguam Catonis et Enni ditare valeo*, etc. ?

Dans le fond, le langage n'est-il pas fait pour l'homme, et non l'homme pour le langage ? Voici, selon nous, les seules restrictions qu'il conviendrait de mettre à cette liberté pour éviter les abus. Jamais il ne faudrait employer une expression inusitée, que lorsqu'elle donne plus de force au discours, ou qu'elle peut servir à fixer une nuance délicate qui échapperait sans elle. Il faudrait aussi que le sens en fût toujours très-clair; et, au moyen de cette double précaution, il serait permis de braver quelquefois une exactitude trop pusillanime, qui ne peut que rétrécir et borner la carrière de l'art. Il est vrai que peut-être le génie seul a le droit d'enfreindre heureusement certains usages, comme il n'appartenait qu'aux dictateurs romains de faire taire les lois, en quelques occasions, pour le bien même de ces lois et de la liberté. « Toutes les » fois, dit M. Rousseau, avec le ton d'indé- » pendance qu'on lui connaît, toutes les fois » qu'à l'aide d'un barbarisme ou d'un solécisme, » je pourrai me faire mieux entendre, ne croyez » pas que j'hésite. » A notre avis il aura souvent raison (1).

---

(1) Nous avons préféré l'article qu'on vient de lire, à

ROY (Pierre-Charles), né à Paris en 1683, mort en 1764. Il joignit à des talents très-distingués pour le genre de l'opéra un talent dangereux, celui d'une satire souvent personnelle et amère, plus caractérisée par l'énergie que par les grâces. Nous ne chercherons point à le justifier d'une licence que nous avons toujours condamnée. Nous devons dire seulement que ce tort du poète Roy fut peut-être le vice de son temps plutôt que celui de son cœur. Les fameux cou-

---

celui que nous avions fait nous-mêmes sur l'auteur célèbre qui en est l'objet. Cet article nous a paru très-intéressant, rempli d'observations également fines et judicieuses, qui supposent dans le rédacteur beaucoup d'esprit, de sagacité et de talent. Il nous a été envoyé par M. Romilly, pasteur de l'église de Genève, le même qui a fourni à l'Encyclopédie les articles *Tolérance* et *Vertu*. Il serait à souhaiter, pour l'honneur de cette collection, qu'elle eût eu un plus grand nombre de coopérateurs de son mérite, et surtout d'une modestie aussi rare.

Cet estimable écrivain a été enlevé aux lettres et à sa patrie, par une mort prématurée, en 1779. L'amitié dont il nous honorait, malgré ses liaisons avec quelques-uns de nos plus célèbres philosophes, prouve combien il était supérieur à tout esprit de parti.

Le pasteur Romilly était fils d'un homme très-distingué dans son art, qui a donné à Diderot, avec le désintéressement le plus noble, tout ce qui concerne l'horlogerie dans le Dictionnaire encyclopédique, et qui a été lui-même enlevé aux arts en 1796.

plets, faussement attribués à Rousseau, et dans lesquels Roy lui-même fut assez vivement outragé(1), ces couplets, et la triste célébrité qu'ils eurent, excitèrent dans les esprits, au commencement de ce siècle, une fermentation générale, et les montèrent à ce ton âcre d'une satire emportée et violente, si éloignée des jeux que notre Horace s'était permis dans le siècle précédent.

Depuis cette fatale époque, les rivalités entre les gens de lettres devinrent à la fois plus envenimées et plus cruelles. Cette maladie a continué jusqu'à nos jours : tellement que s'il existait un homme qui eût ramené la satire à ses vraies limites, et qui, en respectant les mœurs, la probité, l'honneur des écrivains les plus médiocres, ne se fût armé du ridicule qu'en faveur du goût et aux dépens de la vanité; cet homme, loin d'être accusé de malignité, devrait être regardé comme le réformateur d'un abus odieux et barbare. Se fût-il même trompé dans quelques-uns de ses jugements, chose très-possible et très-indifférente, on devrait, en ne lui faisant aucune grâce sur ses erreurs, et en usant envers lui des mêmes droits qu'il se serait arrogés sur les autres, imiter les égards qu'il

---

(1) Qu'entends-je ? c'est le roitelet
Qui fait plus de bruit qu'une pie;
Mais plus il force son sifflet,
Plus il semble avoir la pépie, etc., etc.

aurait eus pour eux, c'est-à-dire respecter ses mœurs en ne faisant point de quartier à son amour-propre.

Si le poète Roy se fût toujours contenu dans ces limites sévères que la décence prescrit à la satire, sa mémoire n'aurait aucun besoin d'apologie. Quelque délicate que soit la sensibilité des gens de lettres, et quelques moyens qu'ils emploient pour intéresser les gens du monde aux querelles de leur orgueil, tant qu'on respectera en eux les droits de l'homme et du citoyen, ils n'ont aucune protection à réclamer : leurs talents seuls doivent les défendre.

Qu'un artisan, au contraire,

Ouvrier estimé dans un art nécessaire,

se trouve inquiété dans la paisible possession de son état, il a droit de se plaindre. D'après des statuts que la législation elle-même a prescrits, d'après des titres d'apprentissage suffisants et un examen dans lequel on ne peut supposer de prévarication, il doit exercer en paix son métier ; on ne pourrait, sans injustice, lui ôter les moyens de subsister dans une condition honnête, et d'ailleurs avouée par les lois. Il en devrait être de même de quiconque est aggrégé à un corps, après avoir rempli de certaines formalités établies par une administration sage. Nous voyons cependant tous les jours des médecins s'accuser réciproquement d'ignorance dans des écrits publics, sans que personne s'en formalise. Il est pourtant vrai qu'un médecin ignorant serait non seulement un homme digne de mépris, mais un homme très-dangereux ; et toutefois on ne se passionne jamais contre ce genre de querelles. On a eu le bon esprit de concevoir qu'elles peuvent tourner à l'avantage des sciences, et qu'il en est de ces orages parmi les savants, comme des troubles civils dans un État : *Ex privatis odiis Respublica quandoque crescit.* Pourquoi donc des hommes raisonnables se passionneraient-ils davantage dans les querelles moins importantes des musiciens, des versificateurs, ou même des philosophes ?

Serait-ce donc un être si sacré qu'un écrivain, qui, souvent sans vocation, et toujours sans un examen préalable, a pris le métier de bel esprit par le sentiment intime de son inutilité ? Nous le répétons encore, si l'écrivain dont nous parlons n'avait eu rien de plus grave à se reprocher, nous n'aurions pas même songé à le défendre. Les auteurs dont il se fût moqué le lui auraient bien rendu ; et au pis-aller, toutes ces guerres de plume sont bien indifférentes à la tranquillité publique.

On a recueilli en un volume la plupart de ses poésies ; elles ne paraissent pas avoir fait une grande fortune. En général, elles sont dures, froides et recherchées ; mais on sait par cœur plusieurs morceaux de ses opéras, et l'on n'a point oublié ces beaux vers qui commencent le prologue du ballet des Élémens ;

> Les temps sont arrivés. Cessez, triste chaos,
> Paraissez, élémens ; dieux, allez leur prescrire
> Le mouvement et le repos.
> Tenez-les renfermés chacun dans son empire.
> Coulez, ondes, coulez. Volez, rapides feux ;
> Voile azuré des airs, embrassez la nature ;
> Terre, enfante des fruits, couvre-toi de verdure ;
> Naissez, mortels, pour obéir aux dieux (1).

Dans ce même ballet, on est frappé de l'énergie du caractère d'Ixion, qui, menacé de la foudre par Jupiter, ose lui dire qu'il meurt du moins son rival.

L'opéra de *Callirhoé* nous paraît une véritable tragédie qui pourrait réussir à la simple lecture, et sans le secours du chant. Nous croyons qu'*Armide*, *Atys*, *Roland*, et *Thésée*, soutiendraient la même épreuve.

Le malheureux penchant du poète Roy pour la satire fut cruellement puni ; on croit même qu'il avança sa mort. Le comte de Clermont, prince du sang, venait d'être admis à l'Académie Française, honneur que le poète avait long-temps et toujours inutilement brigué, quoiqu'il n'en

---

(1) Cet article est tiré d'un éloge que nous avons fait de M. Roy, dans le Nécrologe de 1764.

fût pas moins digne que beaucoup d'autres. Furieux de cette exclusion, il se permit contre le prince cette épigramme insolente :

> Trente-neuf joints avec zéro,
> Si j'entends bien mon numéro,
> N'ont jamais pu faire quarante :
> D'où je conclus, troupe savante,
> Qu'ayant à vos côtés assis
> Clermont, cette masse pesante,
> Ce digne parent de Louis,
> La place est encore vacante.

Un nègre du comte de Clermont fut chargé de la vengeance, et en abusa. Roy, brisé de coups, ne se releva qu'à peine pour aller mourir chez lui après quelques jours de souffrance.

Lorsqu'on réfléchit aux haines violentes occasionnées par la concurrence de quelques places vacantes à l'Académie, et qu'on se rappelle que le célèbre J. B. Rousseau en fut la malheureuse victime, on est étonné qu'une si chétive gloriole ait pu devenir l'objet d'une ambition si effrénée ; et l'on serait tenté de souhaiter qu'à l'exemple des Grecs et des Romains, qui n'ont jamais connu ces puériles distinctions, nous eussions eu la sagesse de n'en pas vouloir.

ROZOIS ou ROSOY (FIRMIN DU), né à Paris, et l'une des victimes de la révolution en 1792. Le courage avec lequel il souffrit une mort injuste, prouve qu'une extrême médiocrité d'esprit n'est pas incompatible avec une certaine dignité de caractère.

En qualité d'homme de lettres, nous ne l'eussions point placé dans ces Mémoires, quoiqu'il fût parvenu (ce que nous aurions regardé comme impossible) à faire jouer au Théâtre de la Nation une tragédie de *Richard III*, qui n'eut et qui ne méritait aucun succès.

L'espèce d'obstination avec laquelle il semblait avoir pris à tâche de déshonorer la mémoire d'un héros cher aux Français, en le travestissant de la manière la plus ridicule dans deux mauvaises pièces qu'il donna successivement à la Comédie italienne : l'une appelée *la Bataille d'Ivry*, l'autre intitulée *la Réduction de Paris, sous Henri IV*, lui valut, de la part de quelques plaisants du parterre, le nom de *Ravaillac second*.

On a de lui quelques autres ouvrages. Le moins inconnu est un poème des *Sens*, dans lequel on lui reprocha d'avoir trop négligé le sens commun.

RULHIÈRE (CLAUDE-CARLOMAN DE), de l'Académie Française, mort en 1791, célèbre par une épître intitulée *les Disputes*, dont le style familier, négligé, mais piquant, paraît s'approcher souvent du caractère des Épitres d'Horace, et par quelques pièces fugitives, la plupart satiriques, et d'une verve en général très-heureuse.

Son *Histoire de la Révolution de Russie* n'a été publiée que depuis sa mort ; mais il la lisait en société, et nous l'avions entendue plus d'une fois avec le vif intérêt qu'elle inspirait alors. Rulhière, à l'époque même de cette révolution, était à Pétersbourg, et paraissait bien instruit de ses détails et de ses causes.

On a de lui des éclaircissements historiques sur la révocation de l'édit de Nantes. Il a su découvrir, dans des sources ouvertes depuis long-temps à tout le monde, dans les Lettres de madame de Maintenon, par exemple, des faits intéressants et échappés jusqu'à présent à tous les yeux, et qui jètent le plus grand jour sur l'objet de ses recherches. Mais ce qui attache principalement dans son livre, ce qui attendrit même sur le sort des rois, c'est de voir par combien d'artifices Louis XIV fut amené à des actes d'injustice et de violence qui n'étaient pas dans son caractère. Lui seul ignorait ce qui s'exécutait en son nom ; et sa réputation commençait à se flétrir en Europe, avant que ce prince pût soupçonner l'abus qu'on faisait de son pouvoir. Cette importante leçon donnée à tous les souverains, d'heureux développements, des vues fines qui s'allient quelquefois à des vues profondes, des rapprochements inattendus et bien saisis, voilà ce qui nous a frappés dans cet ouvrage, et ce qui en fit le succès.

On a donné récemment une édition posthume de son *Histoire de la Révolution de Pologne*, ouvrage incomplet, qu'il n'avait pas eu le temps de finir, et qu'il eût certainement corrigé. Telle qu'elle est cependant, cette histoire nous confirme dans l'opinion avantageuse que nous avions conçue de son auteur, d'après ses éclaircissements historiques sur la révocation de l'Édit de Nantes, et nous croyons qu'il était appelé à ce genre d'écrire. Mais il avait puisé dans nos bureaux des affaires étrangères, à une époque malheureuse, humiliante même pour nous, ses renseignements sur la révolution de Pologne. C'était au moment où le ministère français, infidèle à ses traités avec cette république, et aux liaisons qu'il aurait dû conserver avec la Porte Ottomane, avait abandonné honteusement la cause de ses alliés, et laissait acquérir, par ses fautes, à l'impératrice de Russie Catherine II, et aux cabinets de Vienne et de Berlin, une prépondérance à laquelle il se sentait incapable de s'opposer : affront qui excitait sa jalousie qu'il ne savait pas même dissimuler.

L'histoire de Rulhière se ressent de l'humeur d'un ministère qui avait perdu, sur les affaires de l'Europe, toute son influence ; il y parle durement des puissances qui nous l'avaient ôtée ; il s'emporte même jusqu'à la satire, toutes les fois qu'il est question du dernier roi de Pologne, Stanislas Poniatowski, prince plus malheureux par les circonstances où il parvint au trône, que par l'incapacité que Rulhière lui attribue sans ménagement. Stanislas, à la figure la plus belle et la plus noble (avantage imposant, et qui a son mérite même dans un roi), joignait le caractère le plus aimable et des qualités vraiment dignes de son rang, auxquelles il ne manqua, pour être généralement reconnues, que des temps plus favorables. Nous en parlons d'après des personnes capables de le juger, qui l'ont bien connu, et qui ont eu l'honneur de vivre dans sa familiarité. Nous osons ajouter que ses malheurs même commandaient à Rulhière d'en parler avec plus de décence.

Nous répétons que, mieux instruit, et à portée de puiser dans des sources plus pures, il eût sans doute corrigé son Histoire, qui, malgré ses fautes, nous paraît, à plusieurs égards, un monument précieux.

Le discours qu'il prononça le jour de sa réception à l'Académie Française, est du petit nombre de ceux que l'on distingue, et qui méritent de survivre à leur date.

RYER (Pierre du), de l'Académie Française, né à Paris en 1605, mort en 1658. Sa tragédie *de Scévole*, qui le fera toujours compter parmi les fondateurs de la scène française, prouve qu'il était né avec le génie dramatique ; mais l'excès du malheur et de l'indigence nuisit à sa réputation et à ses talents. Le *Venceslas de Rotrou*, la *Sophonisbe* de Mairet, et cette même tragédie de *Scévole*, sont les trois seules pièces qui se soient soutenues jusqu'à nos jours, à quelque distance des chef-d'œuvres de Corneille, mais avec assez d'éclat pour que leurs auteurs partagent avec lui le nom de *pères du théâtre*.

S.

SABATIER (ANDRÉ-HYACINTHE), né à Cavaillon en 1726. On a de cet auteur un recueil de poésies dont la plus grande partie consiste en Odes. On voit, par sa préface et par ses dissertations répandues dans son recueil, qu'il a des opinions saines en matière de goût, et beaucoup de littérature.

On doit lui savoir gré de s'être élevé avec force contre ce déluge de poésies allemandes, dont les traducteurs, non moins allemands que leurs originaux, ne cessent de nous inonder.

S'il était permis d'en juger par ces traductions barbares, la poésie ne serait aujourd'hui guère plus avancée en Allemagne qu'elle ne l'était en France du temps des Ronsard, des Garnier et des Jodelle. Exceptons toutefois, parmi ces muses germaniques, et le célèbre Gessner, qui paraît avoir fait une étude si heureuse des excellents modèles de l'antiquité, et le savant Haller, qui a réellement honoré sa patrie, non seulement comme un très-bon poète, mais comme un vrai philosophe. Exceptons encore cet homme de génie (1), déjà distingué à la suite de Melpomène, et qui a mérité, chez l'étranger même, le nom de fondateur de la tragédie allemande.

M. Sabatier a moins réussi en exemples qu'en préceptes. Ses Odes ne sont guère que des amplifications incohérentes et ampoulées; et c'est de ce genre surtout que Despréaux voulait parler, quand il a dit :

Il n'est pas de degré du médiocre au pire.

On nous apprend que M. Sabatier s'est dévoué à l'éducation de la jeunesse au collége de Tournon. Nous en félicitons ce collége. Il serait à désirer que beaucoup de nos auteurs renonçant à la maladie des prétentions, et au vain fanatisme d'une gloire qui leur échappe, eussent le courage de chercher, comme lui, à se rendre vraiment utiles à la patrie. Quelque ridicule qu'on ait jeté sur les prétendus pédants de collége, ils sont très-supérieurs à nos petits pédants du beau monde. Il vaut infiniment mieux former des citoyens, que de faire des contes moraux, des tragédies gothiques, des drames bourgeois, de tristes déclama-

---

(1) Le célèbre Klopstock.

tions philosophiques, d'ennuyeux discours, et en général des ouvrages médiocres. Quiconque n'enrichit pas la littérature, l'appauvrit et la déshonore.

SABATIER (l'abbé Antoine), né à Castres. Auteur d'une compilation intitulée *les Trois Siècles de notre Littérature*, qui parut deux ans après ces Mémoires, qu'on y trouve cités, en effet, dès les premières pages.

On ne doit à ce compilateur ni reconnaissance pour les éloges qu'on en a reçus, ni ressentiment pour les critiques qu'on peut en avoir essuyées, parce qu'il a distribué la louange et le blâme, sans avoir la moindre notion de la plupart des écrivains dont il a parlé. L'auteur n'a visiblement pour objet, dans cette compilation injurieuse, que d'accuser d'irréligion et d'impiété une foule de gens de lettres qui auraient eu droit de se plaindre de cette diffamation, mais qui l'ont méprisée. Nous ne nous ferons pas un mérite de n'être jamais tombés dans ce genre abominable de délation. Si quelquefois nous avons cru devoir nous élever contre les excès d'une philosophie téméraire et dangereuse, nous défions du moins qu'on puisse trouver dans ces Mémoires, ni dans aucun de nos ouvrages, un seul écrivain attaqué sur sa religion ou sur ses mœurs. C'est entreprendre sur les lois, que d'oser s'arroger une pareille juridiction; c'est même s'écarter visiblement de leur esprit, car nous voyons tous les jours qu'elles se bornent à flétrir les ouvrages condamnables, sans les imputer aux auteurs qui ne les ont pas formellement avoués. Si l'indignation pouvait nous permettre de rire, nous rapprocherions ici quelques jugemens bien absurdes et bien contradictoires du compilateur dont nous parlons. On le verrait, par exemple, déchirer, par zèle pour les mœurs, sans doute, les romans de M. de Crébillon, n'attribuer leurs succès qu'à une licence cynique, les citer comme des ouvrages qui n'ont pas même le mérite du style, et qui ne sont faits que pour amuser l'oisiveté libertine des jeunes officiers dans leur garnison : tandis que le même compilateur fait les plus grands éloges des romans de l'abbé de Voisenon, qui certainement ne sont pas moins libres que les premiers, et dont la licence n'est pas, à beaucoup près, rachetée par les mêmes grâces.

« La connaissance du monde, dit-il, la facilité
» à en saisir les ridicules, et l'art, plus piquant
» encore, de les peindre agréablement, donnent
» aux romans de M. l'abbé de Voisenon un mé-
» rite qui les distingue de ces productions frivo-
» les, chargées d'aventures et de sentimens pa-
» rasités rebattus cent fois, et toujours exprimés
» d'une manière insipide ou bizarre ». Quel style! mais ce n'est pas de style qu'il est question.

Observez seulement que l'abbé de Voisenon était prêtre, que M. de Crébillon est un homme du monde; et que si le zèle des mœurs a pu faire paraître celui-ci coupable aux yeux du rigide compilateur, l'autre aurait dû lui sembler, à plus forte raison, bien moins digne de ménagement.

Nous aurions à nous plaindre plus que personne de M. l'abbé Sabatier, qui n'a fait ses *Trois Siècles* que d'après nos Mémoires, presque toujours pillés et déshonorés dans ce qu'il a dit d'un peu raisonnable. L'injure qu'il nous a faite en nous louant, n'est pas une satisfaction proportionnée au délit; mais c'est précisément parce qu'il nous a donné de grands sujets de plainte, que nous n'en parlerons pas davantage. Tout ce que nous nous permettrons d'ajouter en faveur de quelques personnes qui ont cru trouver dans sa compilation un petit nombre d'articles mieux travaillés que les autres, c'est que ces articles ne sauraient être de la même main qui a rédigé le reste de l'ouvrage. Ils déposent eux-mêmes contre le compilateur maladroit, qui n'a pas compris qu'en les adoptant, il ne ferait que mieux sentir la médiocrité de ceux qui lui appartiènent incontestablement.

SAINT-ANGE (François de), né à Blois en 1752. Dès sa plus tendre jeunesse, il avait donné des preuves du talent qui l'appelait à faire des vers. Ses dispositions furent cultivées et encouragées par M. l'abbé De Lille, et ce fut le traducteur de Virgile qui lui conseilla de traduire Ovide.

Les premiers essais de sa traduction, la *Fable de Vertumne et Pomone*, et les *Amours de Biblis*, furent très-accueillis et le méritaient. M. de Laharpe, qui travaillait alors au *Mercure de France*, les annonça de manière à exciter l'intérêt le plus vif pour le jeune auteur, et cette annonce ne lui fut pas infructueuse.

M. Turgot, frappé du mérite des vers, devint le bienfaiteur et l'ami du poète : on ne pouvait débuter dans le monde sous de plus heureux auspices.

M. de Saint-Ange a terminé avec gloire cette difficile entreprise. Sa traduction a paru ; et, quoiqu'il ait substitué quelquefois à d'anciennes leçons qui nous semblaient très-heureuses, des corrections dans lesquelles nous ne trouvons pas la même grâce ; quoiqu'on puisse y remarquer des négligences, des fautes même assez graves, mais rachetées par de grandes beautés, et d'ailleurs fort excusables dans un ouvrage qui suppose à la fois tant de talent et de courage, cette traduction a confirmé l'opinion avantageuse que nous en avions conçue dès son origine.

Nous avons consigné depuis, dans une des des feuilles du *Journal de Paris*, l'estime que nous faisons et de l'ouvrage et de l'auteur : on nous pardonnera de répéter ici ce qui ne fut de notre part qu'un acte de justice.

« Le Gouvernement ne manquera pas sans
» doute de récompenser d'une manière digne
» de lui un écrivain qui a tant de droits à ses
» bienfaits, un père de famille qui a sacrifié la
» plus grande partie de sa vie à un ouvrage qui
» manquait aux lettres ; et non moins remarqua-
» ble par les difficultés qu'il offrait à vaincre, que
» par les beautés de tous les genres et de tous les
» styles qui s'y trouvent répandues.... En formant
» ce vœu, c'est le vœu unanime des gens de
» lettres que je me permets d'exprimer. En
» Angleterre, l'ouvrage de M. de Saint-Ange
» eût suffi à sa fortune. On sait du moins ce
» que valut à Pope sa belle traduction en vers
» de l'*Illiade* d'Homère : traduction moins
» difficile peut-être que celle des *Métamor-*
» *phoses.* »

L'auteur, que les difficultés n'ont point arrêté, a traduit, avec moins de succès, il y a quelques années, les *Fastes d'Ovide* ; sujet d'autant plus ingrat, que l'ouvrage est resté incomplet, soit qu'Ovide ne l'ait point achevé, soit que la suite en ait été perdue. Ce poème, dont il eût suffi de traduire quelques morceaux de choix, offre d'ailleurs une foule de détails rebelles à notre poésie ; et le mérite de la difficulté vaincue, quand il n'en résulte aucun agrément, n'était pas de nature à tenter M. de Saint-Ange. Les *Fastes* ne sont que le calendrier de l'ancienne Rome ; et quel attrait peut avoir pour nous ce *Calendrier* mis en rimes ?

Toujours fidèle au poète romain, la persévérance de M. de Saint-Ange ne s'est point lassée ; et il vient de nous donner, avec plus de bonheur, la traduction de l'*Art d'Aimer*, dans laquelle on retrouve souvent le traducteur des *Métamorphoses*, et le mérite très-rare d'avoir su rendre, en beaucoup de passages, non seulement avec fidélité, mais avec grâce, les attitudes variées d'Ovide, le plus fécond et le plus ingénieux des poètes.

Ajoutons à ces éloges que la justice nous a dictés, que M. de Saint-Ange, loin d'avoir été encouragé par des applaudissements de boudoir, ou par des suffrages de société, n'a pas même encore obtenu les frêles et vains honneurs d'un fauteuil académique, et qu'il n'a guère reçu d'autre récompense de ses longs travaux, que des critiques plus ou moins injurieuses, qui heureusement n'ont pas refroidi son émulation.

SAINT-ÉVREMOND (Charles de Saint-Denis, seigneur de), né à Saint-Denis-le-Guast, en Normandie, en 1613, mort à Londres en 1703. Il eut quelques parties de l'esprit de

Voiture, perfectionné par des connaissances plus étendues, et par une teinte de philosophie assez analogue à celle de nos jours.

C'était un homme de goût, lié avec des personnes illustres, qui écrivit poliment en prose, et très-médiocrement en vers. Il jugea, dès la tragédie d'*Alexandre*, que Racine méritait d'être comparé à Corneille ; mais il eut toujours, en faveur de ce dernier, une prévention qui lui ferma les yeux sur toute l'étendue du mérite de Racine, qu'il ne regardait que comme un infiniment bel esprit.

On trouve dans les OEuvres de Saint-Évremond des réflexions fines sur l'histoire, des observations bien faites sur l'art du théâtre, et enfin quelques lettres agréables, la plupart adressées à la belle madame de Mazarin, réfugiée, comme lui, en Angleterre, et à la célèbre Ninon l'Enclos, qu'il appelait la moderne Léontium, et pour laquelle il fit ces vers heureux :

> L'indulgente et sage nature
> A formé l'âme de Ninon
> De la volupté d'Épicure,
> Et de la vertu de Caton.

Ce fut un des fruits des progrès de la raison en France, que d'avoir introduit, même à la cour, l'amour et le goût des lettres. Le siècle de Louis XIV offre, parmi les gens de qualité, beaucoup d'exemples de cette louable émulation, qui les portait à signaler leurs noms par des talents agréables : un duc de La Rochefoucauld, par ses pensées fines, et quelquefois profondes, sur le cœur de l'homme, dont il a fait la satire ; un duc de Nevers, dont nous avons parlé ; un Bussy, par ses lettres ingénieuses, quoique trop remplies d'égoïsme ; un La Fare, un Saint-Aulaire, si recommandables par les grâces de leur esprit ; enfin, un Hamilton, écossais naturalisé parmi nous, et très-supérieur à Saint-Évremont lui-même, par la légèreté de sa prose et l'agrément de ses vers.

SAINT-FOIX (Germain-François-Poullain de), né à Rennes en 1703, mort à Paris en 1776. Esprit délicat et gracieux, qui s'est fait un genre particulier, et qui a enrichi nos différents spectacles de plusieurs petites pièces, qui forment des tableaux agréables dans le goût de l'Albane. On peut voir, dans les articles Autreau et La Font, qu'il avait eu quelques modèles ; mais ce genre n'en est pas moins à lui, parce qu'il l'a perfectionné, et qu'il a mérité d'avoir à son tour des imitateurs. Cependant, quoique ses petites pièces soient écrites avec beaucoup d'élégance et de naturel, il ne faut pas comparer ce genre facile à celui de la vraie comédie. M. de Saint-Foix ne s'est pas borné à ces ouvrages d'agrément : les premiers volumes de ses Essais sur Paris prouvent qu'il avait étudié notre histoire en philosophe. Ce littérateur estimable, cet écrivain si pur, n'a pas été de l'Académie Française.

SAINT-GELAIS (Mélin de), né à Angoulême en 1491, mort à Paris en 1558. Poète français très-ingénieux, contemporain de Marot, et son ami, beaucoup plus instruit que ce dernier, et cependant n'ayant pas eu, comme lui, un caractère original qui lui ait mérité l'honneur d'être, en aucun genre, réputé modèle. C'est dans l'épigramme qu'il s'est le plus approché du génie de Marot ; et il nous en est resté de lui quelques-unes qui méritaient de passer à la postérité. Le nom d'Ovide français qu'on lui donna de son temps, prouve qu'on a toujours abusé de la manie de faire des parallèles. Quel trait de ressemblance pouvait avoir avec Ovide un homme qui n'a écrit que des sonnets, des rondeaux, des dixains, des épigrammes, etc., etc. ? Son vrai mérite est qu'on ait retenu, jusqu'à nos jours, quelques-uns de ses vers, tandis que nous avons de prétendus poètes, absolument morts de leur vivant, qui n'en sont pas moins orgueilleux, et qui, dans leur néant, se croyent très-supérieurs à tous ces écrivains du seizième siècle, qu'ils n'ont jamais lus. S'ils daignaient cependant les lire, ils seraient effrayés de la multitude de leurs connaissances, et peut-être ils en deviendraient plus modestes. La plupart des poètes du temps de François Ier, et Saint-Gelais lui-même, avaient étudié la philosophie, le droit, la théologie, les mathématiques. Ils joignaient à ces études celles des langues anciennes, et presque tous savaient encore l'italien, l'espagnol, etc. Il faut avouer qu'il y avait loin d'une pareille éducation à l'orgueilleuse ignorance de nos petits pédants du beau monde, qui font des vers légers pour les dames de leurs cercles, qui se disent quelquefois philosophes pour se dispenser d'avoir une existence, et qui, sur de certains objets, dont ils n'ont pas même les premières idées, se permettent de parler d'une manière si leste, si tranchante et si dogmatique.

SAINT-HYACINTHE (THÉMISEUL DE), né à Orléans en 1684, mort en 1746. Ses voyages, qui paraissaient au-dessus de sa fortune, sa vie aventurière, et les différents noms qu'il prit successivement pour cacher son nom véritable (1), firent naître un soupçon qu'il ne cherchait pas à détruire. On le disait fils de Bossuet; et ses liaisons avec l'évêque de Troyes, neveu de ce prélat célèbre, semblaient appuyer ce soupçon peu vraisemblable d'ailleurs, et dont Voltaire lui-même a reconnu la fausseté dans son Catalogue

---

(1) Son père se nommait Cordonnier.

des écrivains français qui ont paru dans le siècle de Louis XIV.

C'est à Saint-Hyacinthe que l'on doit le Chef-d'œuvre d'un Inconnu, et le Commentaire de Mathanasius sur ce Chef d'œuvre : critique à la fois ingénieuse et savante, mais trop longue, du pédantisme des commentateurs. Voltaire, qui n'avait pas lieu d'aimer cet écrivain, prétend qu'il n'y fournit que la chanson ; mais l'ouvrage, quoiqu'il ait eu beaucoup de succès, n'a jamais été réclamé par personne, et il est bien de Saint-Hyacinthe.

Ce qu'on ignore (et ce que le hasard seul nous a fait découvrir), c'est qu'il parut, en 1547, un Commentaire latin du Cantique des Cantiques, fait très-sérieusement et de la meilleure foi du monde par un moine flamand nommé Titelman, et que ce Commentaire est évidemment la source, à la vérité très-cachée, où Mathanasius a puisé le sien.

Une seule citation, qui pourra égayer les lecteurs, suffira pour en faire juger. Voici la manière naïve dont ce moine développe toutes les beautés qu'il croit apercevoir dans le premier verset du Cantique ; manière qu'il soutient jusqu'à la fin de l'ouvrage :

Osculetur me osculo oris sui. Sponsa non dicit cujus osculum desiderat, neque nomen exprimit, neque conditionem describit ejus à quo petit oscula, sed tantùm et absolutè osculetur me, inquit. Deindè non satis erat dicere osculetur me, sed osculetur me osculo. Neque hoc sufficiebat sed osculetur mé osculo oris sui. — *Quid opus erat oris mentionem facere quùm non, nisi per os dari soleant oscula ? Arbitror ego, ad amoris expressionem, postulari osculum oris, quoniam voluptati erat sponsæ rosei illius, mellilissimique oris sui amabilis sponsi meminisse*, etc.

Quiconque est un peu familier avec le Chef-d'œuvre d'un Inconnu, reconnaîtra sur-le-champ la parfaite conformité des deux Commentaires. Cet exemple confirme la vérité de l'ancien proverbe : *Rien n'est nouveau sous le soleil ;* et le temps, qui révèle tout, a souvent prouvé que bien des ouvrages, qui passaient pour originaux, n'étaient que des larcins plus ou moins adroitement déguisés.

Depuis le Chef-d'œuvre d'un Inconnu, Saint-Hyacinte n'a rien fait de remarquable. Son Apothéose du docteur Aristarchus Masso manque de sel ; et l'on se souvient à peine qu'il ait fait quelques romans très-médiocres.

SAINT-LAMBERT (Charles-François de), de l'Académie Française, né à Nancy en 1717, mort en 1803.

Quoique nous n'ayions pas dissimulé dans nos éditions précédentes, qu'on reprochait à son poème *des Saisons,* non seulement de la froideur, mais le vice de l'ensemble, la monotonie des épisodes, et d'autres défauts encore, que nous l'invitions à faire disparaître, cependant on nous a soupçonnés d'avoir moins consulté les lois de la critique, en jugeant l'ouvrage de M. de Saint-Lambert, que ce sentiment de faveur qui nous porte à l'indulgence envers nos compatriotes. Ce n'est point à nous de disputer contre l'opinion publique. Cependant nous redirons encore que le poème *des Saisons* n'est pas l'ouvrage d'une main vulgaire; qu'on y trouve des détails très-heureux, des peintures neuves, et qu'en général il est écrit avec beaucoup d'élégance. Nous répéterons que c'était une intention très-louable que de tâcher d'inspirer aux propriétaires opulents le désir d'habiter leurs terres pour y répandre la prospérité par leur présence, et pour s'y procurer un bonheur digne de l'homme en soulageant la misère des cultivateurs.

Nous avions observé combien M. de Saint-Lambert s'était compromis, en disant que, dans ses immortelles tragédies, Racine n'avait peint que les Juifs. Il ne s'est permis cet étrange paradoxe que pour sacrifier Racine à Voltaire, et il ne s'est point aperçu que cette adulation devenait révoltante, même pour l'auteur qu'il avait cru flatter.

Était-il donc bien adroit de ne louer Voltaire qu'aux dépens de Racine? Nous avons tâché de donner un autre exemple dans ces Mémoires, et de rendre à cet homme célèbre la justice qu'il mérite, sans abaisser ses rivaux de gloire. Nous avons eu l'honneur de lui lire son article, et nous avons cru remarquer qu'il était infiniment plus touché de la manière libre et franche avec laquelle nous avons toujours parlé de lui, que de ces adulations excessives, plus capables de lui susciter de nouveaux ennemis, que d'ajouter le moindre éclat à sa réputation.

M. de Saint-Lambert ne s'était pas attiré moins de reproches pour avoir tenté d'armer l'autorité contre une critique modérée du poème *des Saisons*. Cette sensibilité ombrageuse, ces moyens violents n'étaient ni d'un homme supérieur ni d'un philosophe.

Quoi qu'il en soit, il lui reste le mérite réel de son ouvrage, peut-être un peu froid, un peu monotone, mais qui paraîtra toujours une production distinguée à ceux qui savent apprécier le mérite d'écrire en vers avec une correction et une élégance qui ne se démentent jamais. D'ailleurs, il était déjà connu par des pièces fugitives très-agréables, et qui lui avaient assuré la réputation d'un très-bel esprit.

L'âge n'avait pas éteint chez M. de Saint-Lambert le talent de la poésie. On le retrouve encore dans une pièce faite il y a quelques années, et qui a paru sous le titre des *Consolations de la vieillesse*. Nous ne la connaissons que par un recueil souvent inexact, et dans lequel il s'est glissé une faute de français qui ne peut être de l'auteur :

> Il condamne nos yeux à d'*éternelles* pleurs.

Pleurs sont masculins ; voyez ces vers de Zaïre :

> Voilà les premiers *pleurs* qui coulent de mes yeux ;
> Mais ces pleurs sont *cruels*, et la mort va les suivre.

Cette faute sans doute, même en la supposant de l'auteur, ne suffirait pas pour déparer un ouvrage plein de sensibilité et d'images gracieuses, mais les éditeurs auraient dû la remarquer.

Après avoir commencé sa carrière en poète, M. de Saint-Lambert crut devoir la finir en philosophe par des écrits d'un genre plus sévère. Tel est, entre autres, le livre qu'il a intitulé *Les Principes des Mœurs chez toutes les nations*, ou *Catéchisme universel*.

Cet ouvrage, qui n'est pas toujours aussi moral que le promet son titre, mérite cependant, par l'importance de son objet, une attention particulière.

Son début est une Analyse de l'homme, qui ne présente guère que des idées communes ; mais, grâce au citoyen de Genève dont M. de Saint-Lambert, sans le citer jamais, et même en le traitant très-durement, a emprunté ce qu'on y trouve de mieux, l'analyse de la femme est beaucoup plus piquante. Elle est, en forme de dialogue, entre le philosophe Bernier et Ninon l'Enclos qui attend son amant Candale, mais qui, en attendant, veut bien s'amuser d'une conversation philosophique. On annonce Candale, la conversation finit ; et Bernier, qui a de l'usage, se retire en confident discret.

A ces analyses succèdent une logique sous la même forme de dialogue, ensuite des notions sur le bonheur et sur les passions, accompagnées de préceptes, et enfin un commentaire qui forme, à lui seul, la plus grande partie de l'ouvrage, ou plutôt qui est l'ouvrage même, dont tout ce qui précède ne paraît que l'introduction.

A l'exemple d'Helvétius, c'est sur l'intérêt personnel que M. de Saint-Lambert établit toute sa morale ; il en fait même le principe de la vertu, lorsqu'il est convenablement dirigé. On voit que la religion est inutile à ce système ; l'auteur cependant en admettrait l'utilité pour les femmes, mais sous la condition que la philosophie présiderait aux idées religieuses qu'on ferait entrer dans leur éducation.

Il est vrai qu'il accumule toutes ces assertions sans se donner la peine de les appuyer sur des preuves, et comme s'il était impossible de penser autrement que lui, lors même qu'il est en opposition avec des hommes tels que Pascal, Fénélon, Montesquieu et J. J. Rousseau. Il assure, par exemple, que la pudeur n'est pas naturelle aux femmes, quoi qu'en ayent pu dire Montesquieu et le philosophe de Genève. On est étonné de son acharnement contre ce dernier écrivain qui lui a constamment témoigné de l'amitié, et qui en parle avec éloge jusque dans ses *Confessions*. Non seulement, ainsi que nous l'avons observé, il lui fait, sans le citer, de fréquents larcins, mais il lui attribue des opinions qu'il n'a jamais eues; il finit même, dans un chapitre sur l'ingratitude, à faire de lui, sous le nom de Cléon, le portrait le plus odieux (1).

---

(1) Cet emportement de M. de Saint-Lambert contre Rousseau, qui ne l'avait jamais offensé, prouve qu'à l'âge de quatre-vingts ans, il conservait encore ce caractère irascible qu'il avait manifesté avec tant de violence à l'occasion d'une critique de son poème *des Saisons*, que M. Clément s'était permise, et qu'on ne peut accuser d'aucun excès. On sait que, pour venger l'honneur de quelques hémistiches de ce poème, il abusa de son crédit jusqu'à solliciter des ordres de rigueur contre M. Clément; on sait qu'il eut le malheur de les obtenir, mais qu'ils furent bientôt révoqués par le magistrat qui s'était laissé surprendre, et qui se reprocha cette faiblesse.

Nous n'avons pas, comme M. de Saint-Lambert, l'honneur d'être comptés parmi les philosophes, et nous avons été long-temps poursuivis, non par des critiques, ni même par des satires, mais par une foule de libelles calomnieux, dont nous connaissions les auteurs, sans avoir jamais importuné l'autorité de nos plaintes. Nous avons même gardé, envers nos plus violents ennemis, un caractère d'impar-

Il prétend que, dès sa naissance, la philosophie d'Epicure fut très-utile au monde, et qu'elle le devient chaque jour davantage. Il ne craint pas plus de contredire Fabricius et Caton que Rousseau et Montesquieu : aussi ne regarde-t-il pas les Romains comme un peuple du premier ordre; il leur préfère les Arabes, quoiqu'ils ayent eu le fanatisme de religion et celui des conquêtes. Cette préférence qu'il accorde à un peuple fanatique paraîtra singulière à tous ceux qui connaissent son aversion pour le fanatisme : mais nous n'avons pas épuisé toutes les singularités de son ouvrage.

A l'entendre (c'est en 1800 qu'il a publié son *Catéchisme*), nous vivions dans le meilleur, dans le plus heureux, dans le plus éclairé des siècles. Il assure qu'à cette époque fortunée, l'espèce humaine avait presque autant gagné par les mœurs que par les lumières ; et il ne craint pas de dire ailleurs qu'on voit de jour en jour les progrès de la bienveillance universelle ; et c'était lorsque la

---

tialité et de modération qui a fini par nous concilier la faveur publique. Si, dans quelques circonstances, nous avons cédé à la nécessité de nous défendre, nous n'avons opposé que le ridicule à la calomnie, ou, comme nous l'avons dit en plaisantant, des croquignoles à des coups de poignard. Les spectateurs ont ri quelquefois de ce genre de combat, et nous ne désirions pas d'autre vengeance.

nation, fatiguée de crimes et d'assassinats, commençait à peine à respirer, c'était après les horreurs de la révolution, que M. de Saint-Lambert s'exprimait ainsi !

Le système total de cet étrange Catéchisme se réduit à peu près à ces principes : les vices et les vertus ne sont que des affaires de convention. Ce sont ces conventions et notre propre intérêt qui forment notre conscience. L'homme soumis à la raison universelle est toujours heureux ; il n'est malheureux qu'en cessant de lui obéir. Dès-lors, pour arriver au bonheur, il faut cultiver sa raison : aussi ceux qui la cultivent le plus, c'est-à-dire les philosophes, sont-ils les plus heureux des hommes, et le siècle philosophique le plus heureux des siècles ?

Combien doivent donc gémir, sur notre malheureuse espèce, ceux qui, en adoptant les principes de M. de Saint-Lambert, voyent ces mêmes philosophes, si heureux selon lui, dans le plus heureux des siècles, maudire, presque d'un commun accord, leur funeste existence! Ne sait-on pas que ce philosophe-roi, Fréderic-le-Grand, félicité du jour où il avait signé une paix glorieuse, comme du plus beau jour de sa vie, répondit que le plus beau jour de la vie était celui qui finissait nos misères en la terminant ? Madame Dudeffant qui, dans sa longue carrière, s'était tant abreuvée de philosophie, ne disait-elle pas que le plus grand des malheurs était celui de naître ?

M. de Saint-Lambert s'est quelquefois permis des expressions beaucoup trop libres pour un sage, tandis que, dans des sujets à peu près correspondants, Rousseau n'en a jamais employé que de modestes. Le philosophe Bernier, par exemple, un peu déplacé dans le boudoir de Ninon, lui dit, en parlant des femmes, *que peut-être elles ne sont pas aussi sensibles que nous au plaisir de parcourir des formes rondes et polies, sur lesquelles nos mains et nos lèvres se promènent avec tant de délices.*

Quels que soient les vices de son système, on doit cependant reconnaître, pour ne pas être injuste, que presque tous les moyens que M. de Saint-Lambert imagine pour corriger dans les enfants chaque défaut pris à part, sont heureusement choisis, et que cette justesse d'aperçus si divers et si multipliés n'est pas d'un homme vulgaire. Nous pensons aussi que son style, quoique souvent prolixe, ne manque ni de clarté, ni d'élégance, ni de grâce. On voit qu'il avait vécu dans la meilleure compagnie, et qu'il était fait pour elle.

SAINT-PIERRE (Jacques-Henri Bernardin de). Une imagination vive et brillante subjugue aisément celle des autres, soit en lui commandant impérieusement, soit par le charme de séduction qu'elle sait répandre sur tout ce qu'elle colore ; c'est ce qui doit expliquer le succès de l'ouvrage de M. de Saint-Pierre, intitulé *Les Études de la Nature*. Rien ne paraît prouvé dans ce livre, mais tout y est supposé d'une manière si séduisante, que nous ne doutons pas que l'auteur, entraîné par sa propre imagination, n'ait commencé par se persuader à lui-même ce qu'il a dessein de persuader à ses lecteurs.

Il est vrai qu'en ne faisant que substituer de brillantes conjectures aux systèmes établis, il contrarie ouvertement, et les opinions reçues, et même ce qui passe pour démontré dans les sciences exactes ; mais il sait se prévaloir si adroitement des limites et de l'incertitude de nos connaissances, qu'il ne peut manquer d'attirer à son parti tous ceux qui n'ont que des idées superficielles de l'histoire naturelle et de la physique. L'ouvrage de M. de Saint-Pierre a d'ailleurs un attrait bien puissant pour de certaines âmes : il fait aimer Dieu et la religion ; mais il est à craindre qu'en ne portant que sur des fondements ruineux, il ne nuise au but si respectable que l'auteur s'est proposé. L'imagination, une fois détrompée par le raisonnement, est capable de s'égarer d'autant plus, qu'elle s'aperçoit du piége dans lequel elle était tombée.

Quoi qu'il en soit, on ne peut disputer à l'auteur un assemblage de talents très-rares. Son style très-brillant, surtout dans les descriptions, se rapproche infiniment de celui du philosophe de Genève, et c'est la plus grande louange que nous puissions lui donner.

Paul et *Virginie*, et la *Chaumière indienne*, sont deux ouvrages du même auteur, connus de toute l'Europe, et qui confirment ce que nous venons de dire du charme et de la grâce de son style. Nous avouons que ces deux romans, si bien écrits, si intéressants, si agréables, nous paraissent très-supérieurs à de la physique romanesque.

SAINT-RÉAL (l'abbé César de), né à Chambéry, mort en 1692. On a recueilli ses ouvrages, en six volumes, qu'on eût mieux fait de réduire en un seul; mais son *Histoire de la Conjuration de Venise*, sinon par la vérité, du moins par le charme de la narration, est un chef-d'œuvre qui lui a mérité l'honneur d'être comparé à Salluste. Cet ouvrage, ses *Discours sur l'usage de l'Histoire*, et celui qu'il adresse à l'Electeur de Bavière sur la *Valeur*, sont tout ce qu'il y avait à conserver pour sa gloire.

Il avait cru plaire aux gens du monde, en donnant une *Vie de Jésus-Christ*, plus ornée que le récit de l'Évangile; mais on y regrette ce caractère noble et simple, si bien senti et si heureusement développé par l'auteur d'Émile. C'est ainsi que, dans la traduction en vers de l'*Imitation de Jésus-Christ* par le grand Corneille, on regrette l'onction naïve de l'original. Ces ouvrages, faits pour parler au cœur, doivent rester dans leur simplicité touchante et majestueuse.

SAINT-VICTOR (Jean-Baptiste de).... Son nom manquerait à des Mémoires où notre principal but est d'encourager l'émulation des jeunes écrivains qui, dans l'indigence actuelle de notre littérature, se distinguent encore par d'heureux essais. M. de Saint-Victor n'a donné jusqu'ici que deux poèmes, l'un intitulé *l'Espérance*; l'autre *le Voyage du Poète*, et ces deux ouvrages nous paraissent annoncer des dispositions très-brillantes; nous croyons même ne rien dire de trop en y ajoutant qu'on y découvre déjà des traits de maître. L'auteur a le mérite d'écrire en prose avec la même élégance qui nous a frappés dans ses vers. Le Discours, plein d'une modestie noble et courageuse, qui précède son poème de *l'Espérance*, et les notes intéressantes qui le terminent, en sont la preuve. Nous l'invitons à cultiver des talents qui supposent d'excellentes études; à corriger dans ses poèmes de légères négligences qui lui sont échappées, et qu'on n'apercevrait pas dans des ouvrages de plus longue haleine; enfin à ne pas suivre en tout le brillant écrivain qu'il paraît avoir choisi pour modèle. Si M. De Lille excelle dans la partie des détails, il serait dangereux de l'imiter dans la conception de ses sujets ; on y trouve d'admirables fragments, mais on y désirerait un ensemble.

SARRASIN (Jean-François), né à Germanville, près de Caen, en 1605, mort en 1654. Elève et imitateur de Voiture, bel esprit très-agréable dans la société et dans ses ouvrages.

Il y a des tours fort ingénieux, et des plaisanteries très-heureuses dans un poème satirique qu'il a fait sous le titre du *Dulot vaincu*, ou *la Défaite des Bouts-rimés*. Boileau, dans son *Lutrin*, et Pope dans sa *Dunciade*, paraissent en avoir tiré quelque parti.

On trouve, dans son *Ode de Calliope sur la bataille de Lens*, des strophes très-belles, et dignes de Malherbe, ce qui suppose à Sarrasin un enthousiasme que Voiture n'avait pas.

Les grands ne savent peut-être pas assez jusqu'où peut aller la sensibilité d'un homme de génie. Sarrasin mourut de chagrin pour avoir cru déplaire au prince de Conti, dont il était secrétaire ; et Racine depuis eut le même sort, persuadé qu'il avait eu le malheur d'indisposer Louis XIV contre lui.

Cette sensibilité prouve, quoi qu'en ait dit l'envie, qu'une âme reconnaissante et sublime se trouve presque toujours alliée à des talents supérieurs. Hesnaut, Pélisson, La Fontaine, demeurèrent fidèles à Fouquet disgracié, tandis que tous ses favoris l'abandonnaient, ou même insultaient à son malheur, soit par cette indifférence froide que la philosophie appèle prudence, soit par ambition, soit enfin par lâcheté. Hesnaut osa venger Fouquet de la dureté de Colbert, par un sonnet qui honore la mémoire du poète, et qui a passé à la postérité. Pélisson le défendit par son éloquence, comme Cicéron avait défendu Milon son ami. La Fontaine entreprit de fléchir Louis XIV. Il eut le courage de lui présenter une Ode, dans laquelle on ne sait ce qu'on doit le plus admirer, ou de sa noble hardiesse, ou du sentiment généreux qui la lui dicta. Auparavant, il avait exhalé ses regrets dans une élégie que tous les poètes devraient savoir par cœur, et qui est pour eux, en quelque sorte, un titre de noblesse.

SAURIN (BERNARD-JOSEPH), de l'Académie Française, né à Paris, mort en 1782. Il a débuté par deux ouvrages aujourd'hui absolument ignorés, la comédie des *Rivaux*, et la tragédie d'*Aménophis*.

Quoique ses tragédies de *Spartacus* et de *Blanche et Guiscard* ayent eu quelques représentations, elles ne sont guère plus connues ni plus dignes de l'être. Il y a cependant quelques traits de force dans la première, et une sorte de grandeur dans le caractère de Spartacus, auquel tous les autres personnages de la pièce sont sacrifiés ; mais le style en est dur, prosaïque, incorrect et affligeant pour quiconque se connaît en poésie.

Les bienséances de la vérité et de l'histoire sont d'ailleurs violées dans cette pièce d'une manière bien étrange. Ceux qui ont quelque idée de la fierté romaine, et qui savent ce qu'était Crassus, le plus orgueilleux des Romains, ont-ils pu voir sans surprise cette fierté humiliée devant Spartacus ? le consul de Rome, c'est-à-dire un des maîtres du monde, offrir non seulement à ce Spartacus le rang de sénateur, s'il veut consentir à la paix, mais sa propre fille ? Ont-ils pu s'accoutumer à voir la fille de ce consul amoureuse dans le camp de son père ? Et de qui ? de ce même Spartacus : absurdité digne du reste, et qui achève de faire sentir le ridicule de l'ouvrage.

Crassus, en promettant le rang de sénateur, promet ce qu'il n'est pas en son pouvoir d'accorder, et ce que Spartacus n'aurait pas obtenu dans Rome en cendre. La promesse de la main de sa fille met le comble à son avilissement ; et c'est ainsi que Saurin savait garder les convenances !

Que diraient des spectateurs un peu instruits de nos mœurs et de notre histoire, si dans quelques siècles on représentait devant eux une tragédie où le maréchal de Villars, par exemple, traitant, dans les Cévennes, avec ce jeune calviniste, qui, de simple garçon boulanger, devenu par son courage général d'une petite armée qu'on s'était en vain efforcé de soumettre, lui proposerait, pour l'engager à la paix, le rang de duc et pair, et la main d'une Montmorency? Que penseraient d'un pareil délire, nous le répétons, des spectateurs à qui l'histoire de France serait un peu familière? Spartacus l'esclave, le vil gladiateur, comme l'appèle Racine, était cependant, aux yeux des Romains, très-inférieur aux prolétaires de la classe la plus abjecte. Il est vrai que, pour l'ennoblir, Saurin s'est avisé d'en faire le fils d'un roi des Gaules : expédient rare, et qui ajoute encore au merveilleux de cette burlesque intrigue. Voilà pourtant où nous en sommes venus, ce que des spectateurs français applaudissent encore, et ce qu'on a comparé, de nos jours, aux pièces du bon temps de Corneille !

Aucun des ouvrages de Saurin n'a eu la fortune de Spartacus, si l'on en excepte Béverley, pièce non moins monstrueuse dans un autre genre, mais que du moins il n'a fait que traduire.

La petite comédie des *Mœurs du Temps*, en un acte, en prose, écrite avec assez d'élégance et de grâces, ouvrit à l'auteur les portes de l'Académie Française. Cette savante compagnie lui témoigna, par ces paroles, l'estime qu'elle faisait de ce petit ouvrage : « Sans doute nous réu-

» dons justice à ces comédies, que la pureté » de Térence caractérise, et que le sel âcre d'A- » ristophane (1) ne déshonora jamais. »

Voilà, selon toute apparence, la raison secrète pour laquelle Molière, Regnard, Dufresny, Le Sage, Piron, et quelques autres auteurs d'un sel un peu trop corrosif, n'ont point été de l'Académie, tandis que cet illustre corps s'est empressé d'accueillir les Boissy, les Voisenon, et Saurin lui-même. Ces derniers ont eu l'avantage de n'employer qu'un sel plus doux, et d'une saveur précisément académique. C'était un avis pour les jeunes gens qui voudraient se ménager à la fois les faveurs de Thalie et les honneurs du Louvre.

SAUVIGNY (Edme), né, dit-on, en Bourgogne. Nous ignorons s'il est encore vivant.

Dans un grand nombre d'ouvrages de cet auteur, la plupart peu connus, on doit distinguer ceux qui ont été donnés à nos différents théâtres, et surtout à celui de la Nation. C'est pour ce dernier que, peu de temps après la comédie des *Philosophes*, M. de Sauvigny avait composé la tragédie de la *Mort de Socrate*, uniquement pour accabler d'injures, qui devaient retomber sur nous, le pauvre Aristophane, auteur d'une co-

---

(1) *N. B.* Qu'alors on venait de jouer la comédie des *Philosophes*, à laquelle on voulait faire allusion.

médie des *Nuées*, à laquelle on affectait de comparer la nôtre. On nous accusait même d'avoir porté beaucoup plus loin la méchanceté : car enfin Aristophane n'avait joué que Socrate, tandis que nous nous étions permis de jouer en masse, non seulement tous ceux qui s'étaient arrogé le nom de philosophes, mais la philosophie elle-même ; ce qui était une espèce de conspiration. La *Mort de Socrate* n'eut pas cependant tout le succès que méritait la bonne intention de l'auteur. Ce qu'on y remarqua de plus singulier, c'est que, dans la liste de ses personnages, il y avait un personnage muet, et c'était l'éloquent Platon.

L'enthousiasme soudain dont M. de Sauvigny s'était échauffé pour la philosophie était si factice, qu'en 1757 il avait écrit, des philosophes en général, « qu'ils n'étaient que des charlatans et » des fanatiques, et que leurs ouvrages ne pou- » vaient servir que de trophées à l'ignorance » humaine. »

Le peu de profit que l'auteur avait tiré de sa course athénienne, lui fit naître l'idée d'aller tenter fortune au nord de l'Amérique, vers les bords de l'Ontario, dans le pays des Iroquois, tout près de la cataracte de Niagara. C'est là qu'il crut trouver le sujet d'une nouvelle tragédie, intitulée *Hirza*, ou *les Illinois* ; mais la poésie n'en parut guère moins sauvage que le lieu de la scène ;

et, quoique, dans le cours de quelques représentations qu'obtint la pièce, l'auteur en eût changé trois ou quatre fois le dénoûment, le succès ne lui paya pas ses frais de voyage.

Un peu dégoûté de la carrière du théâtre, il imagina de descendre du style pompeux de Melpomène au style le plus naïf, dans un roman écrit en vieux langage, sous le titre des *Amours innocents de Pierre le Long et de Blanche Bazu*, auquel le public ne fit pas grand accueil. L'ouvrage ne parut guère moins innocent que les Amours, et fut bientôt oublié.

De ce ton de simplicité naïve ou niaise, il était difficile de passer au style piquant et malin qu'eût exigé le sujet du *Persiffleur*, mis en comédie par M. de Sauvigny, qui voulut tenter ce nouveau genre, et qui ne s'y montra pas plus appelé qu'à celui de la tragédie. On a vu des pièces, telles que la sienne, sans nœud, sans dénoûment, sans intrigue, se soutenir à la faveur de quelques scènes bien faites, ou du moins par quelques détails brillants, et c'est ce qui manquait complétement au Persiffleur : aussi M. de Sauvigny, dont l'esprit versatile se pliait facilement, comme on le voit, à tous les caractères, crut pouvoir tenter de nouveau la carrière tragique par une *Gabrielle d'Estrées*, qui ne fut pas très-heureuse, et par un *Vasingthon, ou la Liberté du Nouveau-Monde*, qui, malgré le grand nom de Vasingthon, et le mot de *liberté*, qui était alors une espèce de talisman pour les Français, n'a pas laissé le moindre souvenir.

M. de Sauvigny passe pour avoir été le premier instituteur littéraire de madame de Genlis. Il a de quoi se glorifier, s'il est vrai qu'il ait eu quelque part au développement et aux progrès de l'esprit de cette femme célèbre. La réputation de l'élève jète nécessairement du lustre sur celle de l'instituteur : *voyez* l'article Genlis.

SCARRON (Paul), né en 1598, mort en 1660. Le premier qui ait fait parler aux muses le langage des halles. Il a travesti Virgile, mais non avec le projet de le rendre ridicule : projet dont Marivaux eut le malheur d'être soupçonné, lorsqu'il se permit de travestir Homère et Télémaque. Le burlesque de Scarron est fort au dessous de la gaîté de Rabelais. Celui-ci est plaisant dans les choses, l'autre ne l'est que dans les mots. Rabelais avait d'ailleurs une érudition immense, et Scarron n'avait que très-peu de littérature : aussi n'est-il rien resté de lui que son *Roman Comique*, ouvrage très-comique en effet et toujours digne de plaire à ce public choisi,

Qui laisse à la province admirer le Typhon.

Mais ce qu'on n'a point assez remarqué à l'avantage de Scarron, c'est qu'il fut un des précurseurs du bon goût dans le genre de la comédie. Il eut le mérite de sentir que ni la fadeur des pastorales, ni le merveilleux des aventures romanesques, ne pouvaient y convenir ; et cette observation si vraie le rendit supérieur à tous les auteurs dramatiques de son temps : quelquefois même il rencontra la gaîté du bon comique. Il sut mettre de l'art et de la clarté dans ses expositions. On peut en juger par celle de *Jodelet, maître et valet*, qui est très-heureuse. Il est singulier que Scarron ait en quelque sorte ouvert la bonne route à Molière, et qu'il ait eu plus de goût que certains beaux esprits de nos jours, qui semblent s'être ligués tous pour ramener sur la scène la barbarie dont il l'avait purgée : mais on ne peut lui pardonner sa prédilection pour le genre burlesque, et l'indécence trop souvent grossière de son style.

SCUDÉRY (GEORGE DE), de l'Académie Française, né au Havre-de-grâce en 1601, mort en 1667. Un des plus féconds et des plus mauvais écrivains de l'autre siècle, quoiqu'il y ait eu des portiers de comédie tués par l'affluence du monde à la représentation d'une de ses pièces. C'était l'*Amour tyrannique*, tragédie qui eut un succès incroyable, à la faveur de quelques situations romanesques, et de quelques-unes de ces surprises de théâtre, que les Scudéry de nos jours essayent de remettre en faveur.

A l'humeur d'un capitan, l'auteur de l'*Amour tyrannique* joignait une vanité qu'il ne décela jamais d'une manière plus plaisante, qu'en se faisant graver à la tête de cette pièce avec les attributs d'Apollon et de Mars, et cette ridicule inscription :

> Et poète et guerrier,
> Il aura du laurier.

Il osa être jaloux de Corneille, et ce fut lui qui déféra le *Cid* au jugement de l'Académie Française, qui depuis n'a jamais jugé un procès de cette importance. Boileau vengea Corneille, en rendant le nom de Scudéry méprisable : mais le cardinal de Richelieu, qui n'était pas moins jaloux de la gloire du Cid, récompensa Scudéry, en lui donnant le gouvernement

> De Notre-Dame de la Garde,
> Gouvernement commode et beau,
> A qui suffisait pour sa garde,
> Un Suisse avec sa hallebarde,
> Peint sur la porte du château.
> CAPELLE.

Scudéry dédia à la reine Christine son poème d'*Alaric*, si connu par ce début ridiculement fastueux :

> Je chante le vainqueur des vainqueurs de la terre.

Il est singulier qu'alors l'épopée, c'est-à-dire

le chef-dœuvre de l'esprit humain, fût précisément en proie aux tentatives malheureuses des écrivains les plus médiocres. On pourait compter autant de mauvais poèmes épiques que nous avons vu depuis de fades héroïdes. C'est une preuve que les ridicules beaux esprits de l'autre siècle avaient cependant plus de connaissances et plus de nerf que nos petits écrivains doucereux et efféminés.

La sœur de Scudéry eut plus de réputation que son frère, et le méritait, non par ses énormes et fastidieux romans, mais par quelques éloges délicats de Louis XIV, par quelques vers heureux, et, si l'on veut, par un discours sur la vraie gloire, qui pourtant n'eut guère d'autre célébrité que de remporter le prix de l'Académie Française, pour être ensuite éternellement oublié. Mademoiselle de Scudéry mourut à Paris en 1701.

SÉDAINE (MICHEL-JEAN), né à Paris en 1719, mort en 1797, maître maçon, et auteur d'un recueil de poésies et de plusieurs opéras-bouffons. Il a mis à la tête de quelques-unes de ces bouffonneries, des préfaces de la plus grande prétention, et non moins ridiculement sérieuses que celles dont Poinsinet, son rival de gloire, enrichissait ses parades.

Du préau de la Foire, M. Sédaine fit tout-à-coup une apparition éclatante au Théâtre français, par la pièce du *Philosophe sans le savoir*, qui fut sifflée très-justement à la première représentation, en qualité de comédie, mais qui eut le lendemain un succès prodigieux en qualité de drame. Ce nom, qui autrefois signifiait généralement toute espèce d'action théâtrale, s'applique aujourd'hui plus particulièrement à ces romans dialogués qui prétendent à l'intérêt; il se donne encore aux tragédies que Diderot appelait domestiques; et Sédaine en avait décoré aussi je ne sais quelle farce lugubre en ariettes et en prose, intitulée : *Le Déserteur*.

Saurin, dans l'Épître qui précède sa traduction de Béverley, dit que le *Philosophe sans le savoir* est un drame très-original : nous n'appèlerons pas de sa décision. Si ce drame est en effet original, *La Gageure*, autre comédie du même auteur, ne l'est pas moins, sinon par l'invention, que Scarron serait en droit de revendiquer en entier, du moins par un style dont personne, avant Sédaine, n'avait eu le secret.

Qu'on nous permette ici une dernière digression sur les succès qu'obtiennent de nos jours au théâtre, ces mauvais romans pathétiques, dont nous avons déjà parlé tant de fois. Au jugement de leurs auteurs, ces succès semblent confirmés par les larmes qu'ils voyent répandre aux représentations. Ces messieurs ne se doutent pas en-

core que les mêmes marques de sensibilité n'annoncent pas toujours une impression semblable ; qu'il ne faut pas comparer, par exemple, les pleurs que fait verser aux âmes délicates l'éloquente douleur de Phèdre, à l'attendrissement momentané que produit chez quelques lecteurs une situation intéressante quelconque, fût-elle amenée sans aucune vraisemblance, et présentée par l'écrivain le plus maladroit. On peut ressentir quelque émotion involontaire à certaines aventures de la *Paysanne parvenue* du chevalier de Mouhy ; et cette émotion n'a certainement rien de commun avec celle qu'on éprouve en lisant *Clarisse*. D'ailleurs, il est bien plus aisé encore d'intéresser au théâtre qu'à une simple lecture : car lorsque les hommes sont rassemblés, ils ont tous, comme l'a très-judicieusement observé M. de Saint-Lambert, une secrète disposition à se communiquer tous les mouvements qui les affectent. « Je ne sais quel enthousiasme,
» dit-il, passe rapidement de l'un à l'autre ; et
» alors le philosophe le plus ferme est, du plus
» au moins, comme cet homme sensé, qui rou-
» gissait de mêler ses larmes à celle d'un audi-
» toire que faisait pleurer un mauvais prédicateur.
» Il répétait souvent : il ne sait ce qu'il dit,
» il ne sait ce qu'il dit, et n'en pleurait pas
» moins. »

Voilà le mot de l'énigme des grands succès

dont ces messieurs se vantent. En effet, il n'est pas impossible qu'entraînées par l'art des acteurs, quelques personnes raisonnables n'ayent pleuré, soit au *Philosophe sans le savoir*, soit au *Déserteur* de Sédaine; mais à la réflexion, elles n'ont pas dû se sentir moins étonnées que ne l'est un homme d'esprit qui se surprend à rire d'un mauvais jeu de mots, ou d'un pitoyable calembour.

Ce qui démontre ce que nous venons d'avancer, c'est que toutes ces pièces, si applaudies au théâtre, tombent régulièrement à l'impression, pour ne se relever jamais; et Sédaine, qui eut le bonheur de voir la plupart des siennes très-suivies, n'obtint jamais un lecteur.

Ce n'est pas que cet auteur ne se soit prodigué, autant qu'il a pu, à tous les spectacles. Il a hasardé malheureusement, sur la scène lyrique, *Aline ou la Reine de Golconde*, d'après un très-joli conte de M. le chevalier de Boufflers. Jamais on n'a travesti d'une manière plus ridicule, et en si mauvais vers, un sujet charmant.

Depuis les dernières éditions de ces Mémoires, des succès toujours du même genre, des pièces toujours écrites dans la même langue, conduisirent Sédaine à l'Académie française.

Nous nous permettrons, en faveur de ceux qui n'ont aucune idée du style de cet écrivain, de citer ce fragment, qui ressemble à mille autres dont nous avions le choix :

> Je te méprise,
> Et je te prise
> Comme une prise
> De tabac (1).

Otez au style de l'opéra de *Tarare* ce qu'il a de plus recherché et de plus pénible, on voit que les deux manières se rapprochent, et qu'il s'en faut de très-peu que Beaumarchais n'ait été, en poésie, le digne émule de Sédaine. On ne peut nier cependant que ce dernier n'entendît très-bien quelques effets de théâtre ; et l'étude qu'il en avait faite, perfectionnée par l'expérience, est ce qui contribua le plus à ses succès qui étonnent toujours lorsqu'on essaye de lire ses ouvrages. Mais Sédaine avait, dans la société, un mérite qui les lui faisait pardonner. Infiniment estimable dans sa conduite et dans ses mœurs, cher à ses amis, cher à sa famille, on ne pouvait lui reprocher que ses vers.

---

(1) En voici un autre en faveur de ceux que de pareils exemples peuvent amuser :

> Un régiment, tambour battant,
> Avec son patapatapan,
> Brise moins le tympan
> Qu'une femme en furie
> Qui crie.

SEGRAIS (Jean-Renaud), de l'Académie Française, né à Caen en 1625, mort en 1701. Il est demeuré le modèle d'un genre dans lequel il n'a pas eu de rivaux, celui de l'Églogue, par le seul mérite de n'avoir point fardé ses bergers, comme Fontenelle et La Motte ont fardé les leurs. Les autres ouvrages de Segrais sont médiocres, et en général c'est un écrivain qu'on ne lit guère.

SENECÉ (Antoine Bauderon de), né à Mâcon en 1643, mort en 1737. Poète et littérateur estimable, mais qui n'a pas une célébrité proportionnée à son mérite; ce qui prouve que les réputations ont aussi leur destinée. Il est vrai qu'il n'a laissé qu'un petit nombre de pièces fugitives, défigurées par quelques négligences, mais pleines d'une imagination singulière, d'expressions souvent très-heureuses, de poésie enfin, et très-supérieures à tous les recueils des Benserade, des Segrais, des Pavillon, qui cependant sont plus connus que cet écrivain. Le conte du *Kaïmac*, et le poème intitulé *les Travaux d'Apollon*, auraient aujourd'hui beaucoup de succès, et le mériteraient mieux que cette foule de *Fantaisies* (1) prétendues poétiques, dont

---

(1) C'était le titre que Dorat avait donné à un recueil de ses vers.

nous sommes inondés. Mais du temps de Senecé, on n'avait point encore perfectionné l'art du manége littéraire. Les vignettes, les estampes, les longues préfaces à prétentions, étaient des ressources ignorées. En un mot, comme nous croyons l'avoir déjà dit, on ne savait point encore enfler de petites réputations par de grandes intrigues.

Il était reservé à notre siècle d'épuiser toutes ces combinaisons de charlatanisme et d'orgueil ; et nous aurions peine à donner une juste idée du ridicule qui en rejaillit sur notre littérature. Nous avons vu de fastueux discours préliminaires à la tête de quelques opéras-bouffons ou d'un petit recueil de romances : c'est à qui donnera le plus d'importance à son orviétan. Nous avons vu des auteurs tragiques emprunter, au contraire, le jargon des ruelles dans leurs préfaces, pour s'assurer les suffrages de quelques toilettes, ou de quelques boudoirs accrédités. On s'était moqué de Fontenelle, pour avoir comparé, dans un ouvrage de physique, la nuit à une beauté brune, et le jour à une beauté blonde ; et dans l'avant-propos d'une pièce de théâtre, dont le sujet est romain, un auteur très-connu s'est permis d'écrire « qu'une tra- » gédie non représentée ressemblait tout au » plus à une belle femme en bonnet de nuit ». Non, l'ancien hôtel de Rambouillet, nos ridicules précieuses, nos turlupins même, n'avaient pas porté si loin la déraison et le délire. Nous le répétons avec confiance, on finira par trouver un jour la Dunciade trop doucereuse, et nos Mémoires littéraires trop indulgents.

Nous croyons devoir observer, en finissant cet article, qu'un homme de goût, qui rassemblerait avec choix les poésies de Senecé, celles de Lainez et de quelques autres écrivains, qui n'ont fait, comme eux, qu'un petit nombre de pièces agréables, enrichirait, pour ainsi dire, notre littérature d'un bon poète de plus ; et que, par ce moyen, on conserverait des ouvrages que leur forme fugitive expose à disparaître, et qui sont dignes de rester.

SÉVIGNÉ (Marie de Rabutin, marquise de), née en 1626, morte à Grignan en 1696. *Voyez* à l'article Genlis l'éloge de cette femme célèbre, qui n'a pas eu de rivale dans le talent d'écrire, et qui fut véritablement l'honneur de son sexe.

SIVRY (Louis Poinsinet de), né à Versailles en 1733, mort en 1804. Sa traduction en vers des Odes d'Anacréon, incontestablement la meilleure qui existe, et sa tragédie de Briséis, dans laquelle, à l'aide d'une fiction qui n'a rien d'invraisemblable ni de forcé, il a su renfermer presque toute l'action de l'Iliade, sont deux ouvrages qui lui font beaucoup d'honneur. Le style de sa tragédie, très-supérieur à celui de la plupart de nos pièces modernes, l'a conservée au théâtre, et assure à l'auteur une réputation qui subsistera plus long-temps que celle dont croient jouir quelques écrivains à prétentions plus hautaines. Il y a, dans Briséis, des vers qui sont évidemment de l'école de Racine, et que ce grand poète eût approuvés. Il y en a même, et peut-être un plus grand nombre encore, dans sa tragédie d'*Ajax*, moins heureuse que *Briséis*, par l'extrême simplicité de son sujet, qui ne promettait guère qu'une belle scène : celle de la dispute des armes d'*Achille*. M. de *Sivry* en a tiré tout le parti qu'on en pouvait espérer, et nous désirerions de revoir au théâtre cette pièce qu'il serait si facile de réduire à trois actes, sans lui rien faire perdre de ses véritables beautés.

M. de Sivry a eu le courage d'entreprendre, à lui seul, la traduction de *Pline*, et il a eu le mérite de l'achever. Il a traduit aussi en prose et en vers les comédies d'*Aristophane* : mais après avoir cité ce qu'il nous paraît avoir fait de mieux, nous nous croyons dispensés de parler de ceux de ses ouvrages qui ne supposent que du travail et de la patience.

Le beau récit de sa tragédie de *Briséis* a été traduit, vers pour vers, en latin, par son fils, jeune homme d'un esprit et d'un goût très-sains, qui a fait d'excellentes études, et à qui l'on ne peut reprocher que de porter beaucoup trop loin la modeste défiance qu'il a de lui-même.

SOLIGNAC (Pierre-Joseph de la Pimpie, chevalier de), né à Montpellier en 1768, mort à Nancy en 1773, à près de quatre-vingt-dix ans. Il eut l'honneur d'être attaché, pendant la plus grande partie de sa vie, au roi de Pologne, *Stanislas*, duc de Lorraine, en qualité de secrétaire de ses commandements, et de jouir de la faveur d'un prince qui ne l'accordait qu'au mérite et à la vertu.

On a de Solignac plusieurs volumes d'une *Histoire générale de Pologne*, qui font regretter qu'elle ne soit pas achevée. Le style en est peut-être un peu trop orné; mais cette manière fleurie, qu'on eût taxée d'affectation dans un autre, ne supposait chez lui aucun apprêt, ni aucune recherche. Son esprit était, pour ainsi dire, naturellement académique, dans le sens à-la-fois désavantageux et favorable qu'on attache à ce mot : c'était peut-être une suite des liaisons qu'il avait eues, dans sa jeunesse, avec Fontenelle.

C'est lui qui a rédigé, au moins en partie, les ouvrages du roi de Pologne, connus sous le titre du *Philosophe bienfaisant*. On a dû trouver, dans ses papiers, une Vie de ce prince, dont il est à souhaiter que le public ne soit pas privé. Personne n'avait été plus à portée d'étudier le caractère de Stanislas, et de mieux peindre à la postérité cette âme royale et citoyenne. Personne d'ailleurs n'était, par ses vertus, plus rapproché de son auguste modèle.

Nous confirmons ici ce qu'on lit à son article, dans le Nécrologe de 1774, comme une vérité qui nous est personnelle et glorieuse. Nous lui devons, en effet, une éternelle reconnaissance des services qu'il voulut bien nous rendre auprès du roi de Pologne, lorsqu'à l'occasion de la comédie *du Cercle*, il s'éleva contre nous, à la cour de Lunéville, une persécution d'une espèce si nouvelle, tramée par des philosophes.

STAËL-HOLSTEIN (Madame de) fille de M. Necker.

Aucune séduction n'aura de part à ce que nous allons dire de cette dame que nous n'avons pas l'honneur de connaître, et que nous croyons même n'avoir jamais vue : mais nous venons de relire son livre intitulé *De la Littérature considérée sous ses rapports avec les institutions sociales* : ouvrage dont le titre seul annonce une grande et importante conception.

Nous avons laissé entrevoir ailleurs (1) que

---

(1) A l'article FONTANES.

nous n'étions pas persuadés de cette perfectibilité indéfinie, à laquelle madame de Staël veut que l'espèce humaine soit appelée. Les traces qu'elle croit en apercevoir depuis les Grecs jusqu'à nous, ne nous ont point paru aussi concluantes qu'elle l'imagine avec infiniment d'esprit: mais nous pensons qu'elle-même est une preuve très-brillante de la perfectibilité de son sexe.

Une seule femme à qui la nature accorda, dans le siècle de Louis XIV, un esprit original, qui ne s'est montré qu'une fois, comme celui de La Fontaine, a laissé, par de simples lettres, un immortel souvenir, sans chercher un moment à s'élever au-dessus d'un sexe dont elle possédait éminemment toutes les grâces. Le mérite de madame de Staël est d'un autre genre. Nos souvenirs ne nous rappèlent aucune femme qui ait allié, comme elle, à des connaissances qui étonnent par leur variété et par leur étendue, un plus gand caractère de pensée. Il est peu d'hommes, à ce qu'il nous semble, qui n'eussent le droit de s'enorgueillir d'avoir fait son livre. Le style, si l'on en excepte un petit nombre de traits où la recherche se fait sentir et nuit à la clarté, est toujours proportionné à la grandeur des objets qu'elle traite ; il est même une observation qui s'est constamment offerte à nous en lisant son ouvrage : c'est que, si l'on faisait un recueil des pensées détachées qu'on pourrait en extraire, et qui mériteraient d'être remarquées, aucun recueil de ce genre ne serait plus abondant et plus riche ; et si les bornes de ces Mémoires nous permettaient d'en citer quelques exemples, nous ne serions embarrassés que du choix.

Le roman de *Delphine*, dont tout le monde parle, et qu'à peine nous avons eu le temps de lire quand cet article allait être mis sous presse, nous a singulièrement attachés, et nous paraît une production d'un ordre supérieur. Ce n'est pas que le caractère des deux principaux personnages ne nous ait semblé d'un contraste trop recherché, quelquefois même trop loin de la nature pour être vraisemblable. La catastrophe d'ailleurs (nous ne balançons pas à le dire) a diminué sensiblement notre plaisir : mais l'ouvrage, qu'une seule lecture très-rapide ne peut nous mettre encore à portée de juger, est rempli de détails qui nous confirment dans la haute opinion que nous nous sommes formée de l'esprit et des talents de son auteur ; et s'il est quelque ouvrage du même genre dont il nous ait paru se rapprocher beaucoup, peut-être un peu trop, c'est l'*Héloïse* de Rousseau. Ce rapprochement peut, à quelques égards, être un reproche, et n'en est pas moins un éloge.

Nous avons été étonnés de lire, dans une feuille du jour, que ce roman est un palais de fée, dont les murs sont de diamants, mais où l'on ne trouve pas une chaise. Madame de Staël a dû rire, sans doute, d'un galimatias aussi étrange, et qui devient à la mode dans quelques journaux. Nous qui avons vu des temps où personne n'écrivait ainsi, nous ne pouvons que plaindre un écrivain qui a le malheur de prendre ce jargon insignifiant pour de l'esprit.

Si, en parlant d'un ouvrage dont les défauts nous paraissent couverts de tant de beautés, nous nous permettions quelques remarques minutieuses, nous inviterions madame de Staël à ne pas employer, sans nécessité, de nouveaux mots, tel qu'*inoffensive*, *indélicat*, *indélicatesse*, *intempestive* même, qui n'est pas encore assez autorisé. Elle a trop de mérite pour chercher à se distinguer par ces affectations. La langue de Pascal, de Bossuet, de Fénélon, de Racine, doit lui suffire; et cette langue si belle et si noble, cette langue avec laquelle on peut tout dire, ne tarderait pas à s'altérer, si l'usage s'introduisait de l'appauvrir ainsi en croyant l'enrichir. Rousseau de Genève a donné quelques exemples de cette affectation, mais ce n'est pas en cela qu'il faut l'imiter.

Nous félicitons madame de Staël d'avoir encouru la disgrâce de quelques journalistes accoutumés à ne respecter aucune bienséance. Il fut un temps où, même dans cette classe d'écrivains, on connaissait mieux les égards qu'on doit à son sexe, et les lois de l'urbanité française.

On a reproché durement à cette dame d'avoir blessé quelques usages de la religion catholique, qui lui ont paru superstitieux, et qui, d'ailleurs, ne tiènent pas essentiellement au dogme : on a oublié que madame de Staël est née protestante ; et que, sous ce rapport, ses opinions ne pouvaient pas être les nôtres.

Ceux qui l'ont accusé d'avoir blessé la morale, ou d'autres objets non moins respectables, n'ont fait (d'après l'exemple que les délateurs en ont donné de tout temps) qu'abuser de quelques passages isolés de ce qui les précède et de ce qui les suit, et interprétés à leur manière, c'est-à-dire avec perfidie.

Madame de Staël n'espérait pas, sans doute, recueillir de si bonne heure les fruits amers d'une grande célébrité. Une femme vulgaire eût été plus ménagée, mais c'est en homme qu'on la traite. Les ennemis que paraît lui avoir faits son ouvrage, et l'indécente animosité avec laquelle ils en parlent, prouvent qu'ils reconnaissent en elle une supériorité de talent qu'on n'attendait pas de son sexe ; et c'est, à notre avis, l'hommage le plus flatteur que la haine pouvait lui rendre.

Depuis *Delphine*, madame de Staël a publié un nouvel ouvrage qui n'est pas précisément un roman, quoiqu'elle y ait attaché une intrigue d'amour, et qui est intitulé : *Corinne* ou *l'Italie*. Considéré comme roman, la fable en serait la partie la plus faible; et nous n'avons jamais conçu par quelle fatalité cette *Corinne*, qui réunit tous les talents et toutes les grâces, s'enflamme de la passion la plus vive pour un Anglais qui n'a rien de fort aimable, et dont le caractère forme avec le sien un contraste si discordant, qu'il doit exclure entre eux toute sympathie. Quoi qu'il en soit, *Corinne* devient la victime de cette passion malheureuse; elle en perd la raison et la vie, sans exciter un grand intérêt.

Mais, sous son principal aspect, ce même ouvrage nous paraît la plus curieuse, la plus savante et la plus agréable description qui ait paru non seulement de l'Italie, mais de tous les beaux monuments qu'elle possède, et qui perpétuent, chez cette nation vive et passionnée, l'espèce d'idolâtrie qu'elle conserve pour les arts.

Ceux qui peuvent ignorer à quel degré madame de Staël est instruite, l'étonnante variété de ses connaissances, l'usage qu'elle a des langues, même savantes, enfin combien elle est supérieure, nous ne disons pas seulement au vulgaire des femmes, mais à la plupart de celles à qui l'on accorde le plus d'esprit, s'en convaincront en lisant cet ouvrage, quoiqu'il ne soit pas exempt de défauts qui le déparent; défauts qu'on a déjà remarqués dans quelques autres productions de cette femme célèbre, et dont nous doutons qu'elle se corrige, parce qu'ils paraissent tenir à une manière de sentir qui lui est particulière.

Jamais l'imagination de madame de Staël ne nous a paru plus brillante que dans cet ouvrage, et peut-être n'a-t-elle jamais écrit de plus belles pages; mais, soit parce qu'elle semble n'écrire que par inspiration, soit parce qu'il n'est pas en son pouvoir de modérer son enthousiasme, le style en est quelquefois ou trop tendu, ou trop exalté. Non contente de se montrer supérieure à son sexe, on voit qu'elle aspire à rivaliser avec le nôtre, et elle ne s'aperçoit pas qu'alors elle perd en grâce ce qu'elle croit gagner en énergie, et que s'élever ainsi c'est descendre. Boileau a dit que, dans l'Ode, un beau désordre est souvent un effet de l'art, et l'on serait tenté de croire que madame de Staël voudrait introduire ce genre de beauté dans la prose, où nous le croyons déplacé.

STOUPE (Jean-Georges-Antoine), né à Paris en 1736, mort en 1808 : distingué dans le petit nombre des imprimeurs qui ont conservé à l'art typographique son ancienne dignité (1). Cet

---

(1) Il a même fait dans cet art d'excellents élèves, parmi lesquels on distingue le célèbre Crapelet.

art, aujourd'hui si dégénéré, et presque relégué dans la classe des professions purement mécaniques, exigeait, dans son origine, des connaissances regardées alors comme indispensables; et M. Stoupe, que nous avons particulièrement connu, et pour qui nous avions beaucoup d'estime, possédait au moins toutes celles que peut donner une éducation soignée. Ce n'est pas cependant à ce titre seul que nous le plaçons dans ces Mémoires. Nous avons vu de lui un petit ouvrage très-bien fait, dans lequel il démontrait le charlatanisme des prétendus inventeurs des éditions stéréotypes qui, loin de pouvoir être considérées comme un progrès de l'art, n'ont fait que le ramener à son enfance, et qui ne fourniront à ceux qui se vantent de les avoir imaginées, qu'une spéculation infructueuse. Il n'entrait dans cette opinion de M. Stoupe aucun sentiment d'intérêt personnel, et bien moins encore de jalousie. L'amour d'un art que les Alde, les Étienne, les Elzévir, les Vascosan avaient porté à un si haut degré de perfection, et dont il serait à souhaiter que le Gouvernement voulût réhabiliter l'honneur, cet amour si naturel pour un art qu'on a soi-même exercé, fut le seul motif qui détermina M. Stoupe à s'élever contre ce charlatanisme, et ses raisons nous ont paru convaincantes. C'était d'ailleurs un homme d'un très-grand sens, d'une probité et d'une intégrité rares, et qui avait rempli long-temps, avec l'estime publique, les fonctions de juge au tribunal de la juridiction consulaire. Nous avons connu peu d'hommes plus instruits de tout ce qui a rapport aux matières commerciales, et nous croyons qu'on l'eût consulté très-utilement sur les lois qu'il était question d'établir pour la prospérité du commerce.

SURVILLE (Marguerite-Éléonore-Clotilde de), née, dit-on, dans le quinzième siècle.

On a publié, sous le nom de cette femme, un petit volume de Poésies, en style gaulois, qu'on lui attribue, quoiqu'il soit très-douteux qu'elle ait jamais existé.

Ce roman (car c'en est un) est appuyé, dans une longue Préface qui précède ces Poésies, sur une foule de probabilités capables de faire quelque illusion, présentées avec beaucoup d'art, et qui avaient séduit en effet un assez grand nombre de lecteurs. Cette Préface est bien écrite ; elle fait honneur à son auteur que personne encore n'a deviné avec certitude ; mais les Poésies ont démenti le roman, et l'on n'y croit plus.

Il y a évidemment dans ces Poésies, et notamment dans l'héroïde qui commence le volume, des allusions aux derniers troubles de la France, et dont il n'est pas difficile, quelque soin qu'on ait pris de les déguiser, de reconnaître la véritable époque.

Deux pièces charmantes de Voltaire, celle *des Vous* et *des Tu*, et le conte qu'il a intitulé *les Trois manières*, s'y trouvent du moins en germe, tellement qu'on pourrait croire que les Poésies de Clotilde sont la source où Voltaire les a puisées, tandis que nous croyons au contraire que c'est Clotilde qui les a dérobées à Voltaire.

Enfin le mélange des rimes masculines et féminines est observé régulièrement dans les vers; et l'on sait qu'au temps de Marot, postérieur de plusieurs années à l'époque où l'on suppose qu'a vécu Clotilde, ce mélange n'était pas encore familier à nos poètes.

Nous n'aurions pas entretenu le public de cette fable, si d'ailleurs ces Poésies n'étaient pas d'une singularité remarquable. Elles décèlent non seulement un auteur très-instruit du langage et des formes poétiques de ces temps reculés, mais un talent qui n'est pas vulgaire. Il y a dans ce recueil plusieurs pièces d'une imagination brillante, d'un sentiment délicat, et d'une naïveté exquise. L'*Elégie à Héloïse*, les vers de Rosalyne à Coridon, ceux que Clotilde adresse à son premier-né, enfin la plupart des rondeaux fourniraient une foule de preuves du mérite de ce joli recueil, qui aura beaucoup d'attraits pour tous ceux qui, à travers le langage suranné que l'auteur a su très-habilement contrefaire, sauront y démêler ce beau naturel devenu si rare dans nos poètes, et qui ne sera jamais sans prix aux yeux des vrais connaisseurs.

T.

THÉOPHILE, né dans l'Agénois en 1590, mort à Paris en 1626. Ce poète n'était dépourvu ni d'imagination ni de génie; mais il écrivait avant le temps où le goût s'est perfectionné. On n'a retenu de sa tragédie de *Pyrame et Thisbé*, que ces deux vers éternellement ridicules :

> Le voilà ce poignard, qui du sang de son maître
> S'est souillé lâchement : il en rougit, le traître!

Rien n'est plus froid que cette pensée, qui fut cependant très-applaudie, parce qu'alors on avait la fureur des pointes et des jeux de mots. Corneille lui-même, qui, le premier, en a purgé le théâtre, en a laissé, dans les ouvrages de sa jeunesse, un nombre assez grand pour rendre Théophile excusable. Ce poète, dont il n'est resté que très-peu de vers, avait souvent d'heureuses saillies, et s'était fait beaucoup d'amis, par le seul mérite de l'esprit de société, moins commun de son temps que de nos jours; mais il eut aussi des ennemis bien cruels, bien implacables. Le plus dangereux fut le jésuite

Garasse, qui épuisa contre lui l'injure et la calomnie, qui parvint à le faire enfermer, pendant deux ans, dans le cachot de Ravaillac, et qui enfin l'eût fait brûler, si le duc de Montmorency n'eût donné un asyle dans son hôtel à ce poète infortuné, qui mourut à l'âge de trente-six ans, victime du fanatisme. Le prétexte de Garasse était de venger la religion : mais quel étrange zèle que celui qui se permet des délations et le mensonge ! On ne peut lire, sans être attendri, les apologies que Théophile écrivit pour se justifier ; et c'est à titre de malheureux célèbre, que nous lui donnons une place dans ces Mémoires. Peut-être s'était-il rendu coupable de quelque imprudence ; mais rien ne fut prouvé contre lui. Il trouva des amis et des défenseurs parmi des gens qu'on ne pouvait soupçonner de favoriser l'irréligion. Sa jeunesse, d'ailleurs, aurait dû lui servir d'excuse ; et, coupable ou non, il intéressera toujours par ses malheurs, tandis que la mémoire de ses persécuteurs demeurera flétrie dans l'opinion publique.

THOMAS (Antoine), de l'Académie Française, ancien professeur au collége de Beautais, né aux environs de Clermont en Auvergne, mort en 1785. Il s'était d'abord signalé contre la nouvelle philosophie et les prétendus esprits-forts, qui voulaient alors donner le ton à la nation, en sapant à la fois tous les fondements de l'autorité et de la morale. Son zèle l'avait même emporté trop loin, et jusqu'à lui faire méconnaître les beautés du poème de *Voltaire* sur la loi naturelle, ouvrage dont il a parlé avec assez de mépris.

Cet auteur s'est ensuite renfermé dans le genre des panégyriques. Si l'éloquence n'est qu'une convulsion perpétuelle; si l'enflure de Brébœuf peut s'appliquer avec succès à la prose; si les maximes, les sentences, les réflexions multipliées jusqu'au dégoût, peuvent devenir les ornements naturels du discours; enfin, si un style toujours tendu, toujours guindé, doit prévaloir sur la simplicité majestueuse du style de Bossuet, Thomas doit, sans contredit, être regardé comme un des plus rares modèles de ce nouvel art de parler. Nous croyons que c'est à lui qu'on a voulu faire allusion dans ces vers d'une satire connue ;

> D'un fatras emphatique un autre enflant sa voix,
> Vient régenter les grands, les ministres, les rois;
> Et dans l'Académie, empesé pédagogue,
> Voit, malgré d'Olivet, son faux sublime en vogue.

Ce fatras emphatique et ce faux sublime nous semblent, en effet, caractériser très-bien le style hydropique et boursouflé de cet ancien professeur.

Un des derniers ouvrages de cet écrivain est

une compilation galante en faveur des dames, pour leur prouver, par une foule d'autorités, que, leur organisation ne différant point de la nôtre, elles peuvent, aussi bien que nous, prétendre à tous les genres de gloire. La manière de l'auteur paraît un peu moins laborieuse dans cette bagatelle que dans ses autres productions; mais le projet qu'il a eu de plaire aux dames, lui a fait contracter je ne sais quelle afféterie de style, qui n'est point de son caractère, et qui tient d'ailleurs de fort près au néologisme. On voit qu'il ne sait pas tenir un juste milieu. Peut-être un degré de feu de plus ou de moins en eût fait un bon orateur ou un grand poète.

Depuis les premières éditions de ces Mémoires, on a beaucoup vanté un *Éloge de Marc-Aurèle*, du même auteur, qui est en effet l'ouvrage où il s'est le plus rapproché du ton simple de la nature, en conservant la dignité du style oratoire : mais le bruit même qu'on a fait de cet éloge, annonce assez combien la véritable éloquence est devenue rare et combien elle a dégénéré.

Nous n'ignorons pas que cet article a paru trop sévère; et ce n'est qu'après avoir relu avec une nouvelle attention l'entière collection des Œuvres de cet écrivain, que nous nous sommes déterminés à le laisser subsister, en avouant toutefois qu'il est susceptible de quelque modification.

Nous reconnaissons, par exemple, que si Thomas est fort loin d'être un modèle de style, on ne peut lui refuser le mérite de penser avec force, souvent même avec profondeur. Quoiqu'en général sa manière soit pénible, laborieuse, chargée d'emphase, et qu'on soit presque toujours tenté de lui dire avec Horace :

Neque semper arcum
Tendit Apollo,

il est cependant de ses ouvrages où ces défauts se font moins sentir, et où l'on voit qu'il avait tâché de s'en corriger. Tels sont, entre autres, parmi ses éloges, ceux de Dugay-Trouin, de Descartes, du Dauphin de France, et surtout celui de Marc-Aurèle. Ce genre d'ouvrage était celui qu'il paraissait affectionner le plus; il aimait à louer les grandes vertus, parce qu'il en avait le modèle dans son propre cœur; et c'est à ce sentiment respectable qu'on doit attribuer les morceaux vraiment éloquents qui se trouvent quelquefois dans ceux de ses éloges que nous approuvons le moins, et où la gêne de l'enfantement se fait le plus remarquer. En apprenant que non seulement il regardait Diderot comme un des émules de Buffon, mais qu'il lui accordait une sorte de prééminence sur cet écrivain célèbre, on ne sera pas surpris que lui-même ait mis si peu de naturel dans sa manière d'écrire.

S'il y a, comme nous l'avons dit, de l'afféterie dans son *Essai* sur le caractère, les mœurs et l'esprit des femmes, dans les différents siècles, son *Essai sur les Éloges* lui fit beaucoup d'honneur, et nous semble, sous tous les rapports, une de ses meilleures productions. Ses vers ont le défaut de sa prose. Il y en a de très-beaux dans son Épître au peuple, qu'on peut regarder cependant comme un des ouvrages où commençaient à se développer les germes de la révolution. On trouve aussi de très-beaux morceaux dans son poème de la *Pétréide :* mais l'affectation, l'enflure, et, si nous osons le dire, le travail du marteau, se font trop sentir dans sa poésie. La *Pétréide*, d'ailleurs, qu'il n'a point achevée, ne promettait qu'un ouvrage mal ordonné, et souvent de l'ennui. Peut-être les meilleurs vers de l'auteur sont ceux où il a lutté contre Juvénal dans ce portrait de Messaline :

> Quand de Claude assoupi la nuit ferme les yeux,
> D'un obscur vêtement sa femme enveloppée,
> Seule avec une esclave, et dans l'ombre échappée,
> Préfère à ce palais, tout plein de ses aïeux,
> Des plus viles Phrynés le repaire odieux.
> Pour y mieux avilir le rang qu'elle profane,
> Elle emprunte à dessein un nom de courtisane;
> Son nom est Lysisca : ces exécrables murs,
> La lampe suspendue à leurs dômes obscurs,
> Des plus affreux plaisirs la trace encore récente,
> Rien ne peut réprimer l'ardeur qui la tourmente.

> Un lit dur et grossier charme plus ses regards
> Que l'oreiller de pourpre où dorment les Césars.
> Tous ceux que dans son antre appèle la nuit sombre,
> Son regard les invite, et n'en craint pas le nombre.
> Son sein nu, haletant, qu'attache un réseau d'or,
> Les défie, et triomphe, et les défie encor.
> C'est là que dévouée à d'infâmes caresses,
> Des muletiers de Rome épuisant les tendresses,
> Noble Britannicus, sur un lit effronté,
> Elle étale à leurs yeux les flancs qui t'ont porté!
> L'aurore enfin parait, et sa main adultère
> Des faveurs de la nuit réclame le salaire.
> Elle quitte à regret ces immondes parvis.
> Ses sens sont fatigués et non pas assouvis.
> Elle rentre au palais hideuse, échevelée,
> Elle rentre, et l'odeur autour d'elle exhalée
> Va sous le dais sacré du lit des empereurs,
> Révéler de sa nuit les lubriques fureurs (1).

Ce tableau d'un genre qu'on pourrait accuser de licence, et qui ne paraissait pas susceptible d'être rendu dans notre poésie, est un exemple de difficulté vaincue qui honore le talent du traducteur. Il prouve que notre langue n'aurait ni moins d'expression ni moins d'énergie que la latine, et que les affreuses vérités de Juvénal, comme Boileau les appèle, ne perdraient

---

(1) Un journaliste, qui paraît bien instruit, vient d'annoncer que ces vers, attribués jusqu'ici faussement à M. Thomas, sont de M. Fontanes. Nous en sommes fâchés pour M. Thomas qui n'en a pas fait de meilleurs, et nous en félicitons M. Fontanes, à qui l'on en doit beaucoup d'autres qui n'ont pas moins de mérite.

rien dans la traduction d'un poète qui saurait se pénétrer du génie de son modèle.

Si quelque chose pouvait confirmer l'idée que nous avons donnée des vices du style qui déparent souvent les ouvrages de Thomas, ce seraient les lettres qu'il écrivait à madame Necker, et que M. Necker a maladroitement insérées dans les mélanges extraits des manuscrits de cette dame, qui ne valaient pas trop la peine d'être publiés. On y voit, jusque dans la familiarité d'une correspondance épistolaire, combien Thomas était loin de la nature. Madame Necker elle-même, quoique son amie, le sentait si bien qu'elle disait de lui : « Sa physionomie exagère toujours » ses expressions, ses expressions exagèrent ses » idées, et ses idées exagèrent ses sentiments ». Cet aperçu ne manque ni de justesse ni de finesse; il nous retrace à peu près ce que nous avons toujours pensé de l'écrivain qu'elle a voulu peindre; et s'il ne justifie pas entièrement la sévérité de notre ancien article, il nous autorise à le conserver.

THOU (Jacques-Auguste de), né à Paris en 1553, mort en 1617. Le modèle des historiens français, quoique, par un usage familier de son temps, il ait mieux aimé écrire en latin que dans notre langue, qui était encore trop agreste et trop sauvage. Le caractère de cet historien a rendu son nom respectable à toute l'Europe. On voit qu'il était ennemi des factieux, des persécuteurs, et de tous ces attentats sacrés qu'un faux zèle s'était permis dans les deux religions qui divisaient la France lorsqu'il écrivit. Mais il faut se défier de la traduction française qu'on a faite de son histoire : non seulement elle est infidèle par plusieurs contre-sens ; mais comme on a supprimé toutes les autorités dont s'appuyait M. de Thou, et qu'il avait eu soin de citer à la marge, il arrive souvent qu'on affirme, d'après lui, des choses que lui-même n'affirmait pas, et qu'il ne rapportait que sur le témoignage d'autrui. Cette liberté qu'on a prise est inexcusable, et devrait être corrigée dans les nouvelles éditions.

TITON DU TILLET (Évrard), né à Paris en 1677, mort dans la même ville en 1762. Son nom doit se trouver dans tous les répertoires de littérature, et devait honorer la liste de toutes les académies. Aucun citoyen n'a témoigné plus de respect et d'amour pour les gens de lettres, et n'a plus sacrifié à leur gloire. Dans une situation à peine au-dessus de l'aisance, il avait fait construire en bronze un monument consacré à la mémoire du beau siècle de Louis XIV, et des hommes célèbres qui l'ont illustré. La description en est assez connue ; mais il brûlait d'exécuter en grand ce que la médiocrité de sa fortune ne lui avait permis d'exécuter qu'en petit, et il s'occupa de ce projet patriotique pendant une partie de sa vie. Les Anglais lui auraient érigé à lui-même une statue : mais son zèle ne lui valut guère que le stérile honneur d'être placé dans un fauteuil, toutes les fois qu'il assistait aux séances publiques de l'Académie, qui se fût honorée davantage en inscrivant dans ses fastes un nom aussi respectable.

On a reproché à M. du Tillet d'avoir associé dans son Parnasse, aux grands hommes du siècle de Louis XIV, quelques écrivains trop peu dignes de cette distinction. On connaît l'épigramme de Voltaire :

> Dépêchez-vous, monsieur Titon,
> Enrichissez votre Hélicon ;
> Placez-y sur un piédestal
> Saint-Didier, Danchet et Nadal ;
> Qu'on voie armés du même archet
> Saint-Didier, Nadal et Danchet ;
> Et couverts du même laurier,
> Danchet, Nadal et Saint-Didier.

Mais cette épigramme, originale par sa tournure, était, dans le fond, très-injuste. Ce monument était composé de figures en pied, réservées aux véritables hommes de génie à qui la nation devait sa gloire, et de quelques autres figures, en médailles seulement, destinées à des écrivains d'un talent moins supérieur, mais réellement estimables. Rien, à ce qu'il nous semble, ne caractérisait mieux l'esprit de justice et de bienveillance dont le fondateur du Parnasse français était animé pour les gens de lettres. Voltaire lui-même n'a-t-il pas placé dans le Temple du Goût quelques personnages d'un ordre inférieur à celui des Corneille, des Racine, des Molière, des La Fontaine, des Boileau? Pourquoi n'en serait-il pas de ce Temple comme du Paradis? *Multæ sunt mansiones in domo patris mei* : il est vrai pourtant qu'il n'y faudrait pas admettre la médiocrité.

TOUSSAINT (François-Vincent), né à Paris en 1716, mort à Berlin en 1772. Après avoir commencé sa carrière par des hymnes latines à la louange du bienheureux Paris, ce qui prouve que sa jeunesse n'avait pas été exempte d'une sorte de fanatisme, un fanatisme d'une autre espèce le jeta dans le parti philosophique.

Son livre des *Mœurs* étonna par des principes hardis auxquels on n'était point encore accoutumé ; mais comme certaines vérités morales y sont présentées avec le sentiment de la conviction ; comme le dogme sacré d'un Dieu rémunérateur et vengeur y est respectueusement conservé, et qu'en général on y reconnaît toutes les obligations imposées à l'homme par la loi naturelle ; ce livre, appuyé du moins sur les principes du pur théisme, ne ferait plus fortune aujourd'hui parmi nos philosophes. On sait que la plupart de ces messieurs ont enfin secoué le joug de toutes ces vérités importunes, et que leur licence s'est égarée dans le plus absurde pyrrhonisme : aussi le livre *des Mœurs*, précisément parce qu'il contient d'estimable, est-il relégué, pour ainsi dire, par nos esprits forts, dans la classe des livres de dévotion, et traité par eux avec le même mépris.

Nous approuvons, au contraire, le respect que l'auteur a conservé pour quelques vérités fondamentales. Son ouvrage, d'ailleurs, est recommandable du côté du style ; mais nous sommes fâchés, pour l'honneur de la philosophie, qui semblait alors n'avoir pas encore tout-à-fait abjuré le langage des bienséances, d'y trouver quelques propositions mal sonnantes, telles que celles-ci : « Un fils ne doit aucune reconnais- » sance à son père de lui avoir donné le jour.... » L'amour filial est susceptible de dispense.... Le » seul moyen de s'affranchir des besoins, est de » les satisfaire. »

Ces propositions, où la philosophie commençait à lever le masque, nous rappèlent un mot de la courtisane Glycère au philosophe Stilpon. Ce dernier lui reprochait de corrompre la jeunesse : « Cela peut être, lui répondit la courtisane, » mais, vous autres philosophes, on vous re- » proche précisément la même chose, conve-

» nez-en de bonne foi : Eh ! qu'importe, après
» tout, par qui se dérange votre jeunesse, par
» une courtisane, ou par un philosophe ? » Ce
mot piquant, qui nous a été conservé par Athénée, prouve que ce n'est pas de nos jours seulement que la philosophie s'est rendue suspecte
de dépraver les mœurs ; et, à juger du caractère
de la courtisane par cette saillie, nous croyons
qu'elle était de meilleure compagnie que ces
pédants à la mode, qui ne cessent de nous étourdir de leurs fastidieuses déclamations.

Malgré la douceur apparente de son caractère,
Toussaint avait sa bonne dose de l'orgueil, du
fiel et de l'intolérance des adeptes de la nouvelle
philosophie. Dans un ouvrage qu'il a intitulé
Éclaircissement sur le Livre des mœurs, tout en
disant *qu'il n'aime à parler de personne, qu'il
est rempli d'humanité, et d'une sensibilité si
tendre qu'il n'égorgerait pas un poulet*, voici
la manière honnête et modérée dont il s'exprime
sur l'auteur de la comédie des Philosophes :
» Il regarde comme flétris tous ceux qui le
» voyent ou tous ceux qu'il aime ». Il l'appelle
fourbe, sycophante, calomniateur, boute-feu,
Erostrate, enfin Catilina de la république littéraire, dont il voudrait, ajoute-t-il, se faire
passer pour le Tullius.

Eh quoi ! doucereux Toussaint, c'est ainsi
que vous prétendiez justifier ce caractère de

bonhommie, cette humanité, cette sensibilité tendre que vous vous attribuez dans votre livre! Ne voyez-vous pas que, sous la peau de mouton qui vous couvre, vous laissez maladroitement apercevoir qui vous êtes?

TRÉNEUIL (Joseph de), né à Cahors en 1776, auteur d'un Poëme élégiaque, intitulé *les Tombeaux de l'abbaye royale de Saint-Denis*. Cet hommage rendu aux cendres de nos anciens rois, indignement profanées dans ces jours de terreur qui désolèrent la France, honore à la fois l'âme sensible et le talent très-distingué de M. de Tréneuil.

Dans un Discours prononcé par l'écrivain célèbre qui présidait au Corps Législatif (1), nous avons lu cette phrase éloquente que l'admiration a gravée dans notre souvenir : « Malheur à moi si » je foulais aux pieds la grandeur abattue ! Plus » j'ai de plaisir à contempler tous ces rayons de » gloire qui descendent sur le berceau d'une » dynastie nouvelle, moins je veux insulter aux » derniers moments des dynasties mourantes. Je » respecte la majesté royale jusque dans ses hu- » miliations; et, même quand elle n'est plus, il » reste je ne sais quoi d'auguste et de vénérable » dans ses débris. »

C'est ce même sentiment qui animait M. de

---

(1) M. Fontanes.

Tréneuil dans l'hommage noble et courageux qu'il a rendu à ces Tombeaux remplacés aujourd'hui par des chapelles expiatoires que le héros de la France, à qui rien de grand ne peut échapper en aucun genre de gloire, a fait élever dans le même temple où la fureur révolutionnaire avait exercé ses ravages.

Si la phrase de M. Fontanes, que nous venons de citer, nous rappèle l'éloquence de Bossuet, nous croyons aussi en retrouver la trace dans le poème de M. de Tréneuil, dont nous avons sous les yeux la troisième édition.

D'autres Élégies du même genre, telles que *la Nuit du 20 janvier*, *l'Orpheline du Temple*, *la Captivité de Pie VI*, dont l'auteur a bien voulu nous confier quelques fragments, ne lui feront pas moins d'honneur. Égales au moins par le style aux *Tombeaux de Saint-Denis*, elles nous ont paru l'emporter par le pathétique.

Dans ces Poèmes qui nous retracent d'effrayants souvenirs, la Muse de l'élégie, forcée de franchir ses limites, a souvent emprunté l'accent de Melpomène, et peut-être, en inspirant plus de terreur, a-t-elle fait verser moins de larmes. Mais, dans une pièce plus touchante, adressée à la princesse Amélie, sur l'héroïsme de sa piété fraternelle envers son frère qui fut une des victimes de la révolution, cette Muse a repris son véritable accent, et ne s'est jamais montrée sous des formes plus intéressantes. Il ne s'agit plus dans cette pièce ni des calamités du trône, ni des ombres royales outragées dans leur dernier asyle. Elle ne met sous les yeux qu'une sœur inconsolable qui gémit sur la cendre d'un frère qu'elle a tendrement aimé. C'est enfin l'élégie telle que Boileau nous la représente dans ces beaux vers de l'*Art Poétique*.

> La plaintive élégie, en longs habits de deuil,
> Sait, les cheveux épars, gémir sur un cercueil.

On trouve, dans la même pièce, les noms de quelques personnages célèbres, que leur innocence ni leurs vertus n'ont pu garantir de la fureur révolutionnaire, et qui ont donné lieu à un monument consacré à la douleur de leurs familles : monument auguste où se renouvèlent tous les ans des cérémonies expiatoires et religieuses.

Une nouvelle édition de ce bel ouvrage vient de paraître, et nous la croyons très-supérieure à la première (1). Nous ne pouvons trop inviter

---

(2) L'auteur a réuni, dans cette édition, en y ajoutant de nouvelles beautés, les *Tombeaux de Saint-Denis*. Il y a joint aussi une traduction en vers d'une scène charmante de l'*Aminte* du Tasse, où l'on voit que sa muse qu'on eût été tenté de croire uniquement dévouée aux chants lugubres, n'est pas moins propre à traiter avec succès des sujets agréables.

M. de Tréneuil à rassembler, dans une même collection, toutes les élégies héroïques dont il a bien voulu nous indiquer les sujets; elles formeront un recueil sans modèle encore dans notre langue, et qui prouvera ce que lui a dit l'homme le plus capable d'apprécier son talent, parce qu'il est lui-même un écrivain d'un très-grand mérite, que ce sont les beaux sentiments qui font les beaux vers.

TRESSAN (LOUIS-ÉLISABETH DE LAVERGNE, comte DE), né au Mans en 1705, mort en 1782; connu par de jolis vers, et par son goût éclairé pour l'histoire naturelle. Mais ce qui lui assure à la considération publique plus de droits que ses ouvrages, c'est l'exemple unique qu'il a donné à tous les gens de lettres, en réparant, avec autant de noblesse que de courage, une injustice qu'il avait commise, à l'instigation de quelques philosophes, envers l'auteur de ces Mémoires. Ce dernier, dans une comédie qui fut représentée à Nancy, le jour d'une cérémonie à jamais mémorable, s'était permis quelques plaisanteries, non contre la personne, mais contre les paradoxes du citoyen de Genève. Ces mêmes philosophes, qui déchirent aujourd'hui scandaleusement cet écrivain célèbre, depuis qu'en leur témoignant son mépris, il a mortifié leur amour-propre, paraissaient alors animés pour lui de l'en-

thousiasme le plus violent. Le comte de Tressan,
livré à leurs séductions, et entraîné par cet esprit
de société dont il est si difficile de se défendre,
adressa au roi de Pologne, un Mémoire dans
lequel il traita d'attentat la liberté que l'auteur
de cette comédie avait prise, et demandait vengeance au nom de Rousseau et de la philosophie.
Ce Mémoire n'eut point d'effet. L'auteur de la
comédie se contenta, pour sa défense, de publier ses *Petites Lettres sur de grands Philosophes* : et quelque temps après, il fit son apologie au théâtre même, par cette pièce si connue,
qui sembla déconcerter enfin les ennemis de sa
tranquillité et de la raison. Le succès de cet ouvrage lui donna la confiance de l'adresser au
comte de Tressan, qui ouvrit alors les yeux sur
les séductions qui avaient pu l'égarer, et qui nous
en témoigna noblement son repentir.

Dans une lettre remplie des assurances les plus
flatteuses de son estime, non seulement il avoue
qu'il ne s'est montré qu'à regret dans une affaire
dont le souvenir l'afflige, mais il ajoute : « Je n'ai
» su que trop tard bien des choses qui se sont
» passées, et qui vous ont justement animé à dé-
» fendre une cause que tout homme qui pense se
» ferait honneur de soutenir. »

Touchés, comme nous devions l'être, d'un
procédé si rare, la reconnaissance nous fit un
devoir de le publier ; mais avec quelle indigna-

tion le comte de Tressan ne dut-il pas apprendre que, pour se venger de son abandon, les mêmes philosophes avaient osé, dans un recoin de leur *Encyclopédie*, insérer sous son nom un article *Parade*, rempli d'indécence, d'injures grossières, de mensonges et d'absurdités? On renouvelait dans cet article, avec une espèce de fureur, toutes les calomnies que la haine philosophique avait répandues dans une foule de libelles méprisés, pendant qu'on jouait la comédie des *Philosophes*, et long-temps encore après cette époque.

Ces messieurs s'étaient flattés, sans doute, que cet article, enseveli dans l'immensité de leurs volumes, échapperait à tous les yeux: car avec quelle apparence pouvaient-ils penser qu'on prêterait, sur leur parole, au comte de Tressan, un procédé de cette nature? Comment persuader qu'un homme de son rang se serait abaissé jusqu'à écrire sur les parades, et jusqu'à composer l'article le plus abject de leur *Dictionnaire*? Le comte de Tressan pouvait-il même être censé savoir ce que c'est qu'une parade? Et n'était-il pas fort étrange que, dans le prétendu dépôt des connaissances humaines, on eût consacré plusieurs pages à disserter gravement sur un genre de polissonnerie réservé aux tréteaux pour l'amusement de la livrée?

Ces messieurs s'étaient donc imaginé que cette

indignité resterait dans les ténèbres. Cependant leur propre expérience devrait leur avoir appris que tout se découvre.

Le public, judicieux e impartial, sentira la nécessité où nous étions de nous étendre ici malgré nous. Il fallait justifier, et le comte de Tressan, et nous-mêmes. Il fallait surtout apprendre aux honnêtes gens l'existence d'un libelle qu'ils auraient été si loin de soupçonner dans une compilation prétendue philosophique. Cette indécence n'est pas la seule que renferme ce Dictionnaire; et les personnes qui se piquent de justice, sont actuellement à portée de connaître toute la vérité de ce vers de la comédie des *Philosophes* :

> Ce sont eux que l'on doit nommer persécuteurs.

On vient d'annoncer une édition complète des ouvrages du comte de Tressan, en douze volumes. Douze volumes! c'est beaucoup.

Nous invitons les éditeurs à faire disparaître de la traduction de l'*Arioste* quelques inexactitudes fort étranges. Pour n'en citer qu'un exemple, le traducteur, dans une des stances du dixième chant (1), a pris un serpent pour une biche. Qu'il ait pu se tromper sur la signification du mot *biscia*, ce n'est pas ce qui nous étonne;

---

(1) La Stance 103.

mais que le sens de la phrase ne l'ait point éclairé, c'est ce que nous avons peine à concevoir.

Actuellement qu'on ne doit plus d'autre égard à la mémoire du comte de Tressan, que de ne pas blesser la vérité, en parlant de lui avec une entière franchise, nous dirons qu'il est une nouvelle preuve de ce que nous avons déjà dit à l'article du duc DE NIVERNOIS, qui lui était très-supérieur en mérite : « Les gens du monde qui se » mêlent d'écrire, ne s'élèvent jamais, dans les » Lettres, au rang de ceux qui les cultivent par » état » Les douze volumes du comte de Tressan ne feraient qu'une réputation bien mince à un littérateur caché dans la foule. Malgré la dignité de caractère que supposait le préjugé dans les hommes de sa naissance, le comte de Tressan n'en avait aucune, ou plutôt il manquait absolument de caractère. Le seul désir violent qu'il eût, était de jouer un personnage dans les Lettres, et d'arriver à l'Académie Française, dans laquelle il ne fut admis qu'après vingt refus, et dans ses dernières années. Cette chétive ambition l'eût rendu capable de toutes les manœuvres de la plus basse intrigue (1). Il était parvenu à faire oublier des

---

(1) Si quelque chose pouvait paraître invraisemblable dans les faiblesses humaines, la conduite à la fois déplorable et ridicule que tint avec nous le comte de Tressan, en offrirait un exemple très-curieux par sa singularité même.

couplets très-mordants qu'il s'était permis contre plusieurs personnes de la cour, et qui étaient vé-

---

On a recueilli, dans les Œuvres posthumes de d'Alembert, imprimées chez *Pougens* en 1799., des Lettres de ce pauvre comte, par lesquelles il s'efforce de désavouer celle que nous avons citée, et qu'il nous écrivit en 1763. Ce fut, selon lui, une espèce de violence que lui fit le roi de Pologne en notre faveur. Son embarras perce à chaque ligne dans ce désaveu. Ce qu'on y voit de plus clair, c'est la crainte qu'il a que cette malheureuse lettre, en indisposant contre lui les philosophes, ne lui ferme les portes de l'Académie. Il en témoigne le plus humble repentir; et, pour en prouver la sincérité, il nous accable d'injures à notre insu : car on imagine bien que nous n'étions pas dans le secret de cette correspondance. Pour mieux jouer son rôle, non seulement il assure qu'il a déjà rompu tout commerce avec nous, mais qu'il est même tout prêt à se reconnaître publiquement pour l'auteur de ce ridicule article *Parade*, dont nous avons parlé, et qu'on n'a pas rougi d'insérer dans l'Encyclopédie.

Eh bien ! à cette époque-là même, ou du moins peu de temps après, le comte de Tressan, jusqu'aux derniers moments de sa vie, nous faisait les protestations d'amitié les plus tendres. Guéri de sa frayeur, parce qu'enfin il était parvenu à l'Académie, il ne cessait de nous écrire, en nous priant toujours d'oublier le passé. C'étaient de sa part les invitations les plus pressantes, au nom de sa femme et au sien, *de réunir nos petits ménages.* Nous et nos amis, nous devions regarder sa retraite de Franconville comme la nôtre; et, pour nous en donner l'exemple, tous deux nous faisaient l'honneur de venir dîner familiè-

ritablement ce qu'il avait fait de mieux, parce qu'il était né avec un esprit très-caustique, quoi-

rement avec nous dans notre hermitage d'Argenteuil, dont ils paraissaient plus épris que nous-mêmes. La confiance du comte n'avait plus de bornes; elle allait jusqu'à nous faire part de ses chagrins domestiques, en nous demandant de petits services, que nous étions charmés de pouvoir lui rendre. Il est vrai que nous ignorions, et que, sans le Recueil de Pougens, nous ignorerions encore le double personnage qu'avait joué le comte de Tressan : mais nous avons du moins conservé les lettres qui attestent la vérité de tous les faits qu'on vient de lire; et, quoique, par elles-mêmes, elles n'ayent rien de fort intéressant, on les trouvera cependant, comme pièces justificatives, à la fin de ce volume. Le contraste singulier qu'elles présenteront avec celles que Pougens a recueillies, quoiqu'elles n'en valussent guère la peine, dans les Œuvres posthumes de d'Alembert, sera très-piquant pour ceux qui seront curieux de les comparer. Au reste, si la singularité même du contraste faisait naître quelques soupçons sur la réalité des lettres qui sont entre nos mains, et que nous avons fait voir à plusieurs de nos amis, nous nous engageons, au premier signe d'incrédulité, à en déposer les originaux à la Bibliothèque Mazarine, où tout le monde en pourra juger par ses yeux.

Ces anecdotes ont leur prix dans des Mémoires qui doivent servir à l'Histoire de notre Littérature. Elles prouvent l'esprit qui régnait au dix-huitième siècle, la frayeur qu'on avait des philosophes, et les ménagements qu'on était forcé d'avoir avec eux, quand on avait la petite ambition de prétendre à des grâces dont leur crédit les avait rendus maîtres.

qu'il s'efforçât de le déguiser sous une apparence doucereuse. M. de Boufflers, qui le connaissait très-bien, le désignait plaisamment sous l'emblême d'une guêpe qui se noie dans du miel.

TRISTAN L'HERMITE (François), de l'Académie Française, né à Soliers, dans la province de la Marche, en 1601, mort à Paris en 1655. Sa *Mariamne* dut sa grande réputation aux talents du célèbre comédien Mondori, et au rare mérite qu'elle avait pour le temps. Jean-Baptiste Rousseau ne dédaigna point de la retoucher en 1725, quoiqu'il fût persuadé que le sujet en était malheureux.

On a de Tristan beaucoup d'autres ouvrages dramatiques qui sont tombés dans l'oubli. Il balança, comme Mairet et Scudéry, la réputation naissante de Corneille, qui ne trouva parmi les poètes ses contemporains que le seul Rotrou qui rendît justice à ses talents, parce que lui-même en avait de supérieurs. L'auteur de Venceslas devait être l'ami de Corneille; et Marmontel aurait dû se dispenser de profaner cette belle tragédie, en essayant de la rejeunir.

TRUBLET (l'abbé Nicolas-Charles-Joseph de la Flourie), de l'Académie Française, né à Saint-Malo en 1697, mort en 1770. Semblable à ces satellites destinés à suivre invariablement le cours d'une grande planète, à laquelle ils sont subordonnés, M. l'abbé Trublet passa la meilleure partie de sa vie dans une respectueuse contemplation entre MM. de Fontenelle et de La Motte. Il les commentait de leur vivant, et les commentait encore long-temps après leur mort.

Cette assiduité et la longue persévérance de ses sollicitations lui ouvrirent enfin les portes du Lycée académique, ces portes demeurées inexorables au seul abbé Le Blanc.

On pourra prendre, dans une des lettres de M. l'abbé Trublet sur M. de La Motte, une idée de sa manière d'écrire : « Je perds, disait-il, dans
» M. de La Motte, un homme qui m'aimait. Je
» crois dire ceci sans orgueil. J'aimais M. de La
» Motte plus que je ne puis vous dire, plus que je
» ne croyais l'aimer ; et quand on aime à un cer-
» tain point, on ne tire pas vanité d'être aimé. »

C'est jouer sur le mot *aimer*, que de le répéter ainsi cinq ou six fois en trois lignes. La petite maxime énigmatique qui termine cette phrase, ne nous paraît d'ailleurs qu'une froide subtilité.

Nous tombons sur un autre passage dont nous ne sommes pas plus contents : « La nature dit à
» chaque homme, en le formant : *Soyez cela,*
» *et ne soyez pas autre chose, si vous voulez*
» *être quelque chose.* Elle avait dit à M. de La
» Motte : *Soyez ce que vous voudrez.* La règle

» de suivre son talent n'était pas faite pour lui;
» elle l'eût obligé à tout, et ainsi à l'impossible. »
Si ce n'est pas là le jargon de Marivaux, renouvelé des *Précieuses*, nous sommes fort trompés.

<blockquote>
Ce n'est que jeu de mots, qu'affectation pure,
Et ce n'est point ainsi que parle la nature.
</blockquote>

La longue Lettre de l'abbé Trublet, qui sert d'introduction à la dernière édition des Œuvres de La Motte, ne doit être lue qu'avec une extrême défiance. Il tâche d'y fortifier, autant qu'il le peut, tous les paradoxes de cet écrivain, l'homme de France qui eut le plus d'esprit et le moins de goût. L'abbé Trublet vante beaucoup les Odes de ce poète, parce qu'elles lui paraissent très-riches de pensées. Il nous semble au contraire que cette morgue sentencieuse est précisément ce qui les rend mauvaises. C'est par les sentiments et les images que la poésie doit surtout attacher; il faut y joindre l'harmonie pour le charme de l'oreille : mais rien ne sied moins au genre lyrique que cet appareil doctoral qui se fait sentir dans toutes les Odes et jusque dans les Fables de La Motte. Jamais il ne quitte la fourrure, et à force de vouloir instruire, il néglige trop les moyens de plaire. Ce fut très-mal à propos qu'il donna le nom d'*Odes* à des *Traités de morale* en rimes, écrits sans aucune inspiration, et toujours dépourvus d'harmonie. La Motte a dit dans son style dur, guindé et bizarre :

> Les vers sont enfants de la lyre,
> Il faut les chanter, non les lire;

et de pareils vers n'étaient faits ni pour être lus ni pour être chantés.

Sa prose a plus d'élégance et de correction; mais par malheur on ne connaît guère de lui que des *Dissertations* relatives à ses propres ouvrages, et dans lesquelles il ne cesse de tendre des piéges au goût de ses lecteurs. On n'a point oublié l'étrange manie qui lui prit tout-à-coup contre les vers, et le désir qu'il eut d'introduire l'usage d'écrire en prose les tragédies et même les odes; cette seule manie prouve assez qu'il n'était pas poète.

Nous convenons qu'aujourd'hui la plupart de nos tragédies nouvelles nous feraient désirer qu'elles fussent en prose, parce que rien n'est au-dessous des vers médiocres; mais quand on a sous les yeux les belles tragédies de Racine, et qu'on est à portée de juger combien, entre les mains du génie, l'art des vers ajoute à la plus belle prose, on ne conçoit pas qu'il existe des hommes assez mal organisés pour être insensibles au charme d'une pareille poésie.

Que l'on écrive, si l'on veut, des tragédies en prose, mais que du moins on ait la bonne foi de convenir que c'est par le seul désespoir d'atteindre à cette perfection que Voltaire même n'a point égalée. La Motte, à qui la nature avait refusé le talent des vers, ressemblait un peu au renard de la fable (1). Il cherchait à faire illusion par le mérite qu'il avait, et à décrier celui qu'il n'avait pas. Comme en effet il écrivait agréablement en prose, il s'efforçait de faire valoir la prose aux dépens de la poésie ; mais personne ne fut la dupe de son manége.

Gâté par les paradoxes de son auteur chéri, l'abbé Trublet prétend que notre meilleur prosateur est beaucoup plus près de la perfection que notre meilleur poète ; mais qu'en savait-il ? Il faut, pour juger les poètes, avoir du moins quelque étincelle du feu divin qui les anime. Racine est-il donc plus éloigné de la perfection de l'art des vers, que Bossuet ou Pascal de celle de la prose ?

Le même ajoute qu'à l'exception de Voltaire, nos meilleurs poètes n'ont écrit en prose que très-médiocrement, et que Racine lui-même ne mérite, à cet égard, aucune distinction, parce qu'il n'a fait en prose que de petits ouvrages. L'abbé Trublet ne s'est pas douté que Racine

---

(1) Messer Houdart, peut-être, on vous croirait ;
Mais, par malheur, vous n'avez pas de queue.

J.-B. ROUSSEAU.

était précisément l'homme à qui la nature avait dit : *Soyez ce que vous voudrez*, et qu'il eût certainement acquis tous les genres de gloire auxquels il eût voulu prétendre.

Lorsque cet écrivain se trompe ainsi sur un homme aussi supérieur que Racine, lorsqu'on le voit semer, à chaque ligne, les opinions les plus bizarres, on ne doit pas être étonné quand il ajoute que la plus grande louange qu'on pût donner à des vers, serait de dire qu'ils valent de la prose, *mais qu'il n'en connaît pas qui ayent ce mérite.* Apparemment il en exceptait au moins ceux de La Motte, puisqu'il l'appèle un de nos plus grands poètes : mais c'est trop s'arrêter sur des paradoxes si étranges.

Il paraît que l'abbé Trublet, si sa bonhommie et sa médiocrité ne lui en eussent souvent épargné le chagrin, eût été très-sensible à la critique. Il regardait, *comme une grosse injure*, le titre d'un livre fait par madame Dacier pour défendre Homère qu'elle entendait parfaitement, contre La Motte qui le critiquait sans l'entendre, et qui le travestissait en mauvais vers. Ce livre est intitulé : *Des causes de la corruption du goût*, et nous ne voyons pas trop en quoi ce titre était si coupable ; mais il suffisait que La Motte fût attaqué dans l'ouvrage, pour que l'abbé Trublet n'y vît que des blasphèmes.

Il avait travaillé long-temps au *Journal des*

Savants sans beaucoup de succès, comme on peut le préjuger d'après ses étranges opinions en littérature. Mais sur la fin de sa vie, les railleries que Voltaire et les philosophes ne lui épargnaient pas, lui firent naître le projet de fonder un journal chrétien dont le principal objet était de défendre périodiquement la religion contre les sophismes des incrédules. Malheureusement l'exécution ne répondit pas au mérite de l'intention, et ce journal ne survécut pas à son fondateur. De nos jours, quelques folliculaires dont le zèle ne se manifeste que par l'insulte et la calomnie, s'étaient proposé de le faire revivre, mais le mépris public les écrase. L'abbé Trublet du moins avait des mœurs, et s'il n'a jamais eu parmi les gens de lettres qu'un rang très-médiocre, il a toujours conservé ce que n'obtiendront pas ceux qui se flattaient de le remplacer, la réputation d'un fort honnête homme.

TRUFFER (Jean), né dans le département de la Manche en 1746, professeur de belles-lettres au ci-devant collège d'Harcourt, et depuis au Lycée Charlemagne.

Il s'est rendu, pendant plus de trente ans, utile à l'instruction publique en formant à la fois, par ses leçons et par son exemple, des hommes instruits et de vertueux citoyens.

Au moment où le gouvernement organise une

nouvelle université, dans laquelle sans doute il ne sera pas oublié, il vient de publier, en deux volumes, dédiés à M. le prince de Bénévent, les *harangues* de Cicéron contre Verrès, intitulées des *Statues* et des *Supplices*.

Dans une langue telle que la nôtre, à laquelle il reste encore, quelque perfectionnée qu'elle nous paraisse, un grand nombre de mots dont la désinence sourde atteste trop sensiblement la barbare origine, surchargée d'ailleurs d'articles et de verbes auxiliaires ; on ne pouvait attendre ni la majesté du style de Cicéron, ni ces périodes si nombreuses qui, dans le plus beau siècle de la république romaine, ajoutaient au charme de son éloquence celui d'une harmonie inconnue avant lui, et qui ne s'est retrouvée depuis dans aucun autre orateur. On doit donc pardonner à M. Truffer de n'avoir pas fait ce que notre langue lui rendait impossible, surtout s'il s'est montré supérieur à beaucoup d'égards pour la fidélité du sens, souvent même pour l'élégance, à la plûpart des traducteurs qui l'ont devancé.

On ne cite plus guère l'abbé d'Olivet, malgré l'espèce de culte qu'il rendait à Cicéron ; mais, de nos jours, M. Clément a essayé de traduire, dans les harangues contre Verrès, celle qui est intitulée *des Supplices*, et on lui a reproché de nombreux contre-sens. M. de la Harpe qui, dans son *Cours de Littérature*, a traduit aussi quelques fragments des mêmes harangues et des Catilinaires, a essuyé les mêmes reproches; et l'on sait que, dans cet ouvrage, d'ailleurs très-estimable, les traductions sont en général ce qu'on a trouvé de plus faible : or, dans cette partie essentielle, on ne peut contester à M. Truffer le mérite d'une fidélité beaucoup plus exacte, et dans la partie du style, il ne nous paraît inférieur à aucun d'eux; il a donc fait un ouvrage qui justifie complètement la réputation qu'il s'est acquise comme professeur, et qu'on doit regarder comme un service rendu à l'instruction publique.

Ceux qui voudront le juger quand il écrit d'après lui-même, liront avec intérêt ses discours préliminaires, et les notes savantes qui prouvent avec quelle attention il a étudié son modèle; ils liront surtout, avec le même plaisir que nous, dans son hommage à M. le prince de Bénévent, l'éloge aussi noble que juste qu'il lui adresse sur son goût éclairé pour les arts (1), et sur la bienveillance dont il les honore.

---

(1) Les différents Mémoires que ce Prince a lus, soit à la Convention, soit à l'Institut national, et qui sont insérés dans les recueils de cette compagnie, attestent à la fois son amour pour les lettres, et la réputation à laquelle il était capable de s'élever dans cette seule carrière. On distinguera surtout, parmi ces Mémoires, celui qui avait pour objet l'instruction publique : ouvrage éloquent sans

U.

URFÉ (HONORÉ D'), comte de Châteauneuf, né à Marseille en 1567, mort à Villefranche en 1625. Aucun livre n'a eu plus de succès que son roman de l'*Astrée*, qui a fourni quelques proverbes à notre langue, et différents sujets à l'aiguille et au pinceau, mais qui est enfin tombé dans un oubli assez général, comme tous les ouvrages qui naissent avant que le génie d'une langue et le goût d'une nation soient parvenus à une certaine maturité. Ce qu'on n'a point assez observé, c'est que le succès même de cette pastorale est précisément ce qui nous a empêchés de réussir dans le genre de l'Églogue. Les prétendus bergers de d'Urfé ne sont pas moins fardés que ceux de nos opéras. C'est une métaphysique amoureuse (dont le modèle n'était alors que dans le caractère français) qui est l'éternel aliment de leurs insipides conversations; et c'est malheureusement à leur école que s'étaient formés les bergers de Fontenelle et de La Motte : aussi le genre pastoral est-il un de ceux où nous nous sommes le plus ridiculement écartés de la nature.

---

prestige, et qui ne doit sa force qu'à la raison même. Le génie supérieur que le même prince a déployé dans sa carrière politique, est connu de toute l'Europe.

V.

VADÉ (Jean-Joseph), né en 1720, mort en 1759. Voltaire, par une de ces plaisanteries dont il abusait, et qui semblaient peu convenables à sa dignité, s'est permis de mettre ce nom obscur à la tête de quelques-uns de ses ouvrages. C'est ce qui peut nous excuser de parler d'un homme qui n'a guère écrit que dans le genre grivois et dans le style des halles. C'est un burlesque très-inférieur à celui de Scarron; et Boileau, qui ne pouvait souffrir qu'on lui parlât de ce dernier poète, parce que son nom, disait-il, lui rappelait toujours le souvenir de quelque sottise, aurait eu bien plus d'antipathie encore pour celui de Vadé.

Quelques personnes, disposées à tolérer ce mauvais genre, prétendent que la poésie peut avoir ses Téniers comme la peinture. Nous croyons qu'elles se trompent, et rien ne prouve mieux, à notre avis, la vanité des comparaisons. La tête d'un paysan flamand, pleine d'énergie et d'expression, peut fournir à un artiste le sujet d'une excellente étude; son but est rempli s'il a parfaitement imité la nature. L'inégalité des conditions disparaît aux yeux d'un grand peintre; et l'homme, quel qu'il soit, est toujours un modèle digne de ses pinceaux.

mais quel est le mérite de copier l'esprit, les mœurs et le jargon des halles ? il faut avouer du moins que ces peintures grossières ne seraient faites que pour y être exposées, puisqu'elles ne trouveraient que là des spectateurs capables de bien sentir la vérité de l'imitation.

Vadé cependant n'était pas dépourvu de quelque esprit naturel. Un petit nombre de couplets assez piquants, et quelques parodies agréables, prouvent qu'il aurait pu réussir quelquefois à divertir les honnêtes gens.

VARILLAS (Antoine), né dans la Haute-Marche en 1624, mort en 1696. Historien peu estimé, parce qu'il s'est donné dans l'histoire les mêmes libertés qu'on pourrait se permettre dans un roman. Ses narrations, cependant, sont très-agréables, et il avait l'art de distribuer ses matières avec beaucoup d'intelligence. Ce qui doit lui servir de quelque recommandation aux yeux de la postérité, c'est d'avoir eu l'abbé de Saint-Réal pour élève.

VARVILLE (Jean-Pierre-Brissot de), né à Chartres en 1754, mort victime de la révolution en 1793. Très-jeune encore, cet écrivain annonçait, en matière d'administration, des idées fortes, des vues profondes, et ses premiers essais semblaient déjà mériter l'attention des hommes d'état. Il avait fait en société avec Clavière, un des plus éclairés et des plus estimables citoyens de Genève, un ouvrage intitulé *De la France et des États-Unis*, où il prouvait aux deux nations l'intérêt commun qui les rapproche, et le besoin qu'elles auraient de se lier par les nœuds d'un commerce réciproque. Nous connaissions de Varville d'autres écrits du même genre, et nous étions surpris qu'on pût réunir, à son âge, une si grande étendue de connaissances politiques, à une maturité de jugement qui semblait n'appartenir qu'à une plus grande expérience.

Montesquieu, en dirigeant tous les esprits du côté des objets importants de la législation et de la politique, a préparé la révolution qui doit insensiblement faire baisser les arts d'agrément dans l'opinion publique. Ces grands objets, il faut en convenir, intéressaient par leur utilité toutes les classes des citoyens, et rendaient inévitable cette révolution, amenée d'ailleurs par l'impérieuse nécessité des circonstances. Il faut que dans les Lettres, ainsi que dans le cercle de l'année, la saison des fruits remplace celle des fleurs. A leur tour, ces nouvelles idées, en augmentant le trésor des connaissances humaines, feront circuler dans la littérature de nouvelles richesses dont nos neveux pourront jouir : mais les bouleversements que l'introduction de ces nouveaux principes ne pouvait manquer de produire, nous ont fait payer bien cher les avantages qu'ils semblent promettre aux races futures. Le malheureux Varville en fut lui-même la victime.

VAUGELAS (Claude-Favre, seigneur de), de l'Académie Française, né à Bourg en Bresse en 1545, mort en 1650. L'un des grammairiens qui a le plus contribué à polir notre langue, et dont les remarques subsistent encore, et ont servi de base à ceux qui ont eu sur la grammaire des idées bien plus profondes, depuis le docteur Arnauld jusqu'au célèbre du Marsais.

Vaugelas eut un mérite plus grand. Sa traduction de Quinte-Curce, très-estimée encore de nos jours, parut près de dix ans avant les fameuses *Lettres provinciales*, et on y trouve peu de tours, peu d'expressions qui ayent vieilli. Cet ouvrage étonna Balzac, et fut le premier qu'on ait vu en France, écrit avec une pureté continue. Vaugelas était fils d'un juriconsulte laborieux et célèbre.

VELLY (l'abbé Paul-François), né en Champagne en 1711, mort à Paris en 1759. Il a su, dans son *Histoire de France*, dédiée à M. de Machault, alors contrôleur-général, débrouiller avec succès, et d'une manière très-intéressante, le chaos de nos premières races. Il a eu le mérite de profiter un des premiers des nouvelles lumières que Voltaire a portées sur le genre historique. Il remonte à la source de nos mœurs, de nos usages, de nos lois : enfin, ce n'est pas seulement l'histoire du trône qu'il nous a donnée, mais celle de la nation. Son style pourrait être plus soigné, ses recherches plus exactes, sa critique plus profonde. Peut-être aurait-on lieu de lui reprocher aussi de s'être un peu trop livré à l'esprit de système. Il écrivait dans le temps où l'on exigeait du clergé la déclaration de ses biens, opération sur laquelle il ne nous appartient pas de prononcer (1); mais il nous semble qu'entraîné par les circonstances, l'abbé de Velly dissimule souvent les priviléges de ce corps avec une affectation trop marquée, et qu'en général il ne laisse échapper aucune occasion de leur porter quelque atteinte. Il était cependant trop éclairé pour ne pas sentir que ces anciens priviléges des grands corps, dont l'origine se confond avec celle de nos monarchies, doivent être d'autant plus respectés qu'ils sont, en quelque sorte, le dernier asyle de nos libertés mourantes, et l'unique barrière qu'elles puissent opposer aux volontés capricieuses du despotisme. Il est sans doute du devoir d'un historien de discuter les faits, et de

---

(1) La révolution a prononcé, mais Velly écrivait sous la monarchie, et il fallait partir des principes qui, dans cet ordre de choses, passaient pour des vérités fondamentales.

distinguer avec soin les droits qui ont leur source dans une possession légitime, des priviléges usurpés dont il ne peut résulter que des abus. Mais son obligation la plus essentielle est de n'épouser aucun système, et, s'il est possible, de ne se déclarer pour aucun parti. Quiconque ne sera pas conduit par cette sage impartialité, s'expose, en traitant l'histoire, à faire naître dans le sein de l'État des disputes qui, lorsqu'elles ne sont pas méprisées, peuvent devenir dangereuses, et quelquefois dégénérer en troubles civils.

VERDIER (Madame SUSANNE DE), née à Nîmes en 1745.

Le véritable talent de la poésie a toujours été très-rare chez les femmes, et parmi nos Muses françaises, une seule, madame Deshoulières, a laissé un Recueil qu'il faudrait abréger, mais qui a franchi les limites d'un siècle, et qui passera vraisemblablement à la postérité. Elle est restée modèle dans un genre délicat et gracieux, et nous ne lui connaissons jusqu'à présent, dans l'idylle, aucune rivale. On a retenu et l'on cite souvent plusieurs de ses vers; et quoique de nos jours beaucoup de femmes ayent paru se croire appelées à la poésie, et qu'elles en ayent même tenté les genres les plus élevés, aucune d'elles, à ce qu'il nous semble, n'a partagé cet honneur avec madame Deshoulières. Nous connaissons cependant une Muse modeste, retirée dans la province, où elle remplit à la fois tous les devoirs essentiels de son sexe, de manière à s'attirer le respect de tous ceux qui ont l'honneur d'être admis dans sa familiarité, et qui, par un seul Essai que le hasard a rendu public, mais qui n'est pas assez généralement répandu, a prouvé, dans un sujet traité aussi par madame Deshoulières, qu'elle pouvait à la fois s'élever au dessus d'elle, et qu'elle possédait à un degré plus éminent le talent des vers. Cette Muse est madame de Verdier, dont nous craignons d'offenser la modestie en lui consacrant cet article, mais que nous sommes sûrs de rendre intéressant à tous nos lecteurs, en leur remettant sous les yeux la pièce dont nous parlons, et à laquelle M. de la Harpe a rendu le même hommage que nous. Le sujet de cette pièce est la fontaine de Vaucluse, et la voici, telle que nous la rappèle un ancien souvenir :

<pre>
    Ce n'est pas seulement sur des rives fertiles
    Que la nature plaît à notre œil enchanté ;
        Dans les climats les plus stériles
    Elle nous force encor d'admirer sa beauté.
    Tempé nous attendrit, Vaucluse nous étonne ;
    Vaucluse, horrible asyle où Flore ni Pomone
    N'ont jamais prodigué leurs touchantes faveurs.
    Sous la voûte d'un roc, dont la masse tranquille
    Oppose à l'aquilon un rempart immobile,
        Dans un majestueux repos,
    Habite de ces bords la Naïade sauvage ;
</pre>

Son front n'est pas orné de flexibles roseaux ;
    Et la pureté de ses eaux
Est le seul ornement qui pare son rivage.
    J'ai vu ses flots tumultueux
S'échapper de son antre en torrents écumeux ;
    J'ai vu ses ondes jaillissantes,
Se brisant, à grand bruit, sur des rochers affreux,
Précipiter leur cours vers des plaines riantes,
Qu'un ciel plus favorable éclaire de ses feux.
L'écho gémit au loin ; Philomèle craintive
    Fuit, et n'ose sur cette rive
    Faire entendre ses doux accents.
L'oiseau seul de Pallas, dans ses cavernes sombres,
Confond pendant la nuit, avec l'horreur des ombres,
    L'horreur de ses lugubres chants.
Déesse de ces bords, ma timide ignorance
N'ose lever sur vous des regards indiscrets ;
Je ne veux point sonder les abîmes secrets
Où de l'astre du jour vous bravez la puissance,
    Lorsque sa brûlante influence
Dessèche votre lit, ainsi que nos guérets ;
Je ne demande point par quel heureux mystère,
Chaque printemps vous voit plus belle que jamais,
    Tandis qu'au départ de Cérès
Vous nous offrez à peine une onde salutaire.
Expliquez-moi plutôt les nouveaux sentiments,
    Qui calment l'horreur de mes sens.
Quoi ! ces tristes déserts, ces arides montagnes,
    L'aspect affreux de ces campagnes,
Devraient-ils inspirer de si doux mouvements ?
Ah ! sans doute, l'amour y fait briller encore
Un rayon de ce feu que ressentit pour Laure
    Le plus fidèle des amants.
Pétrarque, auprès de vous, soupira son martyre.
    Pétrarque y chantait sur sa lyre
    Sa flamme et ses tendres souhaits ;
Et tandis que les cris d'une amante trahie,
    Ou la voix de la perfidie,
Fatiguent nos côteaux, remplissent nos forêts,

>   Du sein de vos grottes profondes
>   L'écho ne répondit jamais
>   Qu'aux accents d'un amour aussi pur que vos ondes.
>   Trop heureux les amants, l'un de l'autre enchantés,
>   Qui, sur ces rochers écartés,
>   Feraient revivre encor cette tendresse extrême,
>   Et, dans une douce langueur,
>   Oubliés des humains, qu'ils oublîraient de même,
>   Suffiraient seuls à leur bonheur !
>   Mais, hélas ! il n'est plus de chaînes aussi belles :
>   Pétrarque dans sa tombe enferma les amours.
>   Nymphes, qui répétiez ses chansons immortelles,
>   Vous voyez, tous les ans, la saison des beaux jours
>   Vous porter des ondes nouvelles.
>   Les siècles ont fini leur cours,
>   Et n'ont point ramené des cœurs aussi fidèles.
>   Ah ! conservez du moins les sacrés monuments
>   Qu'il a laissés sur vos rivages;
>   Ces chiffres, de ses feux respectables garants,
>   Ces murs qu'il habitait, ces murs sur qui le temps
>   N'osa consommer ses outrages.
>   Surtout, que vos déserts, témoins de ses transports,
>   Ne recèlent jamais l'audace ou l'imposture;
>   Et si quelque infidèle ose souiller ces bords,
>   Que votre seul aspect confonde le parjure,
>   Et fasse naître ses remords.

Nous savons que madame de Verdier a traité depuis un plus grand sujet, sous le titre des *Géorgiques du Midi*. Les vers à soie et l'olivier, qui sont une des grandes richesses de ce climat fortuné, lui ont fourni la matière de deux chants. Nous sommes même assez heureux pour en posséder quelques vers, retenus de mémoire, et qui nous ont été confiés à l'insu de l'auteur. Nous nous permettrions de les citer, si nous n'étions arrêtés par la crainte d'être accusés d'un abus de confiance. Peut-être même, separés de ce qui les précède et de ce qui les suit, ces vers, hors de leur cadre, n'auraient-ils pas tout l'attrait qu'ils ont dans leur ensemble, et c'est une raison de plus qui nous condamne au silence : mais nous désirons et nous espérons que madame de Verdier cédera bientôt aux vœux de ses amis, et à l'impatience du public empressé de jouir de ce bel ouvrage.

VERGIER (Jacques), né à Lyon en 1657, mort à Paris en 1720. Imitateur naturel, mais faible, des contes de La Fontaine, et plus libre que son modèle. Ce poète était de très-bonne compagnie. Souvent animé par le vin et par le plaisir, il faisait à table des parodies très-piquantes des meilleurs airs de nos anciens opéras; et le célèbre Rousseau témoigne, dans ses lettres, beaucoup d'estime pour le naturel, la facilité et la grâce qui règnent dans la plupart de ses saillies. Vergier, comme le dit le même Rousseau, était un philosophe aimable, un homme de société, qui avait de l'agrément et de l'atticisme dans l'esprit, sans aucun mélange de misantropie ni d'amertume. Sa mort tragique donna lieu à d'étranges soupçons; mais il est avéré qu'il fut assassiné par des voleurs de la troupe de Cartouche, qui n'avaient que leur brigandage pour motif.

VERNES (Jacob), né en 1728, mort en 178... Pasteur de l'église de Genève, le même à qui nous avions adressé la première édition de ces Mémoires. Mais alors nous ne connaissions pas un très-bon ouvrage qu'il était près de publier, sous le titre de *Confidences philosophiques*.

Cet ouvrage est divisé par lettres. Celles qui terminent le volume, et l'idée générale du livre, nous ont paru un badinage digne de Swift. La nouvelle philosophie y est écrasée sous le ridicule de ses propres maximes mises en action, et rapportées avec la plus scrupuleuse fidélité.

Si le style d'un étranger pouvait être celui de Pascal, ce livre, mieux fondé en preuves que les *Lettres provinciales*, n'eût pas été moins redoutable aux philosophes du jour, que celles-ci ne le furent aux Jésuites. L'ouvrage venait à peine de se répandre, qu'il a été traduit en Allemagne et en Angleterre.

L'auteur, qui nous honorait de son amitié, était également éloigné des erreurs de la superstition et des principes dangereux du philosophisme.

VERNET (Jacob), pasteur et professeur à Genève, né dans cette ville en 1698, mort en 17... L'un des hommes les plus modestes, et en même temps un des plus judicieux critiques, et des plus savants littérateurs qui ayent honoré sa patrie. Ce n'est point à nous de le juger comme théologien; nous nous contenterons de dire que, dans toutes les églises protestantes, il a la réputation d'être un de ceux qui a le mieux saisi, dans le Christianisme, cette simplicité sublime dont Rousseau a fait un si bel éloge, et qui a su le présenter sous le point de vue le plus propre à le faire aimer.

Ses *Dialogues Socratiques* sont écrits avec une pureté remarquable dans un étranger, et remplis d'intérêt. Cette marche de Socrate, qui s'adapte si bien à l'instruction, y est fidèlement suivie. On sait que ce philosophe, par une suite de questions proposées avec art, cherchait à conduire insensiblement, et comme d'eux-mêmes, ses disciples à la vérité : telle est, dans l'ouvrage estimable dont nous parlons, la méthode du professeur genevois.

Ses *Lettres critiques*, sous le nom d'un *Voyageur Anglais*, ne lui firent pas moins d'honneur. Elles semblent justifier et étendre l'idée que nous avions donnée nous-mêmes de la nouvelle philosophie, quelques années auparavant, dans nos *Petites Lettres sur de grands philosophes*. Nous sentons tout le prix de ce rapport, et nous reconnaissons que le pasteur Vernet a développé dans cet ouvrage, avec beaucoup de finesse, le manége de ces mêmes philosophes, la guerre ouverte, ou maladroitement cachée, qu'ils faisaient à tous les principes de la morale, leur fanatisme d'incrédulité porté jusque sur l'existence de l'Être Suprême, leur vaine ostentation de sagesse en détruisant tout, enfin leur despotisme littéraire, qui commençait pourtant à décliner, parce qu'ils avaient alarmé tous les Gouvernements par le ton d'audace qu'ils avaient substitué par degrés à celui de la séduction.

On trouve, dans ces mêmes Lettres, un tableau plein d'énergie et de vigueur des anciens abus de la politique ultramontaine, de cette politique tantôt souple, tantôt impérieuse, et toujours profonde, par laquelle, dans de certaines circonstances, la cour de Rome s'était arrogé un pouvoir plus absolu que celui des anciens Césars.

Il ne manquait à la célébrité de cet ouvrage, que de s'accroître encore par les injures de la secte philosophique. Le caractère orgueilleux et violent de ces prétendus sages fut loin de se démentir : ils n'opposèrent aux armes de la raison que leurs calomnies accoutumées; et d'Alembert fut un de ceux qui se déchaînèrent avec le plus d'emportement contre l'homme respectable qui ne sortit jamais, à leur égard, de son caractère de modération.

Il est à souhaiter que le peu d'affiliés qu'ils conservent encore, se désabusent enfin d'une méthode qui rendrait la vérité même exécrable, si par hasard elle se révélait à quelques-uns d'eux.

C'est dans un mouvement d'indignation pareil au nôtre, que l'éloquent citoyen de Genève s'est écrié avec sa véhémence ordinaire : « Oui, si
» pour être philosophe, il faut noircir la répu-
» tation de mes semblables, publier aux yeux de
» l'univers des choses qui devraient rester ense-
» velies dans un éternel silence, tramer et con-
» duire de sourds complots, y présider; en un
» mot, si pour être philosophe, il faut renoncer
» à l'humanité, à la justice, à la bonne foi, je
» renonce à la philosophie et à la dénomination
» de philosophe, *et j'en laisse le titre à tant de*
» *fourbes dignes de le porter.* »

Le pasteur Vernet dut être bien consolé des injures de nos sophistes, par l'accueil distingué que lui firent, en Italie, des hommes du premier mérite et de la plus grande considération, tels que les cardinaux de Polignac, Alberoni, Corsini, monté depuis au trône de l'église, le marquis Scipion Maffei, etc. etc. Il ne fut pas accueilli moins honorablement en France par le célèbre Dom Montfaucon, le Père le Courayer, l'abbé de Saint-Pierre, Fontenelle, et par Voltaire lui-même, qui n'aurait pas dû l'oublier, et que d'Alembert entraîna dans ses injustices.

Ce fut à Rome que le président de Montesquieu prit une confiance en lui, qui ne s'est jamais démentie. Il lui adressa, plusieurs années après, son manuscrit de l'*Esprit des Lois;* et la première édition de cet excellent ouvrage est due aux soins du professeur de Genève.

On trouve, au sujet de cette édition, plusieurs méprises fort étranges dans un recueil de prétendues *Lettres familières du Président de Montesquieu*, publiées par l'abbé de Guasco. Selon lui, ce fut un nommé Sarrasin, résident de Genève à Paris, qui remit à l'imprimeur Barillot le manuscrit de l'*Esprit des Lois*, et le professeur Vernet, qui se chargea de présider à l'édition, se permit d'y changer quelques mots qu'il ne croyait pas français, parce qu'ils n'étaient pas du français de Genève : ce qui donna (dit l'abbé de Guasco) beaucoup d'humeur à Montesquieu.

Ces petits détails contiènent autant d'erreurs que de mots. Il n'y eut jamais de résident de Genève en France, nommé Sarrasin. Ce fut M. Mussard, un des conseillers d'état de la république, qui fut chargé du manuscrit, non pour le remettre à Barillot, que l'auteur de l'*Esprit des Lois* ne connaissait point, mais pour être rendu à Vernet. Il est faux que ce dernier se soit permis de corriger la moindre chose au style de Montesquieu, quoique celui-ci l'eût autorisé à lui faire librement les observations qu'il croirait convenables. Vernet usa quelquefois de cette permission, non sur des mots, mais sur des choses : cependant rien ne fut imprimé que de l'aveu et sur les ordres de l'auteur. Loin d'avoir essuyé de sa part aucun reproche, Vernet n'en reçut que des remercîments que nous avons vus. Enfin Barillot fit à Genève une seconde édition du même livre, et Montesquieu n'y fit rien changer : preuve évidente qu'il était content de la première.

Les moindres particularités sur un ouvrage tel que l'*Esprit des Lois*, ont leur prix ; et nous avons cru ne pas déplaire aux amateurs des lettres, en nous arrêtant un moment sur ces détails, qui servent d'ailleurs à prouver le peu de confiance que méritent certaines anecdotes littéraires publiées avec autant d'indiscrétion que de légèreté. La méfiance que nous inspirèrent, dès qu'elles parurent, les Lettres de l'abbé de Guasco, nous fit prendre à Genève tous ces renseignements, dont nous attestons la vérité.

Nous terminerons cet article, en restituant à Vernet une petite pièce très-ingénieuse, qui a été attribuée, dans plusieurs Dictionnaires, tantôt à M. l'évêque de Rochester, tantôt à M. de Boze, secrétaire de l'Académie des Belles-Lettres : c'est l'épitaphe du fameux père Hardouin, jésuite, que sa brièveté et l'infidélité des copies qu'on en a faites, nous engagent à transcrire ici :

Hic jacet hominum Παραδοξοτατος,
Natione Gallus, religione jesuita.
Orbis litterati portentum,
Doctè febricitans,

Antiquitatis cultor, idem atque deprædator,
Commenta inaudita vigilans somniavit,
Scepticum piè egit
Credulitate puer,
Audaciâ juvenis,
Deliriis senex,
Verbo dicam : Hic jacet HARDUINUS.

VERTOT (l'abbé RENÉ AUBERT DE), né à Bennetot en Normandie en 1655, mort à Paris en 1735. Ses *Révolutions de Portugal*, celles de *Suède*, et surtout ses *Révolutions romaines*, font regretter qu'il n'ait pas écrit l'histoire de la nation. Il était digne de cette glorieuse et difficile entreprise. Son style a la majesté, l'élégance l'agrément et le feu nécessaires à un excellent historien. Le seul reproche qu'on ait à lui faire, c'est d'avoir embelli quelquefois ses récits aux dépens de la vérité; mais il ne la défigure ni par le goût puéril des antithèses, ni par une vaine ostentation de maximes sentencieuses et philosophiques, ni enfin par cette manière d'écrire tranchante, brusque et hachée, qui réunit l'obscurité à la sécheresse, et qui est aussi fatigante pour le lecteur, que contraire à la dignité de l'histoire.

VIGÉE (LOUIS-GUILLAUME-BERNARD-ETIENNE), né à Paris en 17..., frère de la célèbre madame Le Brun, appelée par la nature à peindre les grâces d'après elle-même, et l'une des premières femmes qui se soit élevée en France, au rang de nos plus habiles peintres. La même émulation a fait désirer à son frère d'obtenir un nom parmi les gens de lettres; mais il se borna trop long-temps à imiter le ton leste et l'accent petit-maître de Dorat, qu'il a conservé jusque dans un âge où ce ton devient d'autant plus déplacé qu'il n'existe plus de petits-maîtres, pas même de ceux que Gresset appelait plaisamment *les vétérans de la fatuité.*

Cependant, un peu désabusé de Dorat et de son persifflage, M. Vigée, dans une Épître légère adressée à mademoiselle Contat, et dans quelques autres pièces du même genre, sembla se décider pour une manière plus noble, et donner la préférence à celle de Gresset; mais s'il est aisé de contrefaire l'affectation verbeuse, négligée et quelquefois un peu traînante de cet aimable poète, il faudrait, pour l'imiter avec succès, avoir reçu de la nature ces grâces qui lui assurent un rang si distingué parmi nos plus agréables écrivains; et malheureusement ces grâces ne s'acquièrent pas.

Mais, si l'on en juge par un de ses derniers ouvrages, M. Vigée nous paraît enfin avoir découvert le modèle le plus analogue à son génie et qui devait le premier s'offrir à sa pensée. Cet ouvrage, original jusque dans son titre, et l'un des plus curieux que nous connaissions, est une

Épître à la Mort. Quelques fragments que nous allons en citer, ne laisseront aucun doute sur l'heureux modèle qui a fixé le dernier choix de M. Vigée. Il s'agit du moment redoutable où *l'airain retentissant sonnera son heure dernière*, et voici comme il embellit, comme il égaye un sujet en apparence si lugubre : Viens, dit-il, à la mort,

>Viens me trouver, mais sans façon,
Mais sans avis préliminaire :
Surtout point de triste émissaire
Qui puisse troubler ma raison.
Je sais très-bien que d'ordinaire
Tu traites par ambassadeur ;
C'est la fièvre, c'est la douleur
Qui doivent entamer l'affaire ;
Mais au jour indiqué pour moi
Marche sans train et sans escorte :
Si ces dames sont avec toi,
Laisse ces dames à la porte.

Il lui prescrit ensuite le costume galant qu'elle doit prendre pour ne pas lui déplaire ; on remarquera qu'il n'oublie rien dans la toilette de la Mort :

>C'est toi seule que je veux voir,
Non pas dans un sombre équipage,
Le front couvert d'un grand drap noir,
La faulx en main pour tout bagage ;
Fi donc : tu me dégoûterais
De faire avec toi le voyage.
D'un myrte enlacé de cyprès
Que ton front se pare et s'ombrage !
Tu songeras à ton corsage.

Comme j'aime assez l'embonpoint,
Un double lin en étalage,
Me présente, malgré ton âge,
Un peu de ce que tu n'as point.
Achevant la métamorphose,
Un ruban caresse ton sein,
Et sous un gant couleur de rose,
Tu prends soin de cacher ta main.
Te voilà vraiment attrayante.
On t'annonce, je t'attendais;
Tu me souris, et je te fais
Une révérence décente.
Les complimens ne sont pas longs.
— Bonjour, Monsieur. — Bonjour, Madame.
— Voulez-vous ?..... — De toute mon âme.
Tu prends mon bras, et nous partons.

Écrire ainsi, ce n'est plus imiter; c'est lutter de génie avec son original; c'est se mettre au moins à son niveau, et devenir en quelque sorte son ménechme. Nous avouons que, depuis le sonnet adressé à la princesse Uranie contre son ingrate de fièvre (modèle évident de cette charmante pièce), nous n'avons rien lu de plus ingénieux ; et, sans la crainte d'être soupçonnés d'adulation, nous ajouterions que la nouvelle épître nous paraît infiniment supérieure à l'ancien sonnet.

VILLETTE (Charles de), né à Paris en 1736, mort en 1793, l'un des législateurs de la Convention nationale; ce qui étonna beaucoup, même dans un temps où l'on ne devait plus s'étonner de rien.

Son esprit dépendait en grande partie de celui de ses secrétaires : aussi n'en montra-t-il jamais davantage que lorsque M. Guyétand (1), qui aurait pu faire du sien un meilleur usage, voulut bien en faire avec lui une affaire de société en se mettant à ses gages. Ce n'est pas que Villette n'eût par lui-même la mesure de talent nécessaire pour écrire quelquefois de jolies lettres et pour faire de ces petits vers qu'on appèle *du jour*, parce qu'ils n'ont jamais *de lendemain* : mais il aimait à s'en épargner le travail, et s'accommodait volontiers de l'esprit qu'on voulait bien lui prêter. Il était même si peu délicat sur cette matière, qu'il ne se fit aucun scrupule d'insérer, dans le recueil de ses œuvres, une traduction en vers d'une partie du seizième livre de l'Iliade,

---

(1) On a de M. Guyétand un petit volume de vers, dans lequel on en trouve beaucoup qu'il aurait dû sacrifier, mais quelques-uns de fort agréables. Ce qu'il y a de mieux dans ce volume, ce sont deux pièces, l'une intitulée *le Génie vengé*, et l'autre *le Doute*. Elles prouvent que la fortune, en le réduisant à l'emploi de secrétaire du marquis de Villette, et à la nécessité de lui prêter souvent son esprit, ne l'a pas traité selon son mérite. M. Guyétand est du Mont-Jura ; et les deux Lettres en prose de Villette sur quelques hommes célèbres de ce département, auxquelles on ne peut douter que M. Guyétand n'ait eu part, nous ont toujours paru les deux meilleures de son Recueil.

que Voltaire lui avait confiée dans une toute autre intention.

Voltaire âgé alors de quatre-vingt-quatre ans, mais ne prévoyant pas sa fin prochaine, et toujours insatiable de renommée, Voltaire, chez qui le génie n'excluait aucune faiblesse, avait conçu le projet bizarre de faire concourir cette pièce à l'un des prix que l'Académie devait distribuer en 1778, c'est-à-dire l'année même où il mourut. Cette anecdote singulière n'a été connue que par la Gazette russe de M. de la Harpe, à qui Villette en avait fait imprudemment la confidence. Nous disons *imprudemment*, car il nous semble que, par plus d'une raison de bienséance, M. de la Harpe n'aurait pas dû se permettre d'en abuser. Il le devait par égard et par reconnaissance pour la mémoire de Voltaire son bienfaiteur, sentiment dont la dévotion ne dispense pas. Il devait surtout insister moins sur la médiocrité de cet ouvrage, dans lequel on retrouve encore (quoi qu'il en dise) quelques traces du génie de Voltaire, et qui, tout faible qu'il est, nous paraît valoir beaucoup mieux que plusieurs ouvrages de M. de la Harpe. Ne devait-il pas d'ailleurs quelques ménagements à Villette lui-même qui avait fait, à sa louange, d'assez jolis vers que M. de la Harpe ne dédaigna pas d'envoyer à Pétersbourg, comme une preuve des hommages qu'on lui rendait dans sa patrie, et auxquels il répondit par des vers que Villette ne dut pas trouver moins flatteurs? Or n'était-ce pas les démentir d'une manière bien cruelle que d'apprendre à tout le public qu'en insérant dans le recueil de ses œuvres la pièce de Voltaire, Villette n'avait fait qu'imiter le ridicule du geai qui se pare des plumes du paon?

Malheureusement, en se mettant au nombre des détracteurs de Boileau, Villette se couvrit encore d'un ridicule plus impardonnable.

Dans le volume de lettres et de petits vers de société, qu'il a intitulé, non pas *Opuscules*, mais *OEuvres du marquis de Villette*, après quelques hommages rendus, par pudeur sans doute, aux talents supérieurs de cet illustre écrivain : « Pourquoi, dit-il, n'avons-nous pas de lui une seule » églogue, une élégie, une scène tragique, comi-
» que ou lyrique?... Pourquoi nous parler harmo-
» nieusement du Triolet, de la Ballade, du Ron-
» deau (1), déjà passés de mode, et nous donner
» une description technique des rigoureuses lois
» du Sonnet, de cet *heureux Phénix* (2), dont
» la perfection même serait si puérile et si fasti-

---

(1) Pourquoi? parce qu'alors ils étaient encore en faveur, et qu'ils n'ont cessé d'y être que long-temps après.

(2) Pourquoi? parce que, du temps de Boileau même, deux sonnets, l'un de Voiture, l'autre de Benserade, avaient partagé la ville et la cour.

» dieuse?... Pourquoi ne trouve-t-on jamais chez
» lui un seul vers de dix syllabes? Pourquoi n'a-
» t-il pas employé quelquefois les rimes redou-
» blées qui marquent l'abondance? les vers mêlés
» qui viènent d'eux-mêmes (1)? et surtout ceux
» de huit syllabes, dont on a fait depuis un si bel
» usage, etc., etc.? »

Cette plaisante manière d'accuser Boileau d'impuissance par ce qu'il n'a pas fait, est peut-être ce qui caractérise le mieux la nullité littéraire du pauvre Villette. Que penserait-on d'un critique qui eût accusé Virgile de stérilité, sous prétexte qu'il n'avait fait que des vers hexamètres; qu'on ne connaissait de lui ni Odes, ni Élégies, ni même de ces jolis vers phaleuques si heureusement employés par d'autres poètes? Villette (qu'on nous pardonne cette expression) n'était pas dénué d'une certaine dose d'esprit en petite monnaie; mais c'était de sa part une témérité bien inexcusable, que d'oser entrer en lice avec un homme tel que Boileau. Peut-être n'eût-il pas eu de lui-même cette ridicule présomption, quelque naturelle qu'elle soit à la médiocrité: mais, à force d'adulation, il était parvenu à se faire remarquer de Voltaire; et, soit reconnais-

---

(1) Nous ne connaissons pas ces vers mêlés *qui viènent d'eux-mêmes*, et dont apparemment Villette seul avait le secret.

sance ou faiblesse, Voltaire, à son tour, avait cru lui devoir quelques éloges. Sa tête n'était pas à l'épreuve d'une pareille séduction. Toutes ses idées se confondirent au point que d'adulateur il osa s'ériger en juge, et nous venons de voir comment il jugeait. Le génie de Voltaire qu'il n'était point à portée de mesurer, avait certainement plus d'étendue que celui de Boileau, personne n'est assez injuste pour en douter : mais Boileau n'en était pas moins un de ces hommes très-supérieurs qu'il n'est pas donné à tout le monde d'apprécier, et dont Villette ne devait se permettre de parler qu'avec respect.

Sa malveillance pour Boileau donna lieu à une anecdote assez curieuse. Par une singulière méprise, à la tête de son Discours historique sur le règne de Charles V, roi de France (ouvrage très-médiocre), il avait mis pour épigraphe, sous le nom de Voltaire, ce vers de Boileau :

<blockquote>On peut être héros sans ravager la terre,</blockquote>

vers non seulement très-beau, mais d'autant plus remarquable, qu'il contient une leçon hardie donnée par le poète à Louis XIV, qui paraissait ne connaître d'autre gloire que celle de la guerre. Quelque envie qu'eût Villette de flatter Voltaire exclusivement, il reconnut sa méprise, et la corrigea dans une édition postérieure : mais la première subsiste, et nous l'avons sous les yeux.

VOISENON (l'abbé Claude-Henri de Fusée de), de l'Académie Française, né au château de Voisenon, près de Melun, en 1708, mort en 1775.

Son esprit était plutôt celui que donne l'usage du monde, que l'esprit solide et cultivé d'un homme de lettres. Des saillies, des gentillesses, des mignardises, un ton goguenard et souvent précieux, tel était dans la société le mérite essentiel de l'abbé de Voisenon.

On a de lui des romans, des comédies, quelques poésies fugitives ; mais sa réputation littéraire n'était pas moins fluette que sa complexion, et ressemblait parfaitement à sa petite santé.

On lui attribuait, pendant sa vie, tout ce que Favart faisait de meilleur : ce qui prouve combien, en matière de style, le nombre des bons juges est encore borné. Il ne faut que lire ses ouvrages avec quelque attention, pour voir que rien n'était plus opposé au caractère de son esprit que les grâces naïves, et qu'il ne les connut jamais. C'est pourtant ce genre de mérite qui distingue particulièrement les jolies pièces de Favart. Ce dernier peut tomber quelquefois dans le fade, mais non dans le précieux. L'abbé de Voisenon, au contraire, ne savait pas être naturel, et ne disait rien sans finesse : il est vrai qu'il ne disait guère que de petits mots et de petites choses.

VOITURE (Vincent), de l'Académie Française, né à Amiens en 1598, mort à Paris en 1648. On recommande encore aux jeunes gens la lecture des Lettres de Voiture, sans penser qu'il n'est pas d'ouvrage plus capable de leur gâter le goût. Elles étincèlent, à la vérité, de traits d'esprit; mais en général elles sont défigurées par des pointes et des jeux de mots continuels. On devrait du moins en faire un choix; et en effet on pourrait en trouver une vingtaine, qui seraient dignes de servir de modèle à l'enjouement et à la familiarité épistolaires.

Boileau avait dit, étant jeune, qu'à moins d'être au rang d'Horace ou de Voiture, on rampait dans la fange avec l'abbé de Pure. Mais dans l'âge de la maturité, il caractérisa mieux ce bel esprit par ces vers adressés à l'Équivoque :

> Le lecteur ne sait plus admirer dans Voiture
> De ton froid jeu de mots l'insipide figure.
> C'est à regret qu'on voit cet auteur si charmant,
> Et pour mille beaux traits vantés si justement,
> Chez toi toujours cherchant quelque finesse aiguë,
> Présenter au lecteur sa pensée ambiguë :
> Et souvent du faux sens d'un proverbe affecté,
> Faire de son discours la piquante beauté.

On trouve dans Voiture quelques poésies de très-bon goût, entre autres, une Épître pleine de grâces, adressée au grand Condé. On y remarque surtout avec plaisir cette familiarité décente et noble qu'un homme de lettres, qui a de l'usage, peut prendre, même avec un grand prince. Depuis Voiture, personne n'a mieux saisi ces convenances délicates que Voltaire.

La pompe funèbre de Voiture, ouvrage de Sarrasin, mêlé de prose et de vers, est digne encore d'être lue par les gens de goût. Sarrasin était en état d'apprécier tout le mérite de Voiture, qui n'était pas précisément un homme de génie, mais un très-bel esprit.

VOLNEY (N.), né à . . . .
Deux ouvrages d'un très-grand mérite lui ont fait une juste réputation, celui qui est intitulé *Les Ruines*, ou *Méditations sur les révolutions des Empires*, et son *Voyage en Syrie et en Égypte*, tous deux remarquables par les traits d'éloquence et par les vues philosophiques dont ils sont remplis. La nécessité de la tolérance religieuse, reconnue aujourdhui par tous les esprits éclairés, est établie, dans le premier de ces ouvrages, de manière à braver toutes les attaques de l'hypocrisie et du fanatisme, et les droits imprescriptibles des peuples n'y sont pas défendus avec moins de chaleur. Mais ce qui se refuse à l'analyse, et ce qu'il faut chercher dans l'ouvrage même, ce sont les réflexions profondes qu'inspire à l'auteur la destruction de tant d'Empires, à qui leur puissance colossale semblait promettre une éternelle durée, et qui n'en ont pas moins

obéi à cette loi de la nature qui veut que tout périsse. Les ruines qui attestent encore leur ancienne existence, et qui seront elles-mêmes détruites par le temps, étaient, comme l'annonce le titre du livre, le principal objet des recherches de M. de Volney; et ces majestueux débris sont peut-être le sujet le plus intéressant et le plus sublime que puisse offrir l'histoire aux méditations des lecteurs.

Lorsque, dans ce même ouvrage, l'auteur parle de la diversité des opinions religieuses, si opposées en apparence, quoiqu'elles semblent toutes dérivées d'une même source, on s'aperçoit que le livre de l'*Origine des cultes*, quoique encore inédit, lui était très-familier; et le savant auteur de ce livre dut s'applaudir sans doute de voir l'usage qu'en avait su faire M. de Volney, et combien il était impatient que le public en eût du moins un premier aperçu.

Mais c'est à son *Voyage en Syrie et en Égypte*, dont il a paru plusieurs éditions toutes rapidement enlevées, que M. de Volney doit surtout la célébrité de son nom. Il a vu lui-même, en observateur profond, ces deux pays; la Syrie qu'il a parcourue librement dans toute sa longueur, pendant une année entière, après huit mois de séjour qu'il avait fait chez les Druses dans un de leurs couvents, et qu'il avait employés à s'instruire à fond de la langue arabe: préliminaire indispensable pour voyager avec fruit chez un peuple dont cette langue est l'idiome naturel.

Quant à l'Égypte, où l'on est arrêté par de continuels obstacles lorsqu'on veut en parcourir l'intérieur, il n'y fit qu'une résidence de sept mois, qu'il passa au Caire; et cependant les détails qu'il a donnés sur cette fameuse contrée ne sont pas moins exacts que ceux qu'il a donnés sur la Syrie. C'est du moins ce qui a été unanimement reconnu par nos braves, et par les savants qui les avaient accompagnés lors de l'expédition d'Égypte. Un si glorieux témoignage prouve bien que M. de Volney n'a pas voyagé en homme vulgaire.

On voit, par les idées générales qu'il nous en donne, l'étude approfondie qu'il a faite de cette contrée autrefois si florissante, mais si différente aujourd'hui de ce qu'elle fut dans les jours de sa gloire. Son climat, le cours du Nil, et l'époque de ses débordements; la véritable situation du Delta, les arts, les mœurs, le commerce, les forces militaires actuelles de l'Égypte, rien n'est oublié, et l'on reconnaît partout l'observateur le mieux instruit et le plus digne d'instruire.

Il divise en quatre races principales les peuples qui habitent maintenant ce pays, enlevé depuis vingt-trois siècles à ses propriétaires naturels, et successivement envahi par les Perses, les Macédoniens, les Romains, les Grecs, les Arabes, les Géorgiens, et enfin par les Ottomans. D'après les observations qu'il a faites sur les Cophtes (une des principales races par qui l'Égypte est actuellement habitée), il établit, par une conjecture savante et qu'il porte au plus haut degré de probabilité, que ces Cophtes qui ont tous un ton de couleur jaunâtre et fumeux, qui ne peut être ni grec ni arabe, un nez écrasé, la lèvre grosse, en un mot une vraie figure de mulâtre, sont ce qui reste des Egyptiens primitifs, lesquels étaient, comme tous les naturels de l'Afrique, de véritables nègres, mais dont le sang, allié depuis plusieurs siècles à celui des Grecs et des Romains, a dû perdre l'intensité de sa première couleur, et conserver cependant l'empreinte de son moule original.

« Quel sujet de méditation (ajoute alors l'au-
» teur) que de voir la barbarie et l'ignorance ac-
» tuelles des Cophtes, issues de l'alliance du
» génie profond des Égyptiens, et de l'esprit
» brillant des Grecs! de penser que cette race
» d'homme noirs, aujourd'hui notre esclave et
» l'objet de nos mépris, est celle-là même à qui
» nous devons nos arts, nos sciences, et jusqu'à
» l'usage de la parole (1)! d'imaginer enfin que

---

(1) L'*usage de la parole* est un peu fort; mais on sait que la philosophie a son enthousiasme, et qu'elle se permet quelquefois d'exagérer.

» c'est au milieu des peuples qui se disent les plus
» amis de la liberté et de l'humanité, que l'on a
» sanctionné le plus barbare des esclavages, et
» mis en problème si les hommes noirs ont une
» intelligence de l'espèce des hommes blancs ! »

L'auteur a porté le même esprit d'observation dans sa description de la Syrie. Il fait connaître à fond l'état physique de cette province turque, sa statistique, son gouvernement, qui est un pur despotisme militaire, les habitudes et le caractère des habitans, leur culte, leur agriculture, leur commerce, leurs arts d'où sont bannies la peinture, la sculpture, la gravure et la foule d'états qui en dépendent, parce que la religion de Mahomet defend toute image, comme les défendaient parmi nous les Iconoclastes.

Un des chapitres les plus curieux de cette description de la Syrie est celui où M. de Volney, d'après l'anglais Robert Vood et le chevalier Dakins son compatriote, fait le tableau des ruines de Palmyre, si long-temps ignorées, et qui n'ont été découvertes qu'en 1691 ; cette ville autrefois si considérable, si populeuse, si riche en monumens, si commerçante, et dont les débris sont aujourd'hui couchés dans la vaste plaine où elle excitait l'admiration de tous les étrangers : plaine qui n'est plus maintenant qu'un triste désert abandonné à quelques Arabes. Si l'on vient à réfléchir qu'une destinée toute semblable est infailliblement réservée aux plus belles villes de notre Europe, oh! s'écrie M. de Volney, que toutes ces cités opulentes sont peu de chose! Quelle haute leçon que les ruines de cette célèbre Palmyre!

Le style de l'auteur, à quelques négligences près, nous a paru ce qu'il doit être, simple quand les objets dont il parle n'exigent que cette simplicité, élevé lorsqu'il le faut. Un morceau sur les fameuses pyramides, anciens tombeaux, à ce qu'on présume, des rois d'Égypte, donnera une idée de sa manière d'écrire. Indépendamment du mérite de l'élocution, ce morceau nous paraît d'un citoyen vertueux qui s'indigne avec raison contre les despotes qui ont écrasé leurs peuples pour construire ces monstrueux ouvrages.

« La main du temps, et plus encore celle des
» hommes qui ont ravagé tous les monuments de
» l'antiquité, n'ont rien pu jusqu'à présent contre
» les pyramides. La solidité de leur construc-
» tion et l'énormité de leur masse, les ont ga-
» ranties de toute atteinte, et semblent leur assu-
» rer une durée éternelle. Les voyageurs en par-
» lent tous avec enthousiasme, et cet enthou-
» siasme n'est point exagéré. On commence à
» voir ces montagnes factices dix lieues avant d'y
» arriver. Elles semblent s'éloigner à mesure
» qu'on s'en approche; on en est encore à une

» lieue, et déjà elles dominent tellement sur la
» tête, qu'on croit être à leurs pieds; enfin
» l'on y touche, et rien ne peut exprimer la
» variété des sensations qu'on y éprouve. La
» hauteur de leur sommet, la rapidité de leur
» pente, l'ampleur de leur surface, le poids de
» leur assiette, la mémoire des temps qu'elles
» rappèlent, le calcul du travail qu'elles ont
» coûté, l'idée que ces immenses rochers sont
» l'ouvrage de l'homme si petit et si faible qui
» rampe à leurs pieds, tout saisit à la fois le cœur
» et l'esprit d'étonnement, de terreur, d'humi-
» liation, d'admiration, de respect: mais, il faut
» l'avouer, un autre sentiment succède à ce
» premier transport. Après avoir pris une si
» grande opinion de la puissance de l'homme,
» quand on vient à méditer l'objet de son em-
» ploi, on ne jète plus qu'un œil de regret sur
» son ouvrage; on s'afflige de penser que, pour
» construire un vain tombeau, il a fallu tour-
» menter vingt ans une nation entière; on gémit
» sur la foule d'injustices et de vexations qu'ont
» dû coûter les corvées onéreuses et du trans-
» port, et de la coupe, et de l'entassement de
» tant de matériaux. On s'indigne contre l'extra-
» vagance des despotes qui ont commandé ces
» barbares ouvrages; ce sentiment revient plus
» d'une fois en parcourant les monuments de
» l'Égypte; ces labyrinthes, ces temples, ces

» pyramides, dans leur massive structure, attes-
» tent bien moins le génie d'un peuple opulent
» et ami des arts, que la servitude d'une nation
» tourmentée par le caprice de ses maîtres.
» Alors on pardonne à l'avarice qui, violant
» leurs tombeaux, a frustré leur espoir. On en
» accorde moins de pitié à ces ruines; et, tandis
» que l'amateur des arts s'indigne, dans Alexan-
» drie, de voir scier les colonnes des palais
» pour en faire des meules de moulin, le phi-
» losophe, après cette première émotion que
» cause la perte de toute belle chose, ne peut
» s'empêcher de sourire à la justice secrète du
» sort, qui rend au peuple ce qui lui coûta tant
» de peines, et qui soumet à ses plus humbles
» besoins l'orgueil d'un luxe inutile. »

VOLTAIRE (1) (MARIE-FRANÇOIS AROUET DE), de l'Académie Française, né à Paris le 20 février 1694. Le plus beau génie qui existe actuellement en Europe. Cet illustre écrivain s'est

---

(1) L'auteur composa cet article à Genève en 1771, et le lut, quelques jours après, à cet illustre écrivain. Par un sentiment de respect pour sa mémoire, il a voulu que cet article fût conservé tel qu'il était alors, et tel qu'on l'a vu dans les précédentes éditions. L'*Éloge historique* de Voltaire, qu'il a fait depuis, et qui a été traduit en plusieurs langues, est le premier qui parut après la mort de ce grand homme; on sait qu'il mourut le 30 mai 1778.

plaint tant de fois de la hardiesse des faussaires qui ont osé lui attribuer des productions indignes de lui, que, dans la crainte de mériter de sa part les mêmes reproches, nous commençons par déclarer que nous ne reconnaissons pour ses ouvrages que ceux qui portent véritablement son nom, et qu'il a formellement avoués : c'en est bien assez pour sa gloire.

Les nations voisines s'enorgueillissaient de leurs poèmes épiques, tandis que nous n'avions rien à leur opposer en ce genre. Voltaire a vengé l'honneur de la France par son immortelle *Henriade*. Nous nous sommes élevés trop souvent contre la manie des parallèles, pour comparer ce poème, ni à ceux d'Homère et de Virgile, ni à ceux du Tasse et de Milton. Cette fureur de comparer ce qui n'est susceptible d'aucune comparaison, est un abus de l'esprit, qui n'a guère donné que des résultats ridicules.

Henri IV n'a rien de commun ni avec Achille, ni avec Énée. Le merveilleux que pouvait fournir la mythologie antique, et dont on pouvait orner des sujets fabuleux, n'est plus le même qui conviendrait aujourd'hui. Usages, mœurs, coutumes, religion, tout a changé. Il suffit, pour l'honneur de Voltaire, qu'il ait traité son sujet aussi bien qu'il pouvait le faire dans les circonstances où il a écrit; et du moins, avant de le juger, il faudrait peser les difficultés qu'il avait à vaincre, soit dans le génie de la langue, soit dans le caractère de la nation à qui il a voulu plaire, soit enfin dans le choix qu'il a fait d'un héros réel, et pour ainsi dire contemporain de son poëme. Alors peut-être on sentirait que Voltaire ayant lutté glorieusement, avec des armes inégales, contre les plus grands maîtres de l'Épopée, on ne peut, sans injustice, le placer au-dessous d'eux; et l'on n'aurait pas la faiblesse de disputer contre la gloire de la patrie, en cherchant à lui dérober la sienne. On sait que cet illustre poète ne s'est pas acquis moins d'honneur dans la carrière de l'Arioste, que dans celle du Tasse, et cette riche fécondité a peu d'exemples, même parmi les anciens.

La perte des Corneille et des Racine semblait irréparable pour la scène française. Volaire fit, à dix-neuf ans, sa tragédie d'*OEdipe*, et ces grands hommes eurent un successeur. Aucun début ne mérita plus d'attention. Il était réservé à cet écrivain célèbre de parvenir tout-à-coup à la maturité du génie. Quand, après avoir lu une des plus belles pièces de Racine, on passe sans intervalle aux trois derniers actes de la tragédie d'*OEdipe*, on croirait n'avoir pas changé d'auteur. Nous ne pouvons donner à Voltaire une plus grande louange, et il est le seul poète qui l'ait méritée.

Son Théâtre paraît l'emporter, par la variété,

sur tous ceux que nous connaissons. On trouve, dans le style de *Brutus* et de la *Mort de César*, la manière de Corneille perfectionnée. Celle de Racine ne pouvait être qu'égalée. La muse tragique n'inspira rien à Crébillon de plus mâle et de plus terrible que le quatrième acte de *Mahomet*. Semblable à cet ordre d'architecture qui emprunte les beautés de tous les autres, et qui est lui-même un ordre à part, Voltaire s'est approprié les genres différents des poètes qui l'ont devancé; mais il ne doit qu'à lui seul cette belle tragédie de *Mahomet*, dont nous parlions, et son chef-d'œuvre d'*Alzire*.

Ce qui distingue le plus particulièrement encore les ouvrages dramatiques de Voltaire (et nous ne parlons ici que de l'élite de ses pièces), ce sont les grandes vues morales et les sentiments d'humanité dont ils sont remplis. L'auteur a senti que c'était donner au théâtre un nouveau degré d'importance et d'utilité; mais il a su presque toujours s'arrêter où il le fallait; et il s'est bien gardé d'affaiblir, par des tirades ambitieuses et par des déclamations d'une philosophie sèche et aride, l'intérêt pressant qui résulte des situations vives où il place ses personnages. Cette sobriété, dictée par le goût, se manifeste encore dans cet appareil de spectacle, dont il a le premier constamment orné la scène. Il a su le ménager de manière que cet appareil n'est qu'un accessoire à l'art, et que le tableau n'est jamais sacrifié à la bordure. C'est en quoi ses imitateurs ont bien prouvé qu'ils ne devinaient pas son génie. Ils ont fini par nous donner, au lieu de tragédies, d'ennuyeux sermons philosophiques, et par nous faire voir au théâtre, comme Voltaire lui-même l'a dit très-plaisamment, *la rareté*, *la curiosité*.

Qui croirait qu'ayant épuisé tant de genres de gloire, le même homme dût s'attendre encore à de nouveaux lauriers dans la carrière de l'histoire? Ce sera, sans doute, une circonstance de la vie de Voltaire, digne de l'attention de la postérité, qu'après avoir célébré Henri IV en poète, il ait eu l'avantage d'être l'historien de Louis XIV, celui Charles XII et de Pierre-le-Grand. On doit d'ailleurs à cet auteur célèbre de nouvelles vues sur l'histoire, qu'il a eu la satisfaction de voir adopter par les écrivains qui, de nos jours, se sont le plus distingués en ce genre d'écrire. C'est moins l'histoire particulière des souverains que l'on nous donne aujourd'hui, que celle des nations, de leur caractère, de leurs mœurs, de leurs usages, et surtout celle de l'esprit humain. Ce sont ces vues, véritablement philosophiques, qui ont dirigé Voltaire dans son *Essai sur l'Histoire générale*, ouvrage qui n'est pas exempt de fautes, sans doute, mais très-digne de la grande réputation de son auteur. N'oublions pas qu'aucun homme de lettres n'a possédé, comme lui, le double talent d'écrire en prose et en vers, avec une égale supériorité. Racine, celui de nos poètes dont la gloire ne vieillira jamais, est le seul peut-être qui eût partagé avec lui ce mérite, s'il nous eût laissé plus d'ouvrages en prose.

Personne n'a excellé, comme Voltaire, dans l'art de cacher une philosophie souvent profonde, sous des fictions ingénieuses et riantes, qui forment une classe particulière de romans, dont le modèle n'existait pas avant lui. Ses *Mélanges de Littérature* joignent à une variété de connaissances qui étonne, le mérite de plaire, et sont écrits avec cette clarté continue, ce coloris brillant, cette magie séduisante, qui caractérisent la plupart de ses ouvrages, et qui nous ont rendus, avec raison, si difficiles sur les productions des autres.

Toutes ses pièces fugitives sont charmantes, et d'une poésie très-supérieure à celle des Chapelle et des Chaulieu, dont il semble que la réputation avait été un peu exagérée. Aucun poète n'a porté plus loin que Voltaire la finesse, la plaisanterie, et quelquefois la véhémence et l'âcreté de la satire, en affectant toujours, avec assez d'adresse peut-être, de blâmer le genre satirique. Mais, quoi qu'il en ait dit, on n'en regardera pas moins comme un des traits dominants de son caractère, le penchant à la satire, annoncé par sa physionomie, et confirmé d'ailleurs par une grande partie de ses ouvrages. Enfin, ce génie singulier réunit à lui seul ce qui suffirait pour assurer à beaucoup d'écrivains une célébrité durable; et peut-être dans un avenir éloigné, croira-t-on qu'il y a eu plusieurs Voltaire, comme on a cru, dans les temps postérieurs à l'antiquité, qu'il y avait eu plusieurs Hercule. Il n'y a pas jusqu'aux lettres familières de ce grand poète, quoiqu'il en ait écrit une prodigieuse quantité, qui ne méritent d'être recueillies (1); et il n'est point d'auteur qui ne se fût acquis, par elles seules, une réputation distinguée.

Les philosophes de nos jours n'ont pas manqué de vouloir attirer à leur parti un homme d'un mérite si supérieur. Ce sont des corsaires, comme nous l'avons dit à Voltaire lui-même, qui ont cru se rendre imposants en arborant un pavillon respectable. Tous ont affecté de parler, après lui, de tolérance et d'humanité; mais les convulsions de leur style décèlent la fausseté de leur enthousiasme, au lieu que celui de Voltaire paraît être dans son cœur. Il faut aimer ces vertus; il fait mieux, il en a montré l'exemple. Les secours généreux qu'il a donnés aux familles des Calas et des Sirven, sont un monument de gloire qu'il s'est

---

(1) On trouvera sur ces lettres, à la fin de ce volume, une note qui mérite d'être connue de tous ceux qui ont lu la Correspondance russe de M. de Laharpe.

érigé dans toute l'Europe, et qui peut-être ne l'honore pas moins que ses immortels ouvrages.

Quels que soient d'ailleurs les sentiments philosophiques de cet écrivain fameux, son respect pour le dogme d'un dieu rémunérateur et vengeur, son attachement à la religion naturelle se manifestent partout. Il a fait même, dans sa *Henriade*, dans *Zaïre*, et surtout dans *Alzire*, les éloges les moins suspects du christianisme. Toutes les vertus morales de Zamore ne sont-elles pas en un instant éclipsées par la mort chrétienne de Gusman? Le même Zamore a-t-il donc un caractère aussi sublime que celui d'Alvarès? Si M. de Voltaire avait le malheur de douter d'une religion, dont lui-même a si parfaitement connu l'esprit, il ne faudrait le combattre qu'avec ses propres armes, et que lui répéter ces beaux vers :

> Des dieux que nous servons connais la différence :
> Les tiens t'ont commandé le meurtre et la vengeance,
> Et le mien, quand ton bras vient de m'assassiner,
> M'ordonne de te plaindre, et de te pardonner.

Que ces nouveaux philosophes qui ont sapé les fondements de cette divine morale, cessent donc de regarder Voltaire comme leur chef, et que ce grand homme n'ait pas la faiblesse de se croire intéressé à prendre leur querelle (1).

---

(1) Voltaire, il faut en convenir, eut à la fois la fai-

Nous le lui avons dit, il doit ressembler au *Jupiter d'Homère*, et n'épouser dans la littérature aucune faction. Il doit songer surtout que sa réputation est très-indépendante des suffrages de ces philosophes; que, loin d'en augmenter, elle pourrait même en être affaiblie; et qu'enfin il jouissait déjà d'une gloire colossale, tandis que la plupart de ces Pygmées philosophiques, indignes de servir de piédestal à sa statue, étaient absolument ignorés.

Si l'on voulait apprécier Voltaire avec une entière exactitude, il faudrait l'analyser successivement dans les différents genres qu'il a traités; étudier l'homme et l'auteur; découvrir en lui le principe de cette émulation infatigable, la source de sa vaste renommée; peser les avantages et les inconvénients qui ont pu résulter de ce même principe, et de l'inconcevable facilité de son génie; observer les contrastes de son caractère et de son esprit, le suivre enfin dans tous ses

---

blesse de les croire utiles à sa gloire, et le tort de prendre trop souvent leur querelle, sans les estimer au fond du cœur. Nous en avons la preuve dans une lettre qu'il nous écrivit, et que nous avons citée à l'article DUCLOS, tome Ier de ces Mémoires, *page* 65; mais on en trouvera de nouvelles preuves dans une Note placée à la fin du présent volume, et *surtout* dans l'éloge singulier qu'il a fait du cardinal Dubois. *Voyez* cet éloge, p. 321 de notre Ier tome.

progrès, et déterminer ses limites. Il faudrait se défendre également de l'enthousiasme et de la jalousie, distinguer les richesses qui ne sont qu'à lui, de celles qu'il a naturalisées, pour ainsi dire, avec son propre fonds ; décomposer ses meilleures pièces de théâtre, et comparer les moyens dramatiques dont il s'est servi, soit pour établir ses plans, soit pour amener ses situations, aux moyens que Corneille et Racine avaient employés avant lui. Nous sentons combien il serait honorable de résoudre tous ces grands problèmes ; mais ce travail demanderait beaucoup plus d'étendue que n'en permettent les bornes de ces Mémoires (1).

Puisse cet écrivain célèbre jouir encore longtemps de toute sa renommée ! On ne saurait

---

(1) C'est ce que dès-lors l'auteur se proposait de faire, et ce qu'il a fait, du moins en partie, dans l'édition complète et commentée des Œuvres de Voltaire, qu'il a donnée en cinquante-cinq volumes. Cette édition, inférieure, par le luxe des caractères, à celle de Beaumarchais, a sur elle, d'ailleurs, l'avantage de contenir beaucoup moins de fautes, et, comme le *Prospectus* le démontre, d'être mieux distribuée. L'auteur la commença en 1792, à une époque où il eût été plus prudent de se laisser oublier, et dans les temps les plus orageux de la révolution ; elle fut cependant achevée dans le cours de 1797, grâce au zèle de M. Stoupe, imprimeur, rue de la Harpe, chez qui elle se débitait.

penser qu'avec douleur au vide immense que laisserait sa perte dans l'empire des arts ; et l'on est indigné d'avance de l'orgueilleux acharnement avec lequel de petits despotes littéraires oseraient se disputer les débris de sa monarchie ;.

Soldats sous Alexandre, et rois après sa mort.
VOLTAIRE, *Artémire.*

X.

XIMÉNEZ (Augustin-Louis, marquis de), né à Paris en 1726. Ce fut, comme nous l'avons dit à l'article Saint-Évremont, une des singularités remarquables du siècle de Louis XIV, que d'avoir inspiré le goût des lettres à cette même noblesse qui s'était fait jusqu'alors un ridicule honneur de les mépriser. Digne rejeton de ce beau siècle, M. le marquis de Ximénez, non seulement a brigué la gloire des succès du théâtre, mais on a de lui plusieurs ouvrages en vers qui ont mérité l'accueil des gens de goût. Il en est même que, par une espèce d'adoption très-honorable, Voltaire a fait placer à côté des siens dans quelques-unes de ses éditions : témoignage d'estime qu'il a renouvelé depuis en faveur de M. de Rulhière.

Qui pouvait, en effet, mieux que ce grand poète, sentir le mérite de ces beaux vers :

Il est des rois sans force et nés pour l'indolence,
Que la mollesse endort, que l'intérêt encense;

Fantômes élevés sur un trône avili,
Ils passent comme un songe et tombent dans l'oubli.
Sous ces règnes de deuil, le mérite inutile
Languit, découragé, dans un obscur asyle,
Et des hommes divins y vivent inconnus,
Mais laissent, en mourant, un nom qui ne meurt plus.
Illustres malheureux ! vos ombres consolées
Abandonnent aux rois l'orgueil des mausolées ;
La mort y foule aux pieds le faste qui les suit.
Votre empire commence où leur règne est détruit !

Ces vers faisaient partie d'un discours qui concourut, en 1750, pour prix d'Académie ; prix qui ne fut point adjugé, quoique Voltaire regardât l'ouvrage comme un des milleures qui eût jamais été présenté à ce concours, où depuis nous avons vu couronner tant de sottises.

M. de Ximénez avait aux yeux de l'Académie un double tort, le mérite même de sa pièce, et la profession publique qu'il a toujours faite de son respect pour Boileau. C'est une des raisons, sans doute, qui lui a constamment fermé les portes de ce lycée, devenues d'un accès si facile pour tant d'autres. En effet, depuis que cette compagnie a permis qu'on lui adressât des vers, dans lesquels on osait dire que Boileau n'était qu'un écrivain sans feu, sans verve et sans fécondité, on conçoit avec quelle répugnance elle aurait vu dans un de ses fauteuils un admirateur de ce grand poète : mais nous croyons que M. le marquis de Ximénez n'attachait à cette frivole distinction que l'importance qu'elle mérite, et qu'il était bien convaincu que de toutes les vanités humaines, il n'en est guère de plus ridicule et de plus chétive qu'un fauteuil académique. Il a consigné son mépris pour cette gloriole dans ces vers pleins de sel et de grâces :

> Moi qui par la louange un moment égaré,
> Avalant le poison qu'elle avait préparé,
> Crus pouvoir, comme un autre, émule de Linière,
> Me glisser dans la foule au-dessous de Le Mière,
> Aux honneurs du fauteuil me traîner à pas lents,
> Et de quelques pavots couvrir mes cheveux blancs.

Des vers d'un aussi bon genre, son discours intitulé *De l'Influence de Boileau sur l'esprit de son siècle*, discours aussi bien écrit que bien pensé, sont pour M. le marquis de Ximénez des titres de gloire qui ont un peu plus de réalité, et qui certainement doivent le flatter bien davantage que les vains honneurs des académies.

Y.

YVON (l'abbé N.). Théologien philosophe, autant que ces deux mots peuvent s'allier ; soupçonné faussement d'avoir eu part à la fameuse thèse de l'abbé de Prades, et l'un des coopérateurs de la première édition de l'*Encyclopédie :* titre plus que suffisant pour le rendre suspect à ses supérieurs ecclésiastiques, quoique les articles qu'il fournit à ce *Dictionnaire* (1) n'eussent rien

---
(1) Les articles *Ame*, *Athée*, *Dieu*, etc.

d'incompatible avec le véritable esprit de la religion. Mais il était tolérant, ce que les théologiens ne pardonnent guère, et même il ne concevait pas qu'on pût être à la fois intolérant et chrétien. La seule parabole du Samaritain et du Lévite, qui est, en effet, une des plus sublimes leçons que nous ait données l'Évangile, lui paraissait un argument invincible en faveur de la tolérance.

Nous l'avons connu particulièrement, et c'était de très-bonne foi qu'il déplorait les nombreux abus que la superstition et le faux zèle ont trop souvent introduits dans l'Église, pour laquelle il était d'ailleurs pénétré de respect. Mais ce qu'il voyait dans la religion de plus auguste, ce que même il en regardait comme l'essence (et nous en convenions avec lui), c'est sa morale bienfaisante qui, loin de diviser les hommes et de les armer les uns contre les autres, ne tend qu'à les rapprocher tous en leur inspirant une mutuelle bienveillance. Cependant, pour se dérober lui-même aux persécutions, il fut obligé de faire à ses supérieurs quelques sacrifices de complaisance. Il écrivit, entre autres, quinze lettres au philosophe de Genève, en réponse à celle que ce philosophe avait adressée à l'archevêque de Paris, sous le titre singulier de *Jean-Jacques Rousseau à Christophe de Beaumont*. Ces quinze lettres prouvent combien l'abbé Yvon avait senti la difficulté de faire une bonne réponse à une lettre qui nous a toujours paru ce que le raisonnement a de plus nerveux, fortifié par ce que l'éloquence a de plus entraînant. Le grand nombre des réponses n'a servi qu'à les faire oublier, et l'ouvrage de Rousseau subsistera tant qu'il restera quelque souvenir de la langue française.

Z.

ZALKIND-HOURWITZ, né en Pologne, et le premier juif que nous connaissions qui ait remporté un prix à une de nos sociétés littéraires. L'objet de son discours couronné, en 1789, par l'académie de Metz, était de prouver qu'il y avait des moyens de rendre, en France, les Juifs plus utiles et plus heureux.

On lui doit un autre ouvrage moins connu qu'il ne devrait l'être : c'est le projet d'une méthode, ou plutôt d'une espèce de langage de convention, qui nous a paru plus simple, et non moins ingénieux que la *Pasigraphie*, par lequel il pourrait s'établir entre toutes les nations, quoiqu'elles n'entendent pas réciproquement leurs langues, une correspondance facile. On conçoit assez tous les avantages qui résulteraient de cette communication d'idées : ce serait une véritable langue universelle, que Léibnitz avait inutilement cherchée, et l'un des plus importants services qu'on pût rendre aux hommes.

M. Hourwitz est malheureusement affligé d'une surdité qui rend toute conversation avec lui très-pénible ; mais c'est à la fois un homme très-savant et de beaucoup d'esprit. Il est attaché, comme interprète, à la bibliothèque nationale. Un autre juif avait occupé cette place avant lui (1), et méritait bien de laisser un plus long souvenir. Ce juif, que nous avons parfaitement connu, et dont on ne trouve le nom dans aucun dictionnaire, est le premier qui ait fait voir à l'Académie des Sciences (2) et à la cour de Versailles le phénomène, aujourd'hui si vanté, de faire parler les sourds-muets. Tous les journaux du temps retentirent des différents essais qu'il fit dans cet art, et des progrès de ses élèves. Il a donc été le précurseur des prétendues découvertes des abbés de l'Épée et Sicard : cependant sa mémoire est presque oubliée. C'est que, par l'empire que les prêtres ont sur l'opinion, ils savent exciter un enthousiasme permanent, tandis qu'un pauvre juif, qui n'a ni prôneurs ni intrigue, se perd bientôt dans la foule. Peut-être même trouve-

---

(1) Il se nommait Péreyra, était espagnol d'origine, et l'un des hommes les plus sociables et les plus doux.

(2) *Voyez* le Mémoire lu par Péreyra à cette Académie, le 11 juin 1749, et le rapport fait sur ce Mémoire par Dortous de Mairan, Buffon et Ferrein, le 2 juillet suivant. Ce rapport est plein d'éloges. *Voyez* aussi, sur le même objet, les Mercures de France, de mars et avril 1750.

ra-t-on singulier que nous réclamions en sa faveur un avantage de primauté qui lui appartient incontestablement : cet avantage n'empêche pas que nous ne rendions d'ailleurs à ses successeurs toute la justice qu'ils ont méritée par leur zèle et par leurs talents : mais eux-mêmes n'auraient-ils pas dû laisser tomber quelques rayons de leur gloire sur l'honnête homme qui les avait devancés ?

Article *oublié page* 394.

VANNOZ (Philippine de), née à Nancy en 17...., son nom de famille était mademoiselle de Sivry.

Madame de Vannoz, à peine sortie de l'enfance, s'était déjà fait connaître par de très-jolis vers, et des littérateurs distingués s'étaient empressés d'accueillir cette jeune muse aussi aimable que précoce. M. le duc de Nivernois et M. de Laharpe lui adressèrent des hommages poétiques : nous nous rappelons ceux de M. de Nivernois :

> De votre esprit naissant j'admire les primeurs,
> Mais il s'épuisera s'il enfante sans cesse.
> Hâtez-vous lentement : malheur à qui se presse !
> Gardez pour l'avenir encore quelques fleurs,
> L'esprit et l'amour ont leur âge :
> Penser trop tôt, aimer trop tard,
> Jeune Sivry serait peu sage.

Soit que mademoiselle de Sivry trouvant ce

conseil judicieux, se fût dès-lors déterminée à s'y conformer, soit que parvenue bientôt à l'âge où la modestie se développe, la sienne ait redouté l'éclat des succès littéraires, elle s'en tint à ses premiers essais, ou du moins évita de mettre le public dans la confidence de ses productions. Près de vingt années s'étaient écoulées sans qu'elle eût rien fait paraître, lorsque sa sensibilité, noblement excitée par les outrages faits aux tombes royales de l'abbaye de Saint-Denis, lui inspira une Élégie qui n'honore pas moins ses talents que son cœur. Animée du même sentiment, mais non du même enthousiasme et de la même verve qui nous a si vivement frappés dans l'ouvrage de M. de Tréneuil sur le même sujet, elle a su cependant intéresser ses lecteurs par un plan simple et très-heureusement conçu, par une délicatesse d'expression et de pensée souvent remarquable, par des vers d'une élégance harmonieuse, en un mot par des grâces qui paraissent tenir à son sexe. Nous l'invitons seulement à faire disparaître d'un ouvrage qui lui fait beaucoup d'honneur quelques mots impropres et quelques négligences que son excellent goût lui indiquera facilement si elle veut bien s'en occuper, et nous osons lui promettre qu'en effaçant ces taches légères, son Élégie, déjà précieuse à ceux qui savent juger, réunira les suffrages des connaisseurs les plus difficiles.

PIÈCES JUSTIFICATIVES

DE L'ARTICLE TRESSAN.

A Franconville, ce dimanche.

Hélas! Monsieur, depuis huit jours je suis en l'air, et je n'en ai passé aucun sans aller à Saint-Leu. Madame la duchesse de Chartres n'en partira que mardi, et je donne ces deux derniers jours à mon attachement pour les anciens maîtres de ma famille, et aux charmes que madame la duchesse de Chartres répand dans la société par sa bonté, son égalité, et ce désir de plaire si rare, et qui ferait aimer la plus simple particulière.

Mardi, madame de Cavanac, l'abbé de Bourbon, deux abbés aimables et pleins d'esprit, qui lui sont attachés, viennent dîner chez moi : s'il vous était possible de venir dîner avec eux, je serais enchanté de procurer à l'abbé de Bourbon, que j'aime de tout mon cœur, une connaissance dont lui et ceux qui sont avec lui sentiraient tout le prix. Ils iront coucher à Pontoise, chez madame la comtesse de Châteaumoran, et reviendront peut-être dès le mercredi coucher chez moi, pour y passer le jeudi franc.

C'est avec bien de la peine, Monsieur, que madame de Tressan et moi nous sommes forcés de remettre à la semaine prochaine une partie aussi agréable pour nous. J'irai samedi à Paris; j'en reviendrai le lundi après l'Académie, et je reviendrai par Argenteuil, pour rendre mes respects à vos dames, et leur demander le jour où j'aurai le plaisir de former l'union de deux petits ménages, que tout me fait désirer de voir dans une union durable.

Après la générosité complète de ne plus rappeler un temps où je me suis laissé tonneler, comme un homme qui n'avait pas encore eu le temps de vous apprécier, et qui n'avait pas encore assez joui du plaisir de vous lire et de vous entendre, j'espère vous prouver, tout le reste de mes jours, le prix que je mets à l'honneur de votre amitié, et le désir que j'ai de la mériter : vous possédez un anneau de Salomon, qui vous met bien à l'abri des astuces des mauvais génies, et je serai enchanté de rendre hommage aux deux Péris qui embellissent votre vie.

Grand merci, mon aimable voisin, des deux superbes fruits que vous avez la bonté de m'envoyer : j'en conserverai précieusement la graine ; on doit cultiver sans cesse les dons qu'on reçoit de vous.

J'ai l'honneur d'être, avec un attachement inviolable,

Monsieur,

Votre très-humble et très-obéissant serviteur,

TRESSAN, *lieutenant-général.*

J'espère que madame Palissot voudra bien donner ses ordres pour les fleurs, les plantes et les héliotropes qui pourront parer et parfumer son agréable demeure.

A Paris, ce lundi 20.

Il m'est impossible, Monsieur et cher voisin, d'avoir l'honneur de vous aller voir aujourd'hui, étant obligé de coucher à Paris ; je ne retourne que demain à Franconville : mais, mercredi sans faute, madame de Tressan et moi nous irons à Argenteuil, et d'assez bonne heure pour

jouir à notre aise du plaisir d'être avec vous. Je vous prie
en grâce de faire mille excuses à madame Palissot sur ce
que je n'ai pas l'honneur de lui rendre mes respects avant
celui de dîner chez elle. On n'est jamais son maître, même
étant vieux. C'est M. Garat qui a remporté le prix d'éloquence ; M. de Lacretelle, jeune avocat, a remporté le
second; et deux particuliers, qui ne veulent pas être connus, ont remis chacun 600 livres à M. d'Alembert, pour
le second prix, dont la valeur égalera celui du premier.

On lira, dans la séance publique, quelques passages
d'une Épître en vers, qui, cependant, a été jugée assez
sévèrement pour ne pas remporter le prix. Je n'ose offrir
des billets pour le panégyrique et pour la séance, à celui
qui, depuis long-temps, devrait en donner; cependant je
suis à ses ordres.

J'ai l'honneur d'être, avec tout l'attachement possible,

Monsieur,

Votre très-humble et très-obéissant
serviteur,

TRESSAN.

A Franconville, ce mercredi.

Vous n'avez pas, mon cher et aimable voisin, entendu
parler de moi depuis long-temps, et ce n'est pas ma faute.
Je ne suis de retour que d'hier au soir à mon hermitage ;
je n'ai pu m'échapper plus tôt aux bontés du Palais-Royal,
et à l'amitié de quelques sociétés. Mon voyage d'Argenteuil a bien animé le désir que j'ai de profiter de la vôtre ;
madame de Tressan pense de même, et madame Palisssot
a bien fait notre conquête. Quiconque aimera l'esprit et

les graces naturelles, lui rendra le même hommage. Madame votre fille, votre aimable amie, votre enfant, tout cela forme un groupe que l'Albane se plairait à peindre, et qui vous fait jouir d'un bonheur pur que je voudrais souvent partager.

Mes chevaux se reposent aujourd'hui; demain ils seraient à vos ordres, si madame Palissot me donnait ceux que nous désirons : si vous pouvez quitter un jour votre immense parc pour venir dans mon hermitage, nous en serons bien reconnaissants.

J'ai rendu un bon service à l'Académie : c'était à moi à tirer les officiers qui iront complimenter le roi après les couches de la reine, et j'ai écrit à M. le duc de Nivernois qu'une des Muses avait conduit ma main pour le nommer directeur, et que je les en soupçonnais toutes : il m'a fait une réponse charmante.

J'ai promis de dîner samedi prochain au Palais-Royal. Eh! qui pourrait manquer de parole à la meilleure et la plus aimable des princesses? Je n'ai donc que demain et vendredi à rester ici : si vous pouvez m'accorder l'un de ces deux jours, je vous prie en grâce d'engager M. de Rosset de venir avec vous; et si vous avez quelqu'ami chez vous, amenez-le en une maison où vous êtes le maître.

J'ai vu M. Pissot pour mon grand ouvrage sur l'Électricité; il m'a répondu en Normand, et m'a remis au mois de janvier ou février pour l'imprimer; ce qui ne m'arrange point.

Il m'arrive l'aventure la plus fâcheuse. Vous savez que j'ai fait embarquer mon fils aîné sur le vaisseau du comte de Kerguelen, qui était muni de tous les passeports possibles des puissances maritimes, et même de l'amirauté d'Angleterre; malgré cela, et contre le droit des gens, un corsaire anglais a pris son vaisseau le lendemain de sa sortie de Paimbœuf, et l'a conduit à Kinsale en Irlande. On les a pillés et faits prisonniers. M. de Kerguelen m'écrit qu'il espère que milord Sandowich lui fera rendre sa liberté. Mais, en attendant, mon pauvre fils crie, et me prie de lui envoyer de l'argent. Je me suis épuisé pour lui envoyer 7,200 livres à Nantes. Si M. Moutard voulait s'arranger avec moi, et me faire une avance, je lui remettrais mon manuscrit, auquel je n'ai qu'un chapitre à augmenter; mais je ne vaux rien pour le lui proposer, et ce ne serait que par la médiation d'un ami tel que vous, que je pourrais lui faire cette proposition. Voyez s'il serait possible de lui en parler; mais ne faites à ce sujet que ce qui peut ne vous compromettre, ni moi non plus. Adieu, mon cher et aimable voisin: recevez les assurances de mon tendre et durable attachement,

TRESSAN, *lieutenant-général.*

Plus de compliments entre nous, je vous en supplie. Je ne vaux pas Atticus, mais j'ai ses sentiments en vous écrivant.

Note relative à l'article VOLTAIRE, *page 433, où elle est annoncée.*

CE qui donne infiniment de prix aux Lettres de Voltaire, qui ne sont ni ampoulées comme celles de Balzac, ni maniérées comme celles de Voiture, c'est non seulement l'esprit qui en fait le charme, mais le grand usage et l'excellent ton de bonne compagnie qu'elles respirent, et qu'il avait puisé à sa source dès sa première jeunesse: aussi M. de Laharpe, qui n'a pas à se féliciter des mêmes avantages, et à qui nous sommes loin de le reprocher, aurait-il dû s'abstenir de lui prêter, dans sa Correspondance russe, un esprit qui ne fut jamais le sien, et de le faire parler d'une manière entièrement opposée à son caractère. Il suppose, par exemple, que M. de Voltaire me dit, *quand je lui portai la Dunciade,* « que ce n'était pas assez d'être mé- » chant, mais qu'il fallait être gai ». 1°. M. de Laharpe imagine ce qui n'est pas ; je n'ai jamais porté la *Dunciade* à M. de Voltaire : mais je lui en lus deux chants, le quatrième et le sixième, lorsqu'on imprimait l'ouvrage à Genève ; et non seulement il ne me dit que des choses agréables, mais il voulut que je lui fisse une seconde lecture du quatrième chant : voilà l'exacte vérité que j'ai dite ailleurs avec plus de détails.

2°. Ceux qui savent combien il mettait de grâces et de politesse dans l'accueil qu'il faisait aux gens de lettres, et surtout à ceux qui venaient de loin, uniquement pour voir en lui la merveille de l'Europe, ne reconnaîtront, dans le propos dur et grossier que lui prête M. de Laharpe, que le style sans égard et sans mesure dont M. de Laharpe lui-même avait malheureusement contracté l'habitude, et qui n'a jamais ressemblé à celui de Voltaire.

C'est ainsi que, dans cette même Correspondance russe, il a la bonté de me prêter une réponse que je ne lui ai pas faite, et dans laquelle, s'il voulait qu'on la crût vraie, il devait un peu moins négliger la vraisemblance. Il raconte que m'ayant demandé un jour (ce qui n'eût pas été très-poli) *d'où me venait la fureur d'insulter une foule de gens dont je n'avais point à me plaindre,* je lui répondis qu'ennuyé et dégoûté de tout, j'étais dévoré de bile et d'humeur, au point qu'il me fallait un Poinsinet pour me faire rire ; et il en conclut *que je faisais une satire comme on prend une médecine.* Je lui restitue cette saillie d'imagination, à laquelle personne ne m'a reconnu ; mais pour l'opposer à lui-même sans aucune fiction, et sans m'exposer de sa part à un désaveu, je me permettrai de rappeler ici la lettre qu'il me fit l'honneur de m'écrire à l'instant même où la *Dunciade* venait de paraître, et qui se trouve citée en entier parmi les pièces relatives à ce poème, à la fin de mon second volume. On y verra l'intérêt qu'il prenait à l'ouvrage, combien il en vantait la gaîté, et combien il semblait indigné qu'une douzaine de mauvais auteurs, qui nous avaient tant de fois ennuyés, ne nous permissent pas de nous en dédommager une seule fois, en riant à leurs dépens.

Je lui en opposerai une seconde qui n'est pas moins curieuse, sous un rapport différent, et qui confirmera le reproche qu'on lui a fait souvent, d'avoir deux poids et deux mesures. La voici :

« Vous devez être persuadé, Monsieur, que je sais
» distinguer les éloges raisonnés et sentis que vous voulez
» bien me donner, de la foule des compliments vagues et
» vulgaires que j'ai reçus et que je reçois. Vous entendez
» mon langage et j'entends le vôtre, nous devons être
« tranquilles tous deux. Vous devez être sûr de mon es-
» time autant que je suis flatté de la vôtre. C'est avec
» plaisir que je trouve l'occasion de vous dire ici combien
» je fais cas de l'esprit, *de la gaîté* et du style qui règnent
» dans plusieurs de vos ouvrages. *Il est vrai que nous*
» *avons embrassé tous deux un parti bien différent* : mais
» on peut se sauver dans toutes les sectes (1) ; et d'ail-

---

(1) Remarquez que M. de Laharpe se servait déjà du mot propre en donnant le nom de *secte* à la nouvelle philosophie.

» leurs *nous ne serons jamais apostats* (1) *ni l'un ni*
» *l'autre*, et nous n'en serons pas plus ennemis pour
» cela. »

Le reste de cette lettre est parfaitement indifférent, et ne roule que sur le projet qu'avait M. de Laharpe, quoiqu'il fût devenu philosophe, de venir me voir à la campagne.

Autre Note relative à la page 433 de l'article VOLTAIRE.

DANS une lettre que Voltaire écrivait à M. de Cideville, et qui se trouve dans sa Correspondance générale, *pag.* 92 du 48e volume de notre édition de ses Œuvres, il parle de ce brouillard de philosophie qui commençait à se répandre sur notre horizon ; et par ce passage remarquable, il prouve assez qu'il ne le voyait pas avec plaisir.

« On se mêle, dit-il, de raisonner ; le sentiment,
» l'imagination et les grâces sont bannis. Un homme qui
» aurait vécu sous Louis XIV, et qui reviendrait au
» monde, ne reconnaîtrait plus les Français ; il croirait
» que les Allemands ont conquis ce pays-ci. Les belles-
» lettres périssent à vue d'œil. Ce n'est pas que je sois
» fâché que la philosophie soit cultivée ; mais je ne vou-
» drais pas qu'elle devînt un tyran qui exclût tout le reste.
» Elle n'est en France qu'une mode qui succède à d'au-
» tres, et qui passera à son tour. »

---

(1) Il était loin de prévoir alors les impressions victorieuses de la Grâce, et l'abjuration qu'il ferait un jour de ses anciens principes.

Anecdote importante sur la correspondance de M. DE VOLTAIRE avec l'Auteur.

M. AUGER, connu par un éloge de Boileau qui obtint, il y a quelques années, le prix de l'Académie Française, a donné, l'année dernière, un supplément, en deux volumes, aux Lettres de Voltaire, en promettant, dans un avis préliminaire, que son recueil ne contiendrait aucune des Lettres déjà publiées dans l'édition de Khell. Cependant les Lettres 164, 173, 185, 188 et 214 de son premier volume, s'y retrouvent, à quelque différence de date près, exactement les mêmes que dans cette édition. Je serais encore à portée d'indiquer plusieurs autres doubles emplois qui prouvent combien il est aisé de faire des volumes en donnant, comme neuf, ce qui est déjà dans toutes les bibliothèques.

Mais ce qui de sa part est bien plus inexcusable, c'est d'avoir osé me faire, dans ce supplément, une espèce d'imputation de faux, contre laquelle j'ai déjà réclamé (1). Voici le fait :

M. de Voltaire, m'écrivit, sous la date du 24 septembre, une lettre que j'ai constamment insérée dans la collection de mes œuvres, et qui se trouve dans l'édition actuelle, tome Ier, page 461.

M. Auger, dans le premier volume de son supplément,

---

(1) Voyez *le Courrier de l'Europe et des Spectacles*, du 4 avril 1808.

a donné, sous la date d'octobre, la même lettre accompagnée de la note suivante :

« Cette lettre est aussi imprimée dans le recueil des
» œuvres de M. Palissot, malgré la prière que Voltaire lui
» avait faite de ne point la publier. Nous la donnons ici,
» parce que la copie que nous en avons, écrite de la main
» du secrétaire de Voltaire, diffère beaucoup de la lettre
» que M. Palissot a imprimée. *Ce n'était donc pas pour
» rien que Voltaire faisait faire, de sa correspondance
» avec cet homme de lettres, des copies ne varietur.* »

Si M. Auger eût pris la peine, comme la décence le lui prescrivait, de passer chez moi avant de hasarder cette note injurieuse, je lui aurais montré l'original de la lettre qu'il me soupçonne d'avoir falsifiée. Cet original, timbré Genève, m'est adressé, rue Basse-du-Rempart, où je demeurais alors; il est daté de la main même de Voltaire, en tête de la première page, et dans ces termes : *Au château de Ferney, par Genève, 24 septembre.* Quoique le millésime n'y soit pas énoncé, la lettre est bien de 1760. Elle est écrite par un secrétaire, mais terminée par six lignes de la propre main de Voltaire, et revêtue de la signature *V*. Je l'ai publiée pendant la vie de ce grand homme, *ce qui est encore à remarquer*; je l'ai publiée, dis-je, telle qu'elle me fut adressée. La copie que M. Auger a imprimée, et qui en diffère, paraît donc pseudonyme; ou si elle est véritablement de la main d'un secrétaire de Voltaire, elle ne peut être que le projet de celle qui m'est parvenue, mais corrigée par Voltaire lui-même, et parfaitement conforme aux éditions que j'en ai données. M. Auger s'est donc permis envers moi un procédé que je ne qualifie point; j'aime à croire qu'il se le reprochera.

Quant à la liberté que j'ai prise de publier les lettres de

Voltaire, elle m'était impérieusement commandée par la nécessité de me défendre, ainsi que je le lui mandai dans ma réponse. Pouvait-il d'ailleurs se plaindre sérieusement de la publicité que je leur avais donnée, lorsque lui-même avait permis qu'on les imprimât dans un recueil intitulé *les Facéties Parisiennes*, recueil qui ne méritait que son mépris ?

FIN DU TOME CINQUIÈME.

LISTE

DES ÉCRIVAINS DONT IL EST PARLÉ DANS CET OUVRAGE.

TOME QUATRIÈME (1).

A.

Abbadie (Jacques) . . . . *page*	1
Ablancourt (Perrot d')	6
Alembert (Jean le Rond d')	7
Allainval (l'abbé d')	17
Amare	18
Ameilhon	20
Amyot	22
Andrieux	25
Anquetil (Louis-Pierre)	26
Arnaud (l'abbé)	28
Arnaud (Antoine)	31
Arnault (Antoine-Vincent)	32
Aubert (l'abbé)	38
Aubignac (l'abbé d')	39
Autreau	40
Avisse	41

(1) Les lettres capitales indiquent les auteurs vivants à l'époque de l'impression de cet ouvrage, mars 1809.

B.

Baculard (d'Arnaud de).	page 41
Bailly (Nicolas).	43
Balzac.	44
Baron.	45
Barré.	46
Barthe.	48
Barthélemy (l'abbé).	49
Basnage.	51
Bastide.	52
Bayle.	53
Beaumarchais (Caron de).	59
Beaumelle (de la).	64
Beauvais, ancien évêque de Sénès.	68
Belloy (de).	69
Benserade.	70
Berchoux (Joseph).	71
Bergerac (Cyrano de).	72
Bernard.	73
Bernis (le cardinal de).	76
Bertaud.	80
Bitaubé (Paul-Jérémie).	81
Bletterie (l'abbé de la).	85
Boindin.	87
Boisjoslin.	88
Boissy.	90
Bonnet (Charles).	91
Bossuet.	95
Bougeant.	103
Bouhours.	104
Boulanger.	105
Boulard (Antoine-Marie-Henri).	106

Bourdaloue. . . . . *page* 107
Boursault. 108
Brébeuf. 110
Bret. 112
Brotier (l'abbé). . . . . *ibid.*
Brueys. 114
Bruguière (Antoine). 115
Brumoy. 117
Buffon (Leclerc de). 119

C.

Cahuzac. 120
Cailhava. 121
Calprenède (Costes de la). 124
Campistron. 126
Cartaud (de la Vilate). 127
Castel (Louis). 128
Castel (René-Richard). 129
Caveirac. 135
Cerceau (du). 137
Chabanon. . . . . *ibid.*
Chamfort. 138
Chapelain. 140
Chapelle. 142
Charron. 143
Chateaubriant. 147
Châteaubrun. 148
Chaulieu. . . . . *ibid.*
Chaumeix. 150
Chaussée (Nivelle de la). . . . . *ibid.*
Chénier (Louis). 153
Chénier (Marie-Joseph), fils du précédent. . . 155
Chénier (André), *idem*. 166

Clément . . . . page 169
Colardeau. 173
Collé. 175
Collin (d'Harleville). 176
Condamine (de la). 185
Condillac (l'abbé de). 186
Condorcet (Caritat de). 191
Corneille (Pierre). 194
Corneille (Thomas). 199
Cotin (l'abbé). . . . . ibid.
Courayer (le). 201
Coyer (l'abbé). 203
Crébillon (Jolyot de). 204
Crébillon (de), fils du précédent. 206

D.

Dacier (N.). 208
D'Aguesseau (le chancelier). 210
Dampierre. 212
Dancourt. 222
Daniel. 223
De Lille (l'abbé Jacques). 225
Descartes (René). 229
Desfontaines (l'abbé). 231
Deshoulières (madame). . . . . ibid.
Desmahys. 232
Desportes. 234
Despréaux (Nicolas-Boileau). 235
Destouches. 239
Diderot. 240
Dorat. 246
Dubos (l'abbé). 251
Duché. 252

Ducis. . . . . *page* 254
Duclos. 256
Dufresny. 266
Dussaulx. 268

E.

Esménard. 269
Espagnac. 271

F.

Fabre d'Églantine 272
Fabre (Marie-Jean-Jacques-Victorin). 278
Fagan. 284
Falconnet. 285
Favart. 287
Fénélon. 288
Fléchier. 294
Fleury (l'abbé). 295
Florian. 296
Fontanes. 299
Fontenelle. 310
François (de Neufchâteau). 313
Frédéric-le-Grand. 316
Fréret. 323
Fréron. 324
Furetière. 328

G.

Gaillard (Gabriel-Henri). 329
Garnier. . . . . *ibid.*
Gassendi. 330

Genest (l'abbé). . . . . *page* 331
Genlis (madame de). 332
Gerbier. 340
Gilbert. 341
Ginguené (Pierre-Louis). 343
Girard (l'abbé). 347
Goldoni. 348
Grafigny (madame de). 350
Grand (Le). 352
Grange-Chancel (de la). 353
Grécourt. 354
Gresset. . . . . *ibid.*
Grosley. 363
Guénée (l'abbé). 364
Guillard (Nicolas-François). 365
Guymond de la Touche. 367

H.

Hannetaire (d'). 368
Hardion. 370
Helvétius. 371
Hénault. 383
Hesnaut (J.). 390
Huet. 391

I.

Imbert. 392

J.

Jaucourt (le chevalier de). 393
Jobez (Emmanuel). 395
Jodelle. 396

K.

Kéralio . . . . page 397

L.

La Borde. 398
La Bruyère. 403
La Font. 404
La Fontaine. 406
La Fosse. 409
La Garde. 410
Laharpe. 412
Lainez. 428
La Lanne. 430
La Monnoye. 435
La Morlière. 436
La Mothe le Vayer. 438
La Motte (Houdart de). 439
Landois. 442
Lanoue. ibid.
La Place. 443
La Porte (l'abbé de). 444
Larcher. 445
La Rochefoucault (le duc de). 448
Laujon. 449
Le Blanc (l'abbé). 452

TOME CINQUIÈME.

Le Brun (P. D. Écouchard).	1
Le Brun (N.).	6
Le Fèvre (Tannegui).	8
Le Franc de Pompignan.	ib.
Le Gouvé.	10
Le Mière.	18
Le Moine.	24
Léonard.	ib.
Le Sage.	27
Leuliette (N.).	31
Lévesque.	33
Lévesque (mademoiselle).	36
L'hôpital (le chancelier de).	37
Linguet.	38
Longepierre.	45
Luce de Lancival (N.).	47

M.

Mably (l'abbé de).	49
Maillet (de).	52
Maimbourg.	54
Mairet.	56
Malfilâtre.	ib.
Malherbe.	58
Mallebranche.	60
Mangenot (l'abbé).	62
Marivaux.	64
Marmontel.	67
Marot.	89

Marsais (du). 90
Massieu. . . . . ib.
Massillon. 91
Maury (Jean-Siffren). 96
Maynard. 98
Méhégan (de). . . . . ib.
Ménage. 99
Mercier. 101
Mézeray. 105
Michaud (Joseph). 106
Millevoye (Charles). 108
Millot (l'abbé). 111
Mirabeau (le comte de). 112
Molière. 118
Mollevaut (Charles-Louis). 134
Mongault (l'abbé). 136
Montaigne (Michel de). 137
Montesquieu. 141
Montfleury. 144
Moreau (Nicolas). 145
Morellet (l'abbé). 147
Mouhy (le chevalier de). 151

N.

Naigeon (N.). 152
Naudé. 160
Nicole. 163
Nivernois (Mancini, duc de). 164
Nogaret (Félix). 169

O.

Olivet (l'abbé d'). 172
Orléans (le Père d'). 173

P.

Palissot.	page 174
Pannard.	186
Parny.	187
Parseval de Grandmaison.	188
Pascal.	192
Pastoret.	194
Patu.	196
Pavillon.	197
Péloux de Clairfontaine.	198
Pellegrin (l'abbé).	ibid.
Pellisson.	ibid.
Perrault.	200
Petit-Radel.	203
Pieyre.	210
Piron.	211
Poinsinet.	216
Pradon.	217
Prevôt (l'abbé).	218

Q.

Quinault.	225

R.

Rabelais.	228
Racan.	231
Racine (Jean).	ibid.
Racine (Louis).	233
Raynal.	235
Raynouard (N.)	238
Regnard.	241

Regnier. . . . . *page* 246
Resnel (l'abbé du). 249
Retz (le cardinal de). 250
Risteau (Marie-Sophie Cottin). 251
Rivarol (N.). 253
Robé. 263
Rochefort. 264
Rochon de Chabannes. 265
Roger (François). 267
Rollin. 269
Ronsard. 271
Rosset. 274
Rotrou. 276
Rousseau (J. B.). 277
Rousseau (J. J.). 283
Roy. 295
Rozois ou Rosoy (du). 300
Rulhière (de). 301
Ryer (du). 304

S.

Sabatier, de Cavaillon. 305
Sabatier, de Castres. 307
Saint-Ange. 309
Saint-Évremond. 312
Saint-Foix. 314
Saint-Gelais. 315
Saint-Hyacinthe. 316
Saint-Lambert. 318
Saint-Pierre (Bernardin de). 326
Saint-Réal. 328
Saint-Victor (Jean-Baptiste de). 329
Sarrasin. 330

Saurin. . . . . *page* 331
Sauvigny. 354
Scarron. 337
Scudéry. 338
Sédaine. 340
Segrais. 345
Senecé. . . . . *ibid.*
Sévigné (madame de). 347
Sivry. (Poinsinet de). . . . . *ibid.*
Solignac. 349
Stael-Holstein (madame de). 350
Stoupe (Jean-Georges-Antoine). 356
Surville (Marguerite-Éléonore-Clotilde de). . . 358

T.

Théophile. 360
Thomas. 361
Thou (de). 367
Titon du Tillet. 368
Toussaint. 370
Tréneuil (Joseph de). 373
Tressan (le comte de). 376
Tristan-l'Hermite. 383
Trublet (l'abbé). . . . . *ibid.*
Truffer (Jean). 389

U.

Urfé (d'). 392

V.

Vadé. 393
Vannoz (Philippine de). 443

Varillas. page 394
Varville (Brissot de). . . . . ibid.
Vaugelas. 396
Velly (l'abbé). . . . . ibid.
Verdier (madame Susanne de). 398
Vergier. 402
Vernes. 403
Vernet. . . . . ibid.
Vertot (l'abbé). 409
Vigée. . . . . ibid.
Villette. 412
Voisenon. 418
Voiture. 419
Volney (N.). 420
Voltaire. 427

X.

Ximénez. 437

Y.

Yvon (l'abbé). 439

Z.

Zalkind-Hourwitz. 441

FIN DE LA LISTE DES ÉCRIVAINS.

www.ingramcontent.com/pod-product-compliance
Lightning Source LLC
Chambersburg PA
CBHW050240230426
43664CB00012B/1770